基于学习任务群的小学语文单元教学设计

主编 吴忠豪

中国教育出版传媒集团
高等教育出版社·北京

内容提要

　　本书依托语文统编教材，设计了低、中、高年级三个学段共 21 个基于学习任务群的单元教学案例。案例编写者均为参与教育部课程教材发展中心"深度学习"项目研究实验区的骨干教师，对基于学习任务群的单元整体教学设计的研究有五、六年的学习与探索，在理论和实践研究方面都形成了先进的成果。书中每个案例均由五个部分组成：学习情境与学习任务；学习资源与学习目标；学习活动设计；阶段学习目标和学习活动设计；反思与讨论。为方便一线教师在语文教学实践中使用，我们将第四部分"阶段学习目标和学习活动设计"作为重点，具体介绍每个学习任务群实施过程中各个阶段的学习目标、学习内容、实施步骤、学习方法，并给出了教学指导建议，还结合每个阶段的学习内容编制了评价指标和手段等。希望这些案例能够为广大小学语文教师实施学习任务群教学助一臂之力。

图书在版编目（ＣＩＰ）数据

　　基于学习任务群的小学语文单元教学设计 / 吴忠豪主编． -- 北京：高等教育出版社，2024.3
　　ISBN 978-7-04-060654-6

　　Ⅰ．①基… Ⅱ．①吴… Ⅲ．①小学语文课-教学设计
Ⅳ．①G623.202

　　中国国家版本馆CIP数据核字(2023)第110258号

Jiyu Xuexi Renwuqun de Xiaoxue Yuwen Danyuan Jiaoxue Sheji

策划编辑	傅雪林	责任编辑　栾少宁	封面设计　王　洋	版式设计　徐艳妮
责任绘图	李沛蓉	责任校对　高　歌	责任印制　朱　琦	

出版发行	高等教育出版社	网　　址	http://www.hep.edu.cn
社　　址	北京市西城区德外大街 4 号		http://www.hep.com.cn
邮政编码	100120	网上订购	http://www.hepmall.com.cn
印　　刷	涿州汇美亿浓印刷有限公司		http://www.hepmall.com
开　　本	787mm×1092mm　1/16		http://www.hepmall.cn
印　　张	17.25		
字　　数	410 千字	版　　次	2024 年 3 月第 1 版
购书热线	010-58581118	印　　次	2024 年 3 月第 1 次印刷
咨询电话	400-810-0598	定　　价	49.80 元

本书如有缺页、倒页、脱页等质量问题，请到所购图书销售部门联系调换
版权所有　侵权必究
物料号　60654-00

编 委 会

主编：吴忠豪

编委：(按姓氏笔画)

王明霞　杨美滨　柏春庆　金晓润

郝靖坤　高　青　景洪春

前 言

《义务教育语文课程标准（2022年版）》指出：义务教育语文课程内容主要以学习任务群组织与呈现。语文课程应该结合学生生活创设真实的学习情境，以挑战性学习任务为载体，以学生语文实践活动为主线组织学习过程，凸显语文课程的综合性和实践性。以学习任务群形态呈现语文课程内容，既是语文课程内容的突破，也是全新的语文教学样态的探索，必将有力推进小学语文课程与教学改革。然而对广大一线小学语文教师而言，语文学习任务群是一个全新且难以把握的命题，特别是在与新课程标准配套的新版语文教材出版之前，如何设计和实施学习任务群，这种新的课堂教学样态如何在语文课堂落地，是大多语文教师的困惑。

学习任务群是对语文课程改革成果的提炼与总结。近年来，不少优秀语文教师进行过"单元主题教学""大单元整体教学设计""深度学习""综合性语文学习"等专题研究，其改革思路和教学理念与学习任务群教学有很大的相似点，这些研究可以视作学习任务群教学的先期尝试，许多改革经验和方法可以迁移运用到学习任务群的实施过程中。2018年，我受教育部课程教材研究所委托，主持"深度学习"小学语文学科项目，并形成研究成果。小学语文深度学习提倡以单元主题学习为基本教学方式，依托语文学习任务，引导学生积极主动地参与挑战性语言实践活动，积累语言经验，培养语文学习习惯，发展核心素养。深度学习提出的"单元主题学习"与课程标准提出的"学习任务群"虽然称谓不同，但两者的教学理念基本相似。因此，参与深度学习项目研究的实验区教师，事实上对学习任务群设计的研究已经有了五、六年的学习与探索，在理论认识和教学实践方面都已先行一步，积累了丰富的经验。因此，在课程标准提出将学习任务群作为义务教育语文课程内容的组织形式后，我就组织参与深度学习项目研究的实验区教研员和骨干教师，酝酿编写这本《基于学习任务群的小学语文单元教学设计》，结合小学语文学科深度学习项目的研究成果，为广大小学语文教师实施学习任务群教学提供借鉴。这本书编写的时间虽然不到一年，但是汇聚着实验区教师多年来对语文课程改革的理论认识和实践探索经验。

当下语文课实施学习任务群教学大致有两条途径：一条是按照课程标准的课程理念，对照六个学习任务群的内容和要求，另起炉灶设计不同主题的学习任务群。但是没有教材依托，意味着教师必须自己编写教材，这不仅难度极大，其惊人的工作量也难以承受。目前虽然有个别优秀教师大胆进行这样的尝试，但从长远看很难成为教学常态。另一条是依托现行统编教材，根据年段目标要求进行提炼整合，设计一个个学习任务群。这对一线语文教师而言可行性更大，也更容易操作。本书提供的21个学习任务群设计案例都是依托语文统编教材某个单元设计的。为方便一线教师参考借鉴，我们根据学习任务群教学的基本理论和设计过程，确定了教学设计体例。每个案例都由以下五个部分组成：

一、学习情境与学习任务。课程标准指出，课程实施要从学生语文生活实际出发，创设丰富多样的学习情境，设计富有挑战性的学习任务。这是学习任务群设计的前提和基础。近些年，语文教师习惯了以单元语文要素提供的知识要点为目标设计教学过程，脱离学生生活情境进行知识点教学，学生学习后不知道在什么情境下运用，因而往往缺乏内在学习动力。学习任务群设计提倡结合学生的生活创设真实的学习情境，设计具体的学习任务，学生带着明确的学习任务，在运用语言的实践活动中去阅读，去写作，去交流自己的学习成果。学生在运用语言的实践过程中获得语言知识，能极大地激发学习的主动性和积极性。学习任务群强调结合学生生活，引导学生在实践活动中体会、把握运用语言知识的方法和规律。学生在实践中习得的运用语言知识的方法和规律才真正管用。这是一种新的语文教学理念，符合儿童的认知规律。

二、学习资源与学习目标。这一部分主要结合单元学习任务，对单元课文、口语交际、习作、整本书阅读等教材资源进行整体解读如分析各项教学内容之间的关系；研究语文要素与单元学习任务之间的关联；梳理各单元学习任务之间的前后联系等。由于统编教材不是按照学习任务群理念编写的，因此在设计学习任务群时需要对单元语文要素和教材资源进行必要的整合、删减或补充，如哪些语文要素与单元学习任务直接有关，哪些间接有关，哪些没有关联，这样就可以区分主次，进行必要的调整或删减。同时还要根据单元学习任务，对教材中的课文、口语交际、习作等教学资源进行必要的补充或整合。通过调整或整合，单元的课文阅读、拓展阅读、口语交际、习作等学习活动可以形成结构化的整体，更有利于单元学习任务的落实。在此基础上，针对各年段学生的语文实际能力确定学习任务的重点和难点，制定单元的学习目标，使单元的学习任务、学习资源和学习目标成为相互匹配的有机整体。

三、学习活动设计。这一部分主要阐述每个学习任务群设计的整体构思，将整个单元的课文、口语交际、习作及整本书阅读等各项教学资源视作一个整体，根据有利于单元学习任务完成的原则，分解设计渐进性学习活动步骤，形成前后关联的阶梯形"链接"，成为完成单元学习任务不可或缺的组成部分，切实保证单元教学目标落到实处。每个单元学习任务教学设计都清晰呈现每一个步骤的学习重点和教学课时建议，概括各阶段主要学习活动和在核心素养培养方面承担的任务等，以帮助教师了解整个学习任务群设计的整体思路以及各阶段的学习活动方式和学习任务。

四、各阶段学习目标和学习活动设计。这一部分具体介绍每个阶段的学习目标，具体的学习板块、学习内容和学习活动，以及学生的学习方法和教师的教学指导建议，并对每课时大致的教学内容安排提出建议，最后还结合每个阶段的学习内容设计了评价指标和手段等。为帮助读者清晰地了解设计意图，我们还在关键处添加了"设计意图"说明，这一部分内容对一线教师在课堂教学中借鉴使用这些案例会有实质性帮助，因此我们将这部分作为案例设计的重点，力图阐述得具体一些，描述得清楚一些。

五、反思与讨论。这一部分简要介绍设计者在设计学习任务群时的感想和体会，概括案例设计的主要特点，反思并讨论案例设计及实施过程中的问题与不足。

尽管参与本书学习任务群设计的都是各实验区的骨干教师，设计的学习任务群案例虽然都经过团队成员的集体打磨修改，有些甚至修改了七、八稿，然而学习任务群毕竟是新生事物，需要有一个相当长时间的学习和探索过程，因此书中呈现的案例肯定还存在一些问题。无论是学习情境创设、学习任务设计，还是设计阶段目标、活动内容、学习方法以及评价工具等，都需要在教学实践中不断打磨改进。因此广大教师在阅读或使用这些案例时须根据班级学生的实际情况进行必要的修改和调整，不能照抄照搬，更不能照本宣科。

在设计这本学生任务群教学案例时，我们也曾设想按照课程标准提出的六个学习任务群分别进行设计，可是在编写过程中发现，要真正辨别清楚每个案例归属于哪个学习任务群，实在是一桩难度极大的工作。这本书呈现了 21 个学习任务群设计案例，尽管我们努力按照六个学习任务群的目标要求进行设计，但还是难以真正做到边际明晰、设计典型。出现这种混沌模糊状况的原因是语文学习任务群本身就具有很强的综合性，各个学习任务群都不可避免地包含识字与写字、阅读与鉴赏、表达与交流、梳理与探究以及整本书阅读等多项实践活动，六个学习任务群往往都是你中有我，我中有你。当下对学习任务群的探索尚处于起步阶段，就像孩子学习走路，正处于大人扶着、摸着墙壁蹒跚向前的阶段。因此学习任务群设计可以分两步走：第一步是要明白什么是学习任务群，并且依样画葫芦尝试设计一个或几个学习任务群，然后到课堂中去实施。待有了一定数量的实践案例，积累了相当多的实践经验后，再去走第二步，即分辨清楚每种学习任务群如何设计，如何实施。如果连学习任务群的内涵和特点都不甚了了，设计出的就不可能是真正的学习任务群，离课程标准提出的学习任务群也会相去甚远。

学习任务群是一种全新的教学样态，是现代语文课程改革进程中一次大胆而勇敢的探索，广大语文教师要以积极的态度去研究、去尝试。希望我们这本案例设计能够为广大语文教师实施学习任务群教学助一臂之力。

上海师范大学　吴忠豪
2024 年 1 月

目　录

✅ 第三学段学习任务群设计案例 / 165

绪　论

根据《义务教育语文课程标准（2022年版）》（以下简称2022年版语文课程标准）的精神，义务教育语文课程内容应主要以学习任务群组织与呈现。语文课程应该结合学生生活创设真实的学习情境，以挑战性学习任务为载体，以学生语文实践活动为主线组织学习过程，凸显语文课程的综合性和实践性特点。这既是语文课程内容的突破，也是全新的语文课程样态的探索，必将有力推进小学语文课程与教学改革。

《普通高中语文课程标准（2017年版）》提出了"学习任务群"这一教学概念，2022年版语文课程标准又将这个概念向下延伸至义务教育阶段。这对义务教育特别是小学语文教师形成极大的挑战，需要教师边实践、边研究，既要转变教学观念，又要探索教学方式方法。

一、小学语文课程内容的变化轨迹

新中国成立以来，小学语文课程内容随着时代的发展和语文课程改革的不断深入，一直在发生变化。

1956年，小学语文教学大纲将小学语文教学内容分为识字教学、写字教学、阅读教学、汉语教学、作文教学五个方面。这部教学大纲强调"教儿童从语言的规律方面学习语言"，安排汉语教学时间与作文教学课时相等。

1963年，小学语文教学大纲对语文教学内容进行了调整，分为识字、写字，课文，练习，作文四个方面。删去了"汉语"，增加了"练习"，主张小学阶段不系统教语法知识，只要求通过运用练习领会必要的语言规则；将"阅读"改为"课文"。专门编写了"各年级的教学要求和教学内容"一节，分别列出十二册教材的教学要求和教学内容；在"教学内容"部分主要说明每册教材的课文文体构成以及练习编排，并详细列出每册教材的课文篇目。将课文直接作为语文教学内容，反映出当时对语文教学内容的认识。

1978年和1986年发布的两部小学语文教学大纲都没有专门编写"教学内容"章节。1978年的大纲的正文部分共七个小节，在这七节标题中，"识字写字教学""阅读教学""作文教学""基础训练"与"教学目的要求""教材编排原则的方法""大力改进学习语文教学"并列。1986年的语文教学大纲基本沿袭这样的编写体例。从这几部小学语文教学大纲中可以看出教学内容主要包括识字写字、阅读、作文和基础训练四个方面。

1992年发布的义务教育小学语文教学大纲在编写结构上发生变化，第三部分的标题是"教学内容和教学提示"，从"语言文字训练方面"和"思想教育方面"分别提出教学内容，语言文字训练方面的内容包括汉语拼音，识字、写字，听话、说话，阅读，作文五个方面。将"听话、说话"明确列为语文教学内容，是从这部大纲开始的。

2001年版语文课程标准没有专节编写教学内容，只是在课程目标和年段目标中将教学内容分为识字与写字、阅读、写话、口语交际和综合性学习五个方面。"听话说话"改为"口语交际",增加"综合性学习",明确将其列为语文教学的内容,凸显了语文课程的综合性和实践性特点。2011年版语文课程标准在编写结构上没有变化,只是在第二部分修改了标题,将"总目标"和"学段目标"两个标题改为"课程目标与内容"和"学段目标与内容"。

检索新中国成立以后多部教学大纲和课程标准对语文课程教学内容的表述可以发现,随着语文课程改革的推进,其教学内容虽然不断进行调整和变化,但组织和呈现方式相对稳定,基本是按识字、写字、听说、读、写几方面分块呈现。

2022年版语文课程标准打破了语文教学内容的组织和呈现方式,提出以学习任务群方式呈现语文课程内容,专章编写了"课程内容",瞄准语文培养的核心素养,列出了三个层次的六个任务群。这一章用了11 000多字的篇幅,分别阐述了四个学段(包括初中)六个学习任务群的主题、学习内容和教学提示,引导学生在语文实践活动中进行识字与写字、阅读与鉴赏、表达与交流、梳理与探究和整本书阅读。以学习任务群方式整合语文课程内容,完全打破了语文课程内容按识字、写字、听说、读、写分块呈现的传统,凸显了语文课程的综合性和实践性特点。以学习任务群组织和呈现语文课程内容,以综合性的语文实践活动组织教学过程,势必从根本上改变以静态的语文知识教学和技能训练为主要目标、以教师讲解分析为主要方式的语文课教学样态,有利于学生在运用语言的实践中领会语文知识,提高语文运用能力。这是语文课程改革的重大突破,揭开了语文课程与教学方法改革新的一页,具有里程碑意义。

二、学习任务群的学理解读

当下教师面临的迫切工作就是要深入理解什么是学习任务群。2022年版语文课程标准没有对学习任务群下定义,下面两段话对我们理解什么是学习任务群应该很有帮助:"设计语文学习任务,要围绕特定学习主题,确定具有内在逻辑关联的语文实践活动。语文学习任务群由相互关联的系列学习任务组成,共同指向学生的核心素养发展,具有情境性、实践性、综合性。""义务教育语文课程结构遵循学生身心发展规律和核心素养形成的内在逻辑,以生活为基础,以语文实践活动为主线,以学习主题为引领,以学习任务为载体,整合学习内容、情境、方法和资源等要素,设计语文学习任务。"这两段话阐述了学习任务群设计的基本依据、条件和主要特点。

我们再引用几位专家的观点,帮助教师正确理解什么是学习任务群。语文课程标准修订组组长郑国民教授提出语文学科实施学习任务群教学必须认识的三个关键要素:真实的语文学习情境,统整的学习主题,典型的语文实践活动。要结合学生的生活,努力沟通生活与语文学习的联系,创设真实的语文运用情境,结合教材资源统整出语文学习任务,引导学生开展语文实践活动。这段话概括出学习任务群设计的三个主要特点。高中语文课程标准修订组组长王宁教授指出,学习任务群不是单篇文章的简单相加。做好学习任务群有两个标准:第一,学习任务群的本质是学生自主学习,有没有学生学习的真实情境,这是衡量学习任务群实施是否到位的首要标准。第二,在任务驱动下把"阅读与鉴赏""表达与交流""梳理与探究"这三个语文活动综合起来,实现语文的实践性、综合性。王宁教授把"真实学习情境"和"融合阅读、表达、探究的学生实践活动"作为评价学习任务群设计是否成功的两个主要标志。

华东师范大学课程与教学研究所所长崔允漷教授在解读课程标准精神时提出了三种学习逻辑：生活逻辑、学科逻辑和学习逻辑。生活逻辑是什么，通俗讲就是在生活中学习。例如，在生活中可以认识狗是一种动物，知道狗和猫是两种不同的动物，知道狗是人类的朋友等。生活中的学习往往肤浅，容易只见现象，难见到本质，可能是"一公里的宽度，一厘米的深度"。学科逻辑追求对知识的理性认识，如分析狗的种类，各类狗的体型、外貌特征的区别，分析各类狗的大脑、骨骼、肌肉、心肺功能、四肢的不同特点等。学科逻辑往往是离开养狗实践去认知有关狗的知识，虽然考试可以得100分，但不一定能够真的在生活中养好一条狗。学习逻辑是生活逻辑和学科逻辑相加，注重在养狗的实践中通过观察、分析和学习，认识狗的种类，获得各种狗的不同习性或生理特点的知识，并在养狗的过程中不断运用获得的知识，提高养狗的本领。这样不仅能够获得养狗的知识和规律，而且能够真正获得养狗本领，把狗养得越来越好。崔允漷教授没有直接解释学习任务群，但他提出的"生活逻辑＋学科逻辑＝学习逻辑"，可以清楚地诠释学习任务群的学理，就是要站在学生学习的立场上结合真实的情境，通过亲力亲为的实践活动组织学习，这样有利于将所学的知识综合运用到实际生活中。他认为学科教学必须强化实践，应该依据整合理论，通过实践活动运用学科知识，习得学科知识，才能实现从"双基"到"素养"的升华。

综合语文课程标准以及专家们对学习任务群的诠释，我们大致可以理解什么是学习任务群及其主要特点。学习任务群就是结合学生生活创设真实的学习情境，设计挑战性的学习任务，以任务驱动的方式开展进阶式的语文实践活动，引导学生在运用语言的实践活动中领会学科知识，获得运用语言文字的能力，提高核心素养。语文学习任务群主要特点是：真实的语文学习情境，统整的学习主题，具体的学习任务，进阶式的语文实践活动和自主多样的学习方法。

三、 学习任务群与传统语文课教学的区别

我们以指导学生"学习演讲"为例，通过两个不同教学案例的比较，帮助教师认识学习任务群与传统语文课教学究竟有何区别，深入理解为何要用学习任务群来替代传统的语文课教学，实施学习任务群究竟有哪些优势。

传统语文课教学主要按照学科逻辑设计教学过程，关注的是演讲词写作知识的传授，一般会将重点放在演讲词课文教学上，指导学生学习一篇或几篇演讲词课文，每篇课文都要先读懂，接着理解主题或主要观点，然后分析体会每篇演讲词的结构方法和表达特点等。因为每次演讲目的不同，演讲人的风格不同，演讲场合和受众对象各异，所以每篇演讲词的主要观点、结构方法和表达特点都不一样。尽管教师教学的演讲词写作规则可能都是正确的，但由于脱离真实情境，学生即使懂了、明白了，遇到自己需要演讲的特定场合时也往往写不出合适的演讲稿。特别是学生没有经过演讲的实战操练，很难真正学会演讲，因为看别人演讲和自己在特定情境、特定场合中进行实战性演讲完全是两回事。

要真正学会写演讲词，最好的学习方式是通过撰写演讲词的实践，并且针对不同目

的、不同对象进行演讲实践，这样获得的知识才有运用价值。按照学习任务群的思路组织教学，学生的学习过程就会发生极大的改变。首先需要结合学生的生活创设真实的学习任务，如班级竞选班干部，要求学生准备演讲稿，激发学生演讲的愿望，学生需要思考自己的演讲目的，是竞选小队长、学习委员，还是文艺委员、体育委员；然后根据竞选目标和可能的竞争对象分析自己的优势和不足，思考该说些什么，怎样演讲才能让同学为自己投票；接着需要带着这样的思考主动去阅读别人写的演讲词，体会名家演讲词的结构组织和语言运用特点，深入分析怎样的结构可以强化观点，怎样表达观点才能增强演讲的说服力，为提高演讲效果，还需通过试讲和不断修改，提高演讲质量；最后还需要进行现场演讲，包括听别的同学演讲，反思自己的演讲稿写得是否成功，演讲是否有说服力等。这样的学习过程使学生完全置身于真实的学习情境之中。学生在班干部竞选这一挑战性任务的驱动下开展学习活动，在完成学习任务的过程中，会主动去阅读，去写作，去试讲，去听取伙伴的意见修改，最后完成演讲任务。学生既可以学到演讲词的写作知识，也积累了演讲的经验并且有效地提高了自己的演讲能力，同时还能提高思维能力、审美力和自信心，从而使得提升学生核心素养的目标在语文课程中真正落地。

通过以上两个案例的比较，我们可以发现以学习任务群组织教学有以下优点：

1. 有真实的学习情境，有具体的学习任务。统编教材有人文主题和语文要素，教学内容清楚，但学生往往被动学习，内在的学习动力不强。有真实的学习情境，让学生在任务驱动下开展学习活动，能充分激发学生的学习兴趣和动力。学生为顺利完成学习任务，必定会更加投入，学习主动性更强。

2. 以学生进阶式的实践活动为主线组织语文学习过程，有利于学生开展自主、合作、探究学习，这样就从根本上改变了以教师讲解为主的语文课教学样态，有利于促进语文课堂教学方式的深刻变化。

3. 使语文课程教学从静态语文知识学习转变为动态语文实践过程，让学生在亲身参与语文实践的过程中领会语文知识，获得运用语文知识的方法和策略，更有利于提高学生的语言运用能力。

4. 为完成挑战性学习任务，整个学习过程能更加有机地将课文学习、口语交际、习作、整本书阅读等多项教学内容融合为一个整体，沟通了听说读写的内在联系，有利于实现教学效果的最大化。

5. 强调语文学习与生活的联系使得语文课程学习更具张力，课内课外有机融合扩展了语文学习的时间和空间，家长、学生、教师共同发力有利于提升学生的核心素养。

四、依托统编教材设计学习任务群

在实际教学中，语文教师可以依托统编教材，主动对标课程标准精神，总结梳理以往教学经验和教学方法，以积极的态度尝试进行学习任务群教学。下面结合这本书中呈现的案例，对如何依托统编教材提供的资源设计学习任务群提几点建议。

（一）利用教材资源，创设真实的学习情境与学习任务

2022 年版语文课程标准指出："义务教育语文课程实施从学生语文生活实际出发，创

设丰富多样的学习情境，设计富有挑战性的学习任务。"如何设计富有挑战性的学习任务，就小学语文教师而言，最简便的操作就是依据统编教材单元来设计学习任务群。统编教材采用人文主题和语文要素双线组织单元，将语文知识的学习、语文能力的发展和核心素养的提升融为一体，为单元学习任务群设计提供了很好的教材基础。语文教师如果深入钻研教材，依据教材单元的人文主题和语文要素，就能比较容易地从学生语文生活实际出发，创设出丰富多样的学习情境，设计出富有挑战性的学习任务。

例如，低学段《走近伟人，学讲故事》这个案例是根据二年级上册第六单元设计的，单元中《大禹治水》《朱德的扁担》《难忘的泼水节》三篇课文集中讲述"伟人"故事，对传统文化和革命文化的教育具有重要价值和意义。课程标准对低学段学生提出的学习要求是"能较完整地讲述小故事，能简要讲述自己感兴趣的见闻"。这个案例就是基于真实的生活情境"共庆中国共产党百年华诞——迎接学校举行'读伟人故事，学伟人精神'故事活动"，设计单元学习任务为读教材中的伟人故事，课外搜集伟人故事，练习讲述伟人故事，然后评出班级"讲故事小能手"，参加学校举行的故事会。学生通过阅读与讲述伟人故事，能够感受伟人的精神和人格魅力，从而接受中华传统美德及革命精神的熏陶和感染，有利于学生从小将伟人的美好的品格潜移默化地印刻在自己的生命里，为学生人生观、价值观的形成涂上底色。这样的单元学习任务较好地处理了人文主题和语文要素的关系，可以统领单元阅读和习作的目标与内容，为单元学习任务提供了真实的学习情境。

又如，四年级上册第六单元以"成长故事"为人文主题，编排了《牛和鹅》《一只窝囊的大老虎》《陀螺》三篇精读课文。本单元语文要素是"学习用批注的方法阅读"。这是小学教材第一次明确提出阅读时批注的要求。批注是一种非常重要的阅读方法，所谓"不动笔墨不读书"，学生学会批注，能有效提高阅读的质量，并且养成良好的阅读习惯。书中《读故事悟成长滋味，作批注促思维发展》这个案例结合学生的语文学习生活，创设了一个真实学习情境，在班级中发起"阅读批注漂流"活动，要求每个学生借助批注进行阅读，悟成长滋味，促思维发展。借助"阅读批注漂流"的方式，为学生搭建一个相互交流批注的网络平台，共同分享批注。通过漂流活动，鼓励学生边阅读、边思考、边批注；激发批注的兴趣，学习批注的方法，提高批注的质量，培养阅读批注的习惯。

（二）围绕学习任务设计进阶型语文实践活动

2022年版语文课程标准指出，教师要综合考虑教材内容和学生情况，设计不同类型的学习任务，依托学习任务整合学习情境、学习内容、学习方法和学习资源，安排连贯的语文实践活动。设计学习任务群就要把整个单元的课文、口语交际、习作练习、语文园地以及整本书阅读等学习资源视作一个整体，精心设计进阶型的语文实践活动，将单元学习任务有计划地分解到各项实践活动之中，使各项实践活动形成阶梯形"链接"，成为完成单元学习任务不可或缺的组成部分。例如，五年级上册第五单元是习作单元，编选的是介绍缤纷世界各种事物的说明文，习作要求是用"恰当的说明方法，把某一种事物介绍清楚"，两次小练笔也要求运用说明方法写事物。《跟随我的笔尖，认识缤纷世界》这个案例结合学生生活创设了一个真实的学习情境——在班级公众号里开辟一个专栏"我笔下的缤纷世界"，要求学生为专栏投稿。设计的挑战性学习任务是观察大自然缤纷世界，写一篇文章介绍大千世界中某种新鲜或有趣事物的文章，择优汇编成册。整个学习任务群设计充分利用单元课文资源，围绕说明文"认识事物，激发兴趣"的交际功能展开进阶式实践学习，使每个阶段的学习目标都非常清晰，前后联系紧密，形成合力，切实保证单元学习任务落到实处。学生在一系列的语文实践中认识缤纷世界，习得说明文的写作方法，发展了语言运用的基本能力，也提高了核心素养。

（三）依据学习任务，设计过程性评价工具

过程性评价工具是学习任务群设计的有机组成部分。教师要依据学习任务事先设计好评价的内容、指标和方法手段，重视教学过程的形成性评价，实现"教—学—评"一致性。在教学工作开展前最好先进行前置性评价，对学生的学习水平进行分析调查，使得自己的教学设计更切合学生学习的需要。在教学活动进行中要设计过程性评价，监控学生知识与技能的获得，根据学生的学习状况及时调整教学进度或教学方法，以提高学习的效率。在单元教学结束时要进行总结性评价，考查学生单元教学目标达成的程度，证明学生对单元预期教学目标的掌握情况。

例如，二年级上册第六单元的三篇课文分别讲述了大禹、朱德、周恩来三位中华伟人的故事，对传统文化和革命文化的教育具有重要价值和意义。这个学习任务群围绕"走近伟人，学讲故事"这个学习任务，从"生字词语评价""朗读课文评价""讲故事评价""倾听评价"四方面设计了评价方案。

生字词语评价：1. 在三篇课文中任选一篇，朗读课文时借助拼音读准生字字音；2. 能正确、熟练认读课后生字条，识读正确率不低于90%。在课堂中通过课堂观察和同桌互评，检测学生对生字词语的掌握情况。这样的表述操作性很强，方便学生自我检测和相互评价。

讲故事评价：1. 能借助提示完整、清楚地讲述课文中的故事，能让别人听清楚、听明白；2. 能按要求课外收集伟人故事，能清楚、完整地讲述自己读到的伟人故事。3. 部分学生在班级里展示讲故事，要求讲述时自然、大方、有礼貌。

学生在课堂中通过同桌相互讲述自己喜欢的一个伟人故事，对照评价标准相互打分，检测每个讲故事任务的达标状况。这样持续性评价能够覆盖全体学生，又能体现评价的差异性。

持续性评价能够对教学产生正确导向，使教师和学生全面把握单元学习重点。教师也不会因强调主题学习任务而忽视低年段基础教学内容。与此同时，在具体的评价目标、评价任务、评价标准和评价方式的表述上也做了研究和改进。例如，识字学词是低年段语文教学的重点，以往教学目标往往表述为"认识本单元的生字新词，能够正确书写"。至于这样的目标可以设计怎样的评价任务，用什么方式方法去检验学生是否达成目标，学生的达标率怎样量化等，都没有具体表述。该案例从评价任务、评价标准、评价方式三个方面对"认识本单元的生字"制作了评价工具，并做了比较具体的描述。

结合单元学习任务制作评价指标，对学生的学习状况进行过程性评价，是单元学习任务群设计的重要环节，也是语文教师设计学习任务群难度最高的环节。长期以来，语文教学除了单元测验或期中、期末考试，在平时教学过程中很少对教学效果进行评价，大部分教师缺乏评价意识，没有过程性评价习惯。教师只管教，对学生学习目标是否达成关注不

够甚至基本不关注，这是造成语文教学效率长期低下的重要原因。语文教师应该借助学习任务群实施契机，通过大量实践，不断增强评价意识，提高自己设计评价工具的能力。这样一定能够提高语文课堂教学效率，促进自身的专业发展。

（四）依据学习任务群，重新整合教材资源

尽管统编教材也是对标语文核心素养编写，但其教学内容是以人文主题与语文要素双线组元方式呈现，而不是围绕真实的学习情境和挑战性学习任务编写，因此单元的语文要素、课文、课后习题、口语交际、习作、语文园地等教材资源，聚焦的是单元语文要素提出的知识点，而不是单元的学习任务群。尽管教师在创设真实的学习情境和任务时会充分考虑并利用原来的教材资源，但在一般情况下还是需要进行重新整合，包括必要的调整、修改、增添、删节等，使其更加适合真实学习任务完成的需要。

例如，三年级下册第一单元的人文主题是"大自然可爱的生灵"，有三个语文要素：一是试着一边读一边想象画面，二是体会优美生动的语句，三是试着把观察到的事物写清楚；编排了4篇课文：《古诗三首》《燕子》《荷花》《昆虫备忘录》。这个单元的口语交际题目是"介绍一个地方"，习作题目是"和植物交朋友"。本书设计的案例创设的真实学习情境是"召开可爱的大自然主题班会"，对学生提出的学习任务是"观察自己喜爱的一种生灵，把它的可爱写清楚，再用自己喜欢的方式进行展示"。根据这样一个学习任务分析本单元教材，就会发现口语交际题目"介绍一个地方"明显不适合，最好改为介绍自己喜欢的一种动物或植物；习作题目"和植物交朋友"也限制过死，改为"和植物或动物交朋友"更好。还有三个语文要素，分别从阅读想象、词句运用、把观察事物写清楚三个维度提出不同的学习要求，对三年级学生来说要求过高，很难面面俱到，应该突出重点，区分主次。单元学习任务的重点是"把自己喜欢的一种生灵写清楚"，因此第三个语文要素把事物写清楚与单元学习任务直接有关，是必须落实的基本目标；而"边读边想象"和"体会优美生动的语句"这两个语文要素可以在学习过程中渗透，有能力的学生可以关注。经过这样整合，这个单元的课文学习、口语交际和习作就和单元学习任务更加匹配，学生在完成学习任务的过程中目标也更加明确，重点突出，不同学习水平的学生都可以有不同的目标追求。

又如，五年级下册第二单元初识中国四部古典名著。单元语文要素是：1. 初步学习阅读古典名著的方法；2. 学习写读后感。这个单元编排四篇课文，《草船借箭》《景阳冈》《猴王出世》和《红楼春趣》。单元的口语交际是"怎么表演课本剧"。习作题目是"写读后感"。依托本单元学习资源，真实的学习情境毫无疑问可以创设为引导小学生认识并鼓励阅读四大名著，具体的学习任务可以确定为"读一部名著，写一篇读后感"，然后通过主题班会交流，还可以通过班级墙报或班级公众号进行展示等。这样创设的情境和布置的学习任务完全结合学生的学习生活，符合年段目标，也可以激发学生的学习主动性和积极性。但是仔细分析本单元教学资源就会发现存在这样那样的不足。首先是口语交际题目"怎么表演课本剧"，与单元学习任务严重不协调，可以改为"交流阅读四大名著的感想体会"；其次单元主要学习任务是"写读后感"，怎么写读后感是决定学生单元学习质量的关键，是一大难点，因此必须提供必要的学习资源。在设计单元学习任务时除了引导学生扩展阅读四大古典名著的其他片段，还应该将收集并研读读后感的范文作为其中一项子任

务。经过这样的整合、补充和删改，可以保证学生顺利完成单元学习任务，并且可以有效提高学习的质量。

（五）语文基础要求务必落实

实施学习任务群教学很容易出现一种新的倾向性问题，就是原来语文课上教师花大力气进行的生字词语教学、课文中精彩词句或段落的积累，以及大声朗读课文丰富学生语言经验积累等学生学习语文最基础的工作，很有可能因学习任务群的实施而受到冲击。这是必须引起语文教师高度警惕的一个严重问题。

例如，二年级上册第四单元学习任务群设计。这个单元有四篇课文，包括《古诗二首》《黄山奇石》《日月潭》和《葡萄沟》，老师整合教材资源创设真实的情景学习任务是"我是家乡代言人，介绍家乡之美"；整个学习任务群过程设计分四个阶段，第一阶段：知家乡——整体感知，发布任务；第二阶段：赏家乡——理解词句，学习表达；第三阶段：读家乡——梳理内容，组织语言；第四阶段：赞家乡——丰富形式，成果展演。由于设计的学习任务是家乡代言人，为完成这个学习任务，学习过程中势必将大量的学习时间放在观察和表达家乡的风光景物特点。从四个阶段的设计中可以看出，本单元四篇课文的学习主要安排在第一和第二阶段，第三和第四阶段的学习活动都是围绕家乡代言人展开的，包括扩展阅读、观察了解家乡美丽风光，以及作为家乡代言人展开的语言表达和成果展示等。这些活动尽管也是用语言来做事，但很容易挤压四篇课文本身的学习时间。本单元要求认识63个生字，会写37个字，会写32个词语；正确流利朗读课文，读懂课文内容；背诵古诗和《黄山奇石》《日月潭》两篇课文的部分段落，这些都是本单元学习必须完成的刚性任务。如果仅仅用两三个课时蜻蜓点水一般点到为止，会给学生今后的语文学习留下极大的隐患。不仅生字词语学习不扎实，而且因为没有充分时间朗读、复述课文，会直接影响学生课文语言经验的积累和语感的培养。

2022年版语文课程标准坚持"识字与写字是阅读和写作的基础，是第一学段的教学重点，也是贯串整个义务教育阶段的重要教学内容"，这个观点非常正确，也非常重要。识字是学生阅读与写作的基础，中国的儿童如果识字不过关，任何语文学习任务群都无法完成。除了识字，整个小学阶段的学生都处于语言发展的关键期，根据脑科学研究，一个人九岁之前是全脑学习语言，之后脑部语言学习功能开始侧化。因而小学低年段和中年段是人生语言学习和发展、语言经验积累的最佳期，错过这个最佳期，以后任何时候用任何方法都是不可弥补、难以逆转，通俗地说就是过了这个村没有这个店。因此小学语文教学必须非常重视为学生打好语文学习的基础，基础越是坚实，以后语文素养提升的空间越大。因此强调字词句学习，重视语言经验积累和语感培养，为小学生打下坚实的语文基础，是小学语文课程内容与初中、高中语文课程内容最明显的区别。

由此可见，无论是哪一种学习任务群，其实施过程都必须承担识字和写字任务，理解和积累词语句子，丰富学生语言经验积累，从而促进学生语言发展的基本任务。无论是文学阅读与创意表达，思辨性阅读与表达，还是整本书阅读甚至跨学科学习，无一例外。2022年版语文课程标准在课程性质部分提出要"通过积极的语言实践，积累语言经验，体会语言文字的特点和运用规律，培养语言文字运用能力"，这是新中国语文教学大纲和课程标准中第一次出现"语言经验"这个概念。以往语文课一直强调"语言积累"，多指语言材料的积累，包括汉字、词语、句子、语段，这些是语言经验构成的物质基础。然而语言经验还包括语言运用的经验，比如词语怎样运用，词和词怎么搭配，词和句怎么组合，句和句怎么构建，还有布局谋篇等，这些语言运用的规则大都是说不清道不明的，是约定俗成的语言经验。小学生语言表达主要是凭感性经验，并通过表达实践不断沉淀语言运用的经验。其实语感也是一种语言运用经验，是学生在大量听、说、读、写实践中形成的。因此，任何一种任务群学习过程中必须同时要有大量的朗读、背诵以及说话写话训练，通过大量建构语言的实践积累语言运用经验。

因此语文教师在学习任务群设计和实施过程中，必须树立巩固学生语文基础这样一种意识：识字写字必须落实到位；词语句子积累不能放松；课文不仅要读懂，更要读熟，熟读是积累语言经验和培养语感的前提。

语文学习任务群确实是能够体现语文课程综合性、实践性特点的有效的教学样态，但并不是唯一的。温儒敏教授认为，语文课并不意味着全部教学一刀切，都要采取任务驱动方法。学生语文核心素养培养是一个系统工程，应该有丰富多样的教学样态。小学、初中、高中语文课程的教学目标是各不相同的；即使小学阶段，低学段、中学段、高学段语文学习内容和目标都有很大差异，任何一种教学样态都不可能完全适用于语文课程全部学习内容。高中语文课实施任务群教学已经五年，还很难说已经成功落地，高中语文教师还在不断探索，不断适应。因此，小学语文教师在学习、贯彻课程标准教学理念时，一方面可以先选择几个适合任务群学习的单元尝试进行学习任务群教学；另一方面需要总结过往语文课程改革的成功经验，包括传统语文教学和国外中小学母语教学的成功经验，尝试探索更多更加有效的教学样态。

语文课程改革不可能毕其功于一役，还有很长的路要走。

第一学段学习任务群设计案例

积累语言学表达，介绍大美祖国
——二年级上册第四单元

　　统编版语文教材二年级上册第四单元以"家乡"为人文主题，编排了《古诗两首》（《登鹳雀楼》《望庐山瀑布》）《黄山奇石》《日月潭》《葡萄沟》四篇课文，展现了祖国的幅员辽阔和壮美景色。语文要素是"联系上下文和生活经验，了解词句的意思""学习课文的语言表达，积累语言"。写话要求是"仿写句子，提高写话能力，学习写留言条"。课文语言优美，表达生动形象，为了让学生对祖国的壮丽山河尤其是自己的家乡有更深入的了解，本单元结合课文内容创设"跟随书本去旅行，积累语言学表达"的学习情境，引导学生在学习课文的基础上适度进行拓展阅读，并结合自己的旅行经历，整理编制美丽中国画报。

　　教师围绕"跟随书本去旅行，积累语言学表达"的学习情境，引导学生阅读课文，理解词语，学习表达；通过课外阅读，拓展知识储备，提高语言建构与运用的能力；在活动开展过程中自主探究、主动阅读并发现祖国之美、家乡之美。学生在完成学习任务的过程中自主探究、主动阅读，在选材、组织语言、修改完善、成果展示的过程中提升资料收集加工、语言迁移运用、协同合作的能力，在真实而富有意义的学习情境中提升核心素养。

　　本单元教学设计可以归属于"语言文字积累与梳理"学习任务群。"语言文字积累与梳理"学习任务群侧重于引导学生认识常用汉字，积累常用词汇、句子和句群，梳理语言文字运用规律，为学生奠定学习语文的基础。

二、 学习资源与学习目标

（一）学习资源

　　本单元课文以"家乡"为人文主题，以写景文章为主，语言优美，生动形象，适合语言积累和运用。例如，在《古诗二首》《日月潭》的课后习题中安排了词语的拓展积累和课文背诵，在语文园地中编排了关于颜色的词语积累；在《黄山奇石》《葡萄沟》的课后习题中要求学生进行仿说、仿写，要求有意识地引导学生在实践过程中积累语言、运用语言，丰富学生的语言库。

　　学生在一年级已经有联系上下文的经验和了解词句意思的基础，能大致了解生词表达的情感和意思。二年级学生的学习重点主要是对此要素进行巩固提升和练习运用。在课文语言的学习和积累方面，学生有一定的课外阅读量，大部分学生能说出我国具有代表性的壮美河山、名胜古迹，并且喜欢优美生动的语言，但学习表达和运用积累的意识薄弱。

（二）学习目标

根据单元学习情境和学习任务，制定本单元的学习目标。

1. 能通过预习、课上交流等方式，认识 63 个生字，读准 4 个多音字，会写 37 个字和 32 个词语。

2. 能用普通话正确、流利地朗读课文，读懂课文内容，背诵古诗和指定的课文段落。

3. 能联系上下文和生活经验理解词语，积累课文中的优美词句。

4. 能运用所学词语、句式和恰当的语言介绍祖国（家乡）的美丽风光。

5. 能结合课内外阅读感受祖国的幅员辽阔、山川秀美，感受祖国的大好河山，激发爱国情感。

三、学习活动设计

为指导学生参与学校举办的美丽中国画报展活动，我们依据单元目标，将整个单元的学习过程划分为四个阶段，提出学生完成画报的阶段任务，引导学生在完成任务的过程中积累语言、学习表达，提升语言运用与建构能力。

第一阶段：明晰任务知景点——整体感知。学生先借助预习单自主学习生字词，通过朗读课文了解课文内容。在此基础上，教师发布单元学习任务"将旅行见闻整理编制成美丽中国画报"，明确完成任务的思路。学生通过通读课文了解景点及其地理位置，并找到景点的图片制作剪贴画。

第二阶段：跟着课本赞祖国——学习表达。学生具体理解课文内容，积累语言，学习课文语言的表达，进行仿说、仿写，激发对祖国大好河山和家乡的热爱之情。

第三阶段：走进绘本赏家乡——拓展阅读。学生阅读"美丽中国·从家乡出发系列图画书"，加深对家乡的认识。在此基础上选取家乡的特色，制作家乡名片。依据评价标准和习得的语言表达方式，小组成员交流讨论，比一比谁的语言最美，谁的情感表达最丰富，并提出建议，对自己的名片进行完善。

第四阶段：借助画报游中国——成果展示。学生围绕画报评价标准，根据课文内容和家乡特色选择图片制作剪贴画并配上几句介绍的文字，完成画报。先在班级内展示，根据交流建议进行完善，再推优参加学校画报展。

四个学习阶段任务围绕单元主题展开，从选材到学习表达，再到资料收集与整理，最后组织语言进行成果展示，都基于真实有意义的情境，依托课本、课外阅读和实践运用活动，环环相扣，达成目标，助力学生语言能力的发展。

四个阶段大致需要 12 课时完成。

第一阶段：明晰任务知景点——整体感知

【阶段学习目标】

1. 能通过课前预习、课上交流等方式，认识 63 个生字，读准 4 个多音字，会写 37 个字和 32 个词语。

2. 能用普通话正确、流利地朗读课文，读懂课文内容。

3. 能在情境中通过认识火车票和写留言条解决实际生活问题。

【阶段学习活动设计】

▶ **板块一：明确任务做画报**

学生活动：

1. 知任务：学校将在报告厅举办美丽中国画报展活动。在外出旅行不便时，我们可以跟着书本去旅行，通过语言文字领略祖国的大好河山。再把祖国的风景名胜以及我们喜欢的景点制作成画报，让身边的老师和同学足不出户就能欣赏祖国的美景。

2. 明要求：将课文中介绍的景点、图画书中你喜欢的家乡景点制作成画报参加画报展。收集景点图片，配以文字，编制美丽中国画报。

设计意图：设置真实情境，以学习任务驱动学生自主探究，激发学习兴趣，提高学习主动性。

▶ **板块二：通读课文知景点**

学生活动：

1. 通读课文，知晓课文景点。

（1）课前通读课文，完成预习单。

"单元导读"预习单

1. 读一读。通读 4 篇课文，边读边完成以下任务。

（1）为课文标上自然段。

（2）借助拼音读准字音，读通句子，遇到难读的长句子多读几遍。

（3）用横线画出不理解的词语。

2. 记一记。

pù　tán　wān　hú　gōu　dàn
瀑　潭　湾　湖　沟　淡

它们的偏旁都是_____，与_____有关。

lú　yān
炉　烟

它们的偏旁都是_____，与_____有关。

rào　shā
绕　纱

它们的偏旁都是_____，与_____有关。

---

míng	jǐng	jìng	xíng	dīng
名	景	境	形	钉

我的发现：每一组字的读音相近，它们都是后鼻音。

céng	shèng	shèng	shěng	chéng
层	胜	盛	省	城

我的发现：每一组字的读音相近，它们都是前鼻音。

jìn	yǐn	fēn	fèn
尽	引	分	份

3. 填一填。本单元介绍了哪些景点（没有学过的字写拼音）。

_____ _____ _____ _____ _____

（2）交流预习单。同桌交流预习单第1题，合作读通难读的长句子，尝试解决不理解的词语；同桌交流预习单第2—3题，互相评价、纠正。

2. 再读课文，随文识字、写字。

（1）读课文，标位置。小组合作读课文，提取相关信息，认读关于省份、位置的字词，并在中国地图上标出课文中5个景点的位置。

（2）读首段，查字音。读三篇课文的第一自然段，同桌互相检查字音是否读准确，句子是否读通顺。认读"瀑布""中外闻名""神奇秀丽""风景区""尤其""台湾省""日月潭""树木茂盛""周围""名胜古迹""葡萄沟""出产""月份"等与介绍风景有关的词语。

（3）知景点，读长句。按课文顺序分篇了解景点特色，借助风景图，找到图片对应的自然段，朗读课文，读准字音，读通句子，在教师的指导下读好长句子。

（4）巧识字，重积累。在分篇朗读中随文识字、归类写字，识记词语并积累。

（5）赛朗读，互评价。出示本单元课文段落或长难句，学生自主挑战朗读，同学评价，教师相机指导。

3. 巩固字词，剪贴画报。

（1）小组合作将下列字词卡片粘贴在风景图上。

字词卡片：瀑布、香炉峰、紫烟、河川、黄山风景区、奇形怪状、台湾省、日月潭、轻纱、仙境、葡萄沟、山坡、茂密的枝叶、热情好客。

（2）知晓课文景点，收集课文中的景点图片，剪贴到画报上。

设计意图：本环节设计注重低年级学生的字词学习和朗读训练。生字的学习需要结合集中归类识字和随文识字，以及在活动中复现，巩固识记。结合课文内容进行单元整合，分步训练朗读，由短到长，由易到难。了解景点地理位置，重在引导学生读准字音。借助课文语言和图片，引导学生采用多种形式读通句子。剪贴景点图片，为后面制作美丽中国画报做准备。

► **板块三：写好留言识车票**

学生活动：

1. 学看火车票。

外出旅行可以选择多种交通工具，适合远途旅行的交通工具有火车、飞机等。在乘坐这些交通工具时，要学会看车票或机票。小组合作学习语文园地四"识字加油站"的内容，学会看火车票，认读"南昌""下铺""空调""硬卧""限乘""出售"等词语。

2. 学写留言条。

（1）学习留言条的格式。

（2）创设情境写留言条。

你们班的小明同学请假了，老师请你把学校举办美丽中国画报展活动的通知转告小明。你去小明家里找他，可他不在家。请你给小明写一则留言条。

设计意图：结合单元学习主题和生活实际，引导学生在旅行前了解出行方式，创设情境认识火车票，激发学生在生活中主动识字和自主学习写留言条的愿望，并能学以致用，解决真实问题。

【**课时安排建议**】

4 课时。

第 1 课时：明确任务，读通课文，交流预习单，了解景点位置。

第 2 课时：再读课文，学习字词，了解鹳雀楼、庐山和黄山的特色。

第 3 课时：再读课文，学习与巩固字词，了解日月潭、葡萄沟的特色。

第 4 课时：创设情境，认识火车票，学写留言条。

【**持续性学习评价**】

评 价 要 点

内容	描述	评价
明晰任务知景点	1. 能将四篇课文读正确	☆☆☆☆
	2. 知道课文中有哪几个景点	
	3. 会认本单元的 63 个生字，能读准"都""好""干""分"这 4 个多音字	
	4. 能写好本单元的 37 个生字	

第二阶段：跟着课本赞祖国——学习表达

【**阶段学习目标**】

1. 能联系上下文和生活经验理解词语，积累课文中优美的词语句子。

2. 能用普通话正确、流利地朗读课文，读懂内容，背诵古诗和指定的课文段落。

3. 热爱祖国（家乡）的名山大川，能运用所学词语、句式或恰当的语言介绍祖国

（家乡）的美丽风光。

【阶段学习活动设计】

▶ **板块一：理解词语，读懂课文**

学生活动：

1. 读《黄山奇石》，圈出不理解的词语，学习运用联系上下文和生活经验的方法理解"陡峭""金光闪闪"等词语，在理解词句的基础上读懂、读熟课文。

2. 小组合作学习，运用联系上下文和生活经验的方法理解《日月潭》《葡萄沟》两篇课文中的词句，通过教师指导理解"五光十色"一词，在此基础上读熟课文。

3. 拓展语文园地四"字词句运用"和"我的发现"两个部分，巩固这一方法的运用。

设计意图："联系上下文和生活经验，了解词句的意思"是本单元的重点。教师以"陡峭""五光十色"为例，具体指导学生运用适合的方法理解词语，再让学生运用这些方法理解其他词语，从而读懂课文，习得方法，也为后阶段运用语言赞祖国作铺垫。

理解词语评价标准

内容	描述	评价
理解《黄山奇石》《日月潭》《葡萄沟》课文中的词语	1. 能联系上下文和生活经验说出"陡峭""金光闪闪""五光十色"等词语的意思。 2. 能通过小组合作学习，运用联系上下文和生活经验的方法说出三篇课文中其他不理解的词语的意思。 3. 语言表达准确、清晰、流畅	☆☆☆

▶ **板块二：介绍奇石，比一比谁的语言更美**

学生活动：

1. 聚焦《黄山奇石》第2—5自然段，通过创设情境、想象画面等多种形式进行朗读，感受黄山奇石的"奇"。

2. 向他人介绍课文中的一块奇石，比一比谁的语言更美。

3. 仿照课文介绍课前收集的黄山奇石（图片），用上"……好像/真像……"句式，比一比谁的想象更丰富，表达更生动，并写下来。

介绍黄山奇石的评价标准

内容	描述	评价
介绍课文中或课前收集的奇石（图片）	1. 能用"……好像/真像……"恰当描述奇石的样子。 2. 能运用本课中的优美语言进行表达。 3. 语言表达准确、清晰、流畅	☆☆☆

设计意图：这一板块旨在引导学生在多种形式的朗读中感受奇石的有趣，积累语言。在转述课文内容的过程中积累并运用优美语句，丰富语言表达经验，也为单元学习任务"编制美丽中国画报"做准备。

▶ **板块三：介绍日月潭和葡萄沟，比一比谁的语言更美**

学生活动：

1. 通过创设情境、想象画面、图文对照等多种形式进行朗读，感受日月潭和葡萄沟的美，体会作者对这两处美景由衷的赞美之情。

2. 向他人介绍日月潭或者葡萄沟的一处美景，比一比谁的语言更美。

3. 聚焦《葡萄沟》第2自然段，体会作者是如何把葡萄的特点写具体的。按照先总后分或先分后总的句式完成课后习题三的句子仿写任务。

介绍日月潭和葡萄沟的评价标准

内容	描述	评价
介绍日月潭和葡萄沟的一处美景	1. 能很好地运用课文中的优美词句介绍日月潭或葡萄沟的一处美景。 2. 语言优美、生动，表达流畅。 3. 介绍时自信大方，声音洪亮	☆☆☆

设计意图：本课的重点是积累优美词语，利用"比一比，谁的语言更美"这一活动整合三篇课文的学习，丰富表达，突出重点。整个过程层层深入，由读到写，提高学生的写话能力。

▶ **板块四：介绍景物，比一比谁的语言最美**

学生活动：

1. 开展词语图片对对碰游戏，在此基础上找找词语中哪些是近义词，朗读巩固。

2. 复习"……好像/真像……"句式以及《葡萄沟》中由分到总的句式。

3. 口语表达：从《黄山奇石》《日月潭》《葡萄沟》中选一个景物进行介绍，比一比谁的语言最美，谁的情感表达最丰富。

4. 书面表达：试着将第3点中的口头介绍写下来。

运用词语、句式描述风景的评价标准

内容	描述	评价
综合运用词句描述风景	1. 能根据图片说词语，或能根据词语找到对应图片。 2. 能恰当运用课文中的优美词句生动地介绍课文中的景物。 3. 介绍时表达流畅，自信大方，富有感情，声音洪亮	☆☆☆

设计意图：这一板块是对前一板块的提升，要求介绍的内容更丰富，介绍的语言更优美。学生在综合运用本单元的优美词句的过程中内化语言，为第三阶段拓展介绍家乡做准备。

4 课时。

第 1 课时：学习《黄山奇石》，运用联系上下文和生活实际的方法理解词语，读懂、读熟课文。

第 2 课时：学习《黄山奇石》，在多种朗读形式中感受奇石的"奇"，运用积累的词语和"……好像 / 真像……"的句式介绍一块奇石并写下来。

第 3 课时：学习在多种朗读形式中感受日月潭和葡萄沟的美，借助文中语言向大家介绍日月潭或葡萄沟的一处美景。

第 4 课时：复习本单元的词语与句式，综合本单元的优美词句，描述课文中自己喜欢的一个景物。

第三阶段：走进绘本赏家乡——拓展阅读

【阶段学习目标】

1. 能借助中国地图，了解自己家乡所在省级行政区的位置，初步了解我国共有 34 个省级行政区。

2. 能借助课外阅读"美丽中国·从家乡出发系列图画书"，培养积累与运用语言材料的能力。

3. 了解家乡的自然环境和人文环境，激发学生热爱祖国大好河山和家乡的情感。

【阶段学习活动设计】

▶ 板块一：我的家乡在哪里

学生活动：

1. 通过美食、美景、城市建筑、特产、家乡简称等猜家乡名称，鼓励学生从家乡的美食、美景等方面模仿出题。

2. 借助中国地图，知道我国共有 34 个省级行政区。

3. 在任务单上描一描家乡所在省级行政区的轮廓，想象一下它像什么，和同桌一起轻声交流。

4. 课前阅读"美丽中国·从家乡出发系列图画书"，课中借助阅读笔记分享收获。

设计意图：借助中国地图，了解我国的省级行政区，初步了解自己家乡的自然环境和人文环境。学生阅读关于自己家乡的图画书，由课内迁移到课外，在课外阅读中继续积累语言、学习表达，同时也加深对自己家乡的认识。

▶ 板块二：争当金牌小导游

学生活动：

1. 家乡名片大比拼。利用课前收集的家乡美景图片，制作一张家乡名片，完成后统一在黑板上展示，选出你最喜欢的那一张。

2. 家乡介绍我能行。尝试运用积累的词语和句子，介绍名片中的美景，比一比谁的语言更优美，获得 3 颗星即可被评选为"金牌小导游"。

内容	描述	评价
借助图画书介绍自己的家乡	1. 能说清楚家乡所在的省级行政区。 2. 能运用课内积累的词语或是句子介绍家乡的特产、景物、美食、建筑等。 3. 表达自信大方，语言流畅	☆ ☆ ☆

设计意图：依据低年段学生好动、好胜、好奇、好玩的特点，开展制作家乡名片和评选"金牌小导游"的活动，不仅能激发学生浓厚的参与兴趣和语言表达的欲望，而且能培养学生热爱家乡、以家乡为荣的情感。

【课时安排建议】

2 课时。

第 1 课时：在地图上认识中国的省级行政区，了解自己家乡所处的位置。建议购买一张大地图和一个地球仪，从单元导学课伊始就放在教室内，让学生有足够的时间观察。

第 2 课时：制作家乡名片，并尝试运用积累的词语和句子介绍名片中的美景，激发学生对祖国和家乡大好河山的赞美、热爱之情。由于二年级学生语言积累不足，建议提供相关句式，为学生运用语言提供支架。

《美丽中国，从家乡出发》阅读笔记

班级：　　　　姓名：

任务1. 我阅读了"美丽中国·从家乡出发系列图画书"＿＿＿＿＿＿。

任务2. 我的家乡＿＿＿＿＿特别好吃，＿＿＿＿特别美，＿＿＿＿特别有名。

任务3. 我从图画书中认识了几个生字宝宝：

任务4. 我从图画书中积累了几个词语朋友：

家 乡 名 片

我的家乡在_____，那里_____，

图中的美景是_____，_____

_____

_____。

【阶段学习目标】

1. 能自主选择课文中喜欢的景点或图画书中的家乡风景，收集图片配以文字制作画报。

2. 在班级内展示画报，能根据交流建议进行完善，形成班级画报集。

3. 能依据评价标准评选班级优秀作品，并推荐到学校展示。

【阶段学习活动设计】

▶ **板块一：选取景点，收集图片，文字介绍**

学生活动：

1. 选择课文中或"美丽中国·从家乡出发系列图画书"中最喜欢的1~2处美景，从书籍或者网络上收集相关图片。

2. 回顾课文和课外阅读中积累的优美词句，再为收集到的图片配上文字介绍，制作风景名片，不会写的字用拼音代替或查字典。

设计意图：学生回顾所积累的优美词句，再根据图片内容用文字介绍景点，实现从说到写的过程，以及从口语表达到书面表达的迁移。

▶ **板块二：组内合作，排版美化，制作画报**

学生活动：

1. 欣赏组内成员的风景名片，交流讨论后，对自己的作品进行优化。

2. 小组合作对小组成员的风景名片进行剪贴和排列组合，使小组画报版面协调。

3. 为小组画报取名字、加框、加分割线、绘制插图等，美化画报。

设计意图：引导学生在制作组内画报的过程中欣赏他人的作品，交流意见吸取经验，修改完善语言文字，在真实的学习情境中增强语言运用能力。美化画报的过程能够提升学生的审美素养。

▶ **板块三：依据标准，推荐作品，参加校展**

学生活动：

1. 开展班级画报展，依据评价标准进行班级选拔，推优参加校级画报展比赛。

2. 在选拔过程中完善评价标准。

3. 在参加班级活动中吸取经验，修改完善介绍文稿及形式。

设计意图："教—学—评一致"的理念贯穿整个单元教学设计，在完成任务的过程中不断优化评价标准，再以评价为导向激发学生自主探究。在参与活动中，除自主思考、交流讨论外，同时鼓励学生向他人学习，吸取经验，博采众长。

【课时安排建议】

2 课时。

第 1 课时：自主探究和选择课文或图画书中喜欢的祖国（家乡）风景，并收集图片，配以文字制作风景名片。小组合作，优化作品，制成画报。

第 2 课时：开展班级画报展，选取优秀作品参加学校画报展。

【持续性学习评价】

"借助画报游中国"活动评价标准

内容	描述	自评	互评	师评
选材、版面布置	1. 选取的风景图片美观有特色，能和文字介绍对应。 2. 版面设计协调，有装饰	☆☆☆	☆☆☆	☆☆☆
书面表达	1. 文字部分能清楚介绍景点名称、地理位置。 2. 能用课内外积累的优美词句描述风景。 3. 书写端正美观，格式正确	☆☆☆	☆☆☆	☆☆☆
参与合作	1. 小组分工合理，人人参与。 2. 能在合作过程中积极交流分享，能根据评价标准给他人的作品提出建议。 3. 能根据建议和自己的反思对作品进行完善	☆☆☆	☆☆☆	☆☆☆
总评		获得 （　　） 颗星	获得 （　　） 颗星	获得 （　　） 颗星

五、反思与讨论

（一）学习目标的达成

本次以二年级上册第四单元为例的单元整体教学，初衷是将课堂真正还给学生，充分调动学生的主动性、积极性、参与性，让学生在真实情境中学语文、用语文，提升核心素养。

本次教学共安排了 12 课时，以积累语言和学习表达为主要任务，每课时均围绕目标展开。从目标达成角度看，学生通过学习牢固掌握了课文要求积累背诵的写景的词语和语段，丰富了自己的语言库，能够在具体语境中运用积累的词语，介绍课文中所描述的祖国大好河山和家乡之美。

（二）教学设计与实施中的反思

1. 基于真实有意义的任务情境，统整单元学习主题。

本单元任务"将旅行见闻整理编制成美丽中国画报"的提出是在人们不便外出旅行的情境下，让学生通过图片、语言文字领略祖国和家乡的大好河山。在这样的真实情境下统整单元学习内容，围绕单元主题分为四个板块，驱动学生在自主阅读探究、资料搜集与整理的过程中，学会合作、学会互相借鉴，提升学生的核心素养。

2. 基于学生认知发展规律，步步推进，解决问题。

本单元教学设计为学生提供了学习进程中的具体步骤、方法，以及学习成果的具体要求，通过整体感知—学习表达—拓展阅读—成果展示步步推进，引导学生完成学习任务。学生在完成任务的过程中，不仅获取了知识，而且逐步形成了解决问题的能力。

3. 评价设计操作性不够强。

本单元的评价设计仍以知识掌握情况为主，对学生的增值性评价、表现性评价关注不够。如何将评价关注点放在学生的学习过程，以评促教、以评促学，还需要进一步思考。

（三）改进设想

加强教师理论学习与实践。要提高教学能力，提升学生核心素养，教师的教学理念需先行。在之后的教学中，教师也将在理论学习—集体研讨—课堂实践—课后反思中不断更新教学理念和知识体系，提升教育教学能力。

提高评价设计能力，关注增值性评价。提高教师评价能力，发展学生评价能力，实现评价主体多元化。提高评价量表制作能力，真正体现教—学—评一致性。

教学工作是一项常教常新、常做常新的工作，教师在教学过程中要以"求真务实"的工作作风，加强学习，积极探索小学语文教学的新思路、新技巧、新方法。

（广州市南沙区湾区实验学校　李芳洁　邓宝林　李娜　吴碧珊）

不同寓意看世界，有声有色读故事
——二年级上册第五单元

一、学习情境与学习任务

　　本单元包括《坐井观天》《寒号鸟》《我要的是葫芦》三篇课文，皆为寓言故事，故事中人物形象鲜明，人物语言有特色，是适合朗读的好材料。单元中"口语交际"的学习任务是学习用商量的语气把自己的想法说清楚。"语文园地"编排了寓言故事《刻舟求剑》。"以故事来讲道理，让道理寓于故事中"是这一单元课文的共同特征。

　　语文课程各个学段的阅读教学都要重视朗读和默读。要让学生在反复朗读中加深对文本内容的理解，体会作者及其作品中的思想情感，学习用恰当的语气语调朗读，表达自己对作者及其作品思想情感的理解。综合以上因素和教材特点，我们创设了"读出我心中的故事——云兴最美朗读者"学习情境，设计了学习任务"不同寓意看世界，有声有色读故事"。

二、学习资源与学习目标

（一）学习资源

　　本单元教材除三篇课文外，还安排了"口语交际"，学习用商量的语气把自己的想法说清楚；"语文园地"中的日积月累等内容与我们设计的单元学习任务基本无关，因此教学中拟另行处置。

　　识字和写字是低年级语文教学的重点，本单元课文中要求认识生字 47 个，正确书写汉字 24 个，这些都是语文课程的刚性学习任务，因此教学中除了结合课文朗读，从小故事中读懂大道理外，还必须将识字和写字任务落到实处。

　　为拓宽学生的阅读面，丰富学生对寓言的认知，我们还结合课文推荐《伊索寓言》《中国民间故事》等图书。通过整合单元学习资源，学习任务更加明确集中。学生通过朗读实践、阅读交流，从小故事中读懂大道理。

（二）学习目标

> 根据单元学习情境和学习任务，制定本单元的学习目标。
> 1. 能借助预习、交流等方法独立识字学词，学会本单元的生字新词。
> 2. 能清楚地讲述课文蕴含的道理，并联系自己的生活实际简单说说对道理的理解。

3. 能综合运用所学到的朗读方法，带着理解有声有色地朗读故事。在反复朗读中体会语言表达的多样性。

4. 能通过拓展阅读进一步感受寓言故事的特点，培养阅读兴趣。

三、学习活动设计

为指导学生完成基于真实情境设计的"不同寓意看世界，有声有色读故事"的学习任务，依据单元学习目标整合本单元的学习内容，我们将整个单元的学习流程划分为四个阶段，清楚地指出每位同学在各阶段活动中所要达到的学习目标及所要完成的具体任务，引导学生在完成任务的过程中学习朗读故事的方法，激发学生朗读的兴趣。

第一阶段是我爱方块字。发布"读出我心中的故事——云兴最美朗读者"读书活动征集令。学生在了解单元学习活动的目的、意义的基础上明确第一阶段的学习任务。学生在充分预习的基础上，通读三篇课文，学习生字词。这一阶段是在检测学生课前预习情况的基础上，对生字新词进行有针对性的具体指导，重点关注难写易错的生字和不好读的句子，引导学生在具体的语境中正确运用所学的生字新词，了解本单元学习任务，明确解决问题的基本思路，并讨论制定和理解写字、朗读的评价标准。

第二阶段是有声有色读故事。学生在《我要的是葫芦》精读课中学到把句子、段落读生动的具体方法，然后将这些方法迁移运用到《坐井观天》《寒号鸟》两篇课文的阅读中。学生结合评价标准交流、讨论，在反复的有效练习中发现长处和不足，并针对共性问题，进行重点练习，尝试在"一起读课文"活动中初显身手。

第三阶段是明明白白述道理。以"明理读书会"的形式展开活动，充分利用寓言的文本特点，引导学生在熟练朗读课文的基础上，清晰明了地说出对寓言故事的理解，深化对故事中人物的认识。在熟练和知晓文中寓言故事所蕴含的道理之后，交流所阅读到的寓言故事，分享其要言说的道理，进一步感悟寓言故事的特点，对照评价标准推选"明理小达人"。

第四阶段是读出我心中的故事。学生将课内、课外读到的寓言故事进行展示朗读，由"小小朗读者"组成的评审团依据评价标准进行综合评价，推选出"云兴最美朗读者"。

整个活动依托真实情境，围绕本单元的学习任务展开，通过一系列语文实践活动达成学习目标，提升学生的核心素养。

四个阶段大致需要 6 课时来完成。

四、各阶段学习目标和学习活动设计

✎ ———————————————————————— 第一阶段：我爱方块字 ⟋

【阶段学习目标】

1. 能正确认读本单元 47 个生字新词（含"语文园地"中的 9 个字），读准 3 个多音

字。理解词语并能够在语境中正确运用。

2. 能正确、流畅地朗读课文，初步了解文章的主要内容。

3. 能正确书写本单元生字，做到结构匀称、笔画规范，有一定的书写速度。

【阶段学习活动设计】

创设情境：同学们，学校要开展"读出我心中的故事——云兴最美朗读者"活动啦，只要能把喜欢的故事读得有声有色就可以报名参加，读得最棒的还可以登上"学习强国"平台哦！

▶ **板块一：我是识字小能手**

学生活动：

1. 交流预学单，学习生字词。

（1）交流学习单，梳理本单元生字词。

梳理本单元生字：从结构上对易错字音、易错字形、易混字形的生字进行梳理。

（2）熟练认读生字新词，读准字音。

① 正确认读生字新词，特别注意读好易错字音。如：弄错了，井沿，一堵石崖，寒号鸟，得过且过。

② 正确认读词组中的生字词，读好词语中的"的""地""得"。如：冷得像冰窖，冻得直打哆嗦，像狮子一样吼，长得赛过大南瓜。

③ 正确认读句子中的生字新词。如：寒号鸟和喜鹊面对面住着，成了邻居。

（3）运用识字方法，掌握字形。

2. 在教师指导下仿写较难写的生字。

设计意图：识字既是低年级学习的重点，也是下一阶段学习的基础。此板块的学习任务就是引导学生运用识字方法，梳理所学生字新词，达到正确、熟练地认读和书写本单元生字新词的目标。

单元预学单

1. 准确、通顺地朗读课文。

2. 我会认：结合识字表读课文，不认识的字查字典，注拼音，摘抄在下面的横线上。

_____

3. 我会写：自学本单元写字表和词语表，圈出容易写错的字，摘抄在田字格里。

最想提醒读音的字是 _____

最想提醒书写的字是 _____

我的多音字梳理 _____

4. 我会理解：浏览单元文章，填写表格。

故事	主要内容	我的观点
《坐井观天》		
《寒号鸟》		
《我要的是葫芦》		
《刻舟求剑》		

5. 我会质疑：

_____

_____

6. 我的学习评价：

☆ 点亮星光：

大声朗读课文。☆ ☆ ☆ ☆ ☆

我能正确、美观地书写文中的字词。☆ ☆ ☆ ☆ ☆

（点亮属于你的星！跟家长、老师或同学说说最令你自豪的那颗星。）

▶ **板块二：我的字最端正**

活动情境：同学们，这个单元我们认识了这么多生字宝宝，你都会写了吗？要想把书写的作品呈现给大家，可要写规范写漂亮哦。

学生活动：

1. 交流书写经验。交流左右结构字、上下结构字和独体字的书写要诀。

（1）左右结构字书写指导——左右等宽向中靠，左右不等窄让宽，主动避让有礼貌，巧妙穿插多友好。

左右同宽：朗。

左宽右窄：却、邻。

左窄右宽：沿、渴、喝、话、际、阵、枯、将、纷、棵、谢、盯、治、怪。

左边短，右边长：观、呼。

左边长，右边短：忙、如。

（随机完成语文书第 69 页"书写提示"部分的练字，先观察再进行描红仿写。）

（2）上下结构字书写指导——先找主笔，再找对齐。

上窄下宽：答、夜。

上下等宽：想。

（3）独体字书写指导——主笔突出、横平竖直、分布均匀、收放分明。如：井、面、言。

2. 观察范字，写好其他结构的字。

（1）观察田字格，找到每个字的关键笔画与占格。

（2）重点笔画书写时要注意。例如，"沿"字第五笔是"横折弯"。

3. 展示评价。

设计意图：本单元有26个要写的生字，其中有18个左右结构字，3个上下结构字，3个独体字。左右结构字是本册教材书写指导的重点。活动重在巩固迁移书写经验，运用规律，重点指导书写策略，写好一类字，培养学生的书写能力和良好的书写习惯。同时完成语文园地五"展示台"的内容。

写字评价标准

笔顺正确 ☆	字形正确 ☆	结构匀称字迹端正 ☆	写字姿势正确 ☆	书面整洁	书写有速度（10分钟不少于30个字） ☆	我的总成绩

▶ **板块三：字词运用大闯关**

学生活动：

1. 回顾所学生字词。

（1）随机检查47个生字的认读、默写。

（2）学生互评、纠错。

2. 汉字变变变。

（1）找一找。

① "盯"字，目字旁。正确认读其他带有目字旁的字并说说对这些字词的理解。

睡、眨、眼睛、睁、盼、瞒、眠。（交流完成语文课本第68页的"识字加油站"。）

② 找出长句中藏着的生字新词，试着读一读。

青蛙说："朋友，别说大话了！天不过井口那么大，还用飞那么远吗？"

小鸟说："你弄错了。天无边无际，大得很哪！"

山脚下有一堵石崖，崖上有一道缝，寒号鸟就把这道缝当作自己的窝。

细长的葫芦藤上长满了绿叶，开出了几朵雪白的小花。

（2）选一选。

① 读一读加点字，读准多音字。

当作　　当然　　号叫　　号令　　天哪　　哪里

② 选字填空，送"字宝宝"回家。

治　　制　　至　　致

兴（　　）　（　　）度　（　　）少　（　　）理

3. 词语大盘点。

（1）正确认读词语串（学习语文园地中的"字词句运用"）。

细长的葫芦藤上长满了绿叶，开出了几朵雪白的小花。

茂密的枝叶向四面展开，就像搭起了一个个绿色的凉棚。

① 读加点的词语，想象画面。

② 带着想象再读句子。

（2）词语猜猜乐（学习语文园地中四字词语）。

① 正确认读词语，我发现……

② 交流发现。

③ 选用词语，结合生活说一句话。

设计意图：在课文语境中能准确认读的基础上，以"词卡游戏"的活动促使学生脱离课文语境准确认读生字，了解词语意思，联系生活正确运用词语。

【课时安排建议】

2 课时。

第 1 课时：引导学生借助预学单，通过交流，利用识字方法识记生字新词，练写容易写错的字，正确、较流畅地朗读课文中的语句。

第 2 课时：引导学生在识记、理解词语的基础上，尝试运用、梳理，在这个过程中继续积累学习方法。

第二阶段：有声有色读故事

【阶段学习目标】

1. 学习读书方法，能利用所学的读书方法有声有色地朗读故事。

2. 认真倾听他人朗读故事，能依据评价标准对他人的朗读做出适切的评价。

3. 初知课文蕴含的道理，能结合课文内容对文中的人与事做简单的评价。

【阶段学习活动设计】

▶ **板块一：读好故事有秘籍（精读《我要的是葫芦》）**

活动情境：怎样才能把故事读得更好呢？结合之前的学习，同学们一定有了不少心得和妙招，老师期待你们指导其他人哦。

学生活动：

1. 读准读好长句子。

（1）交流读好长句子的方法。

（2）具体学习读好长句子的方法。一是看，看清标点、看准每一个字；二是语气要连贯，找准换气点，不把句子读破；三是心不慌。

如：一个邻居看见了，对他说："你别光盯着葫芦了，叶子上生了蚜虫，快治一治吧！"

① 自我练习，把句子读正确，读熟练。

② 指名朗读，教师点评，再次朗读。

③ 说说这句话是谁说的，此时的心情怎么样？语速会怎么样？

④ 带着这种语气再读，用各种方式练习朗读。

（3）方法总结：理解句子意思，突出重点词语，句中注意停顿。

2. 关注标点，读出语气。

（1）读句子，思考问题。

如：我的小葫芦，快长啊，快长啊！长得赛过大南瓜才好呢！

什么？叶子上的虫还用治？我要的是葫芦。

① 什么时候会用到"！""？"呢？联系生活实际进行交流。

② 此处的标点表达什么情感呢？

③ 用各种形式反复进行朗读练习。

④ 交流评价。

（2）方法总结：小标点会说话。学生要一边读、一边体会特殊的标点和强烈的语气。

3. 分角色朗读，读谁像谁。

（1）方法总结：找出不同人物角色的语言—关注提示语—体会人物的内心世界—感受不同的性格特点。

（2）学生在小组内合作朗读，取长补短。

设计意图：以课文为依托教给学生具体可感的朗读方法，并在课堂上反复练习形成技能。

▶ **板块二：我是小小朗读者（略读《坐井观天》《寒号鸟》）**

学生活动：

1. 回顾上节课所学的朗读方法。

（1）指名随机朗读。

（2）评价朗读。

（3）小结：有了这些妙招，各位小指导可以做个完美示范啦。运用妙招，选择一段课文，将你最美的朗读分享给大家。

2. 选择内容，练习朗读。

（1）自我、同桌、小组练习朗读。

（2）交流评价。

3. 我是小小朗读者。

（1）展示朗读。

（2）交流评价。

设计意图：本单元的三篇课文《坐井观天》《寒号鸟》《我要的是葫芦》，内容虽不同，但寓意鲜明。低年级课文教学最重要的是"以读代讲"。在寓言故事中，包含了多个拟人化的动物，课文内容往往是通过他们的多次对话推进的。只有通过朗读他们的对话，学生才能真切地感受到课文的趣味，理解故事情节。

【课时安排建议】

2课时。

第1课时：精读《我要的是葫芦》，依托课文学习朗读方法。

第2课时：略读《坐井观天》《寒号鸟》，运用所学的朗读方法，借助文本进行朗读训练。

【持续性学习评价】

"我是小小朗读者"朗读评价量表

评价内容	自我评价（☆☆☆）	小组评价（☆☆☆）
声音响亮、吐字清晰		
字音准确、语句流畅		
读谁像谁		

第三阶段：明明白白述道理

【阶段学习目标】

1. 理解课文蕴含的道理，能结合生活实际简单说说自己的理解。

2. 初步了解寓言故事的特点，能用不同的方法感悟不同故事的寓意。

【阶段学习活动设计】

▶ **板块一：辩一辩文中理**

学生活动：

1. 回顾所学。

（1）字词小检测。

（2）随机抽查朗读课文段落。

2. 我是……

（1）以"我是……"的形式进入角色说说自己的观点和认知。

如：我是青蛙，我认为天只有井口那么大。我天天待在井里，天天看天这不会错。

我是智者，天像小鸟说的那样无边无际大得很。你之所以这么说，是因为你从没有跳出井口。你的见识真是太短浅了！

（2）小组内互相练说，交流观点。

（3）一起辩一辩。

（4）联系生活实际，在具体的情境中辩一辩。

（5）小结：我想对大家说……

设计意图：在上阶段充分朗读的基础上明确故事的寓意，并能联系生活实际理解其中的道理。在辩一辩中既了解寓言的特点又发展语言和思维，从而不断积累生活经验和学习经验，滋养心灵，锤炼品格，提高认知水平。

▶ **板块二：明理故事会**

学生活动：

1. 小寓言大世界。

（1）寓言对对碰。朗读搜集到的寓言故事并说说其中的寓意。

（2）交流感悟寓言表达寓意的方法。

寓言	寓意	方法
《坐井观天》	看问题要全面	围绕课文内容感悟寓意
《寒号鸟》	做事不能只顾眼前，要有计划、有安排	联系生活实际理解寓意
《我要的是葫芦》	看问题要注意事物之间的联系	可以将自己代入故事情境来体会寓意
《刻舟求剑》	要根据事物的发展变化做出决策	可以根据具体情况自主选择适用的方法
……	……	……

2. 我是明理小达人。

设计意图：学生的学习是不断建构的，本环节从学生对文本的理解入手，引导学生通过梳理、比较等方法学习不同故事的不同寓意，尝试采用不同的方法感悟寓言的不同含义，为下一步进行自主学习创造条件。

▶ **板块三：作业与拓展学习设计**

学生活动：

1. 搜集喜欢的寓言故事并和好朋友比赛朗读，看谁读得最准确，最清楚、响亮，最流畅。或请家人给自己打分。

2. 自己或几个人分角色朗读寓言故事，准备参加"读出我心中的故事——云兴最美朗读者"读书活动。

【**课时安排建议**】

1 课时。

第四阶段：读出我心中的故事

【**阶段学习目标**】

1. 能运用所学的朗读方法有声有色地朗读自己喜欢的故事。

2. 通过朗读体会不同语气表达的情感，感受和体会课文语言表达的多样性，能更深入地体会寓言蕴含的道理。

3. 倾听他人朗读，并能做出适切的评价。

【**阶段学习活动设计**】

▶ **板块一：小组合作，精选故事**

学生活动：自由结合小组，选择自己喜欢的寓意故事。

设计意图：小组合作在一定程度上降低了难度，有助于激发学生广泛阅读的兴趣。

▶ **板块二：畅读故事展风采**

学生活动：

1. 小组内朗读故事。

2. 展示朗读。

3. 交流评价。

4. 评选云兴最美朗读者。

设计意图：准备展示的过程也是学生自我提升和反思的过程，倾听、评价都能为培养学生的表达能力提供重要的帮助。真实的情境活动更是对学生朗读兴趣的激发和鼓励。

【课时安排建议】

1 课时。

【持续性学习评价】

"云兴最美朗读者"评价量表

分类	描述	评价
内容	内容精彩，情节完整	☆☆☆☆☆
表演	有声有色，感情充沛	☆☆☆☆☆
表达	语言流畅，吐字清晰	☆☆☆☆☆
参与	积极参与，善于合作	☆☆☆☆☆

设计意图：依据低年级学生的特点，采用多种朗读方法来调动他们的积极性。引导学生由阅读故事走向阅读生活，由阅读他人走向阅读自己，从而打下坚实的语文基础，有效培养核心素养。

五、反思与讨论

本单元学习的主要目标是：学习生字词，熟练朗读课文；在读读讲讲的语文实践活动中感受寓言蕴含的深刻道理；学习有感情、分角色朗读故事，在别人朗读时能认真倾听并做出适当的评价。通过单元学习活动，以上目标基本达成。但前几次试教暴露出来的问题也是不容忽视的。

1. 教师多站在设计者角度进行思考，缺少从学生学习者的角度考虑。为了凸显教师的指导作用，追求新奇的"挑战性任务"，我们设计了许多复杂的学习活动。这些活动既忽视了学生的接受能力，又疏离了教学目标。

2. 超纲教学造成课堂比较晦涩。课程标准对低年段学生的要求是，能用普通话正确、流利、有感情地朗读故事。但我们把"借助联想，思考人物心理活动，把故事读生动，有一定的感染力"拉进了教学目标，无形中增加了难度，拔高了要求，造成目标虚设。

鉴于以上教训和反思，我们对教学设计做了修改调整：

在抓单元目标中"人文要素"与"语文要素"达成的同时，没有忽略单篇课文中基础知识的学习，始终关注学生良好学习习惯的培养。例如，在中、低年级的识字和朗读教学中，识字、写字和正确、流利地朗读课文是重点。如果忽略了班级学生识字和朗读水平的现状，忽略了课程标准的要求，一味追求单元学习主题目标的达成，无异于在筑造空中楼阁。

落实了"一课一得"的主题学习理念。"有声有色读故事"不仅培养了学生语言建构与运用能力，还对其思维发展与提升起到了一定的促进作用。语言的习得总是起始于对别人的语言的模仿和学习，然后逐步内化、积累、建构、发展。本次主题学习既关注了课内语言的积累，又关注了积累后的内化与运用。

　　把学生自评、互评和教师的评价结合起来。本次单元整合教学已结束，回顾之前所有的教学与学习活动，有优点，有不足，更有诸多遗憾。教师还要"深度"学习，提高学习活动的设计能力，以更好的教学活动设计推动学生对所学进行应用与迁移，让深度学习真正发生。

（江苏省徐州市云兴小学　马慕菡）

走近伟人，学讲故事
——二年级上册第六单元

一、 学习情境与学习任务

2022 年版语文课程标准指出，语文课程要重视对学生思想情感的熏陶感染作用，重视价值取向，突出社会主义先进文化、革命文化、中华优秀传统文化。本单元的三篇课文《大禹治水》《朱德的扁担》《难忘的泼水节》都是通过具体故事表现伟人心系百姓的品格。本单元是小学语文教材中唯一的集中讲述"伟人"故事的单元，对传统文化和革命文化的教育具有重要价值和意义。课程标准在低学段目标中要求学生能较完整地讲述小故事，能简要讲述自己感兴趣的见闻。因此，我们基于真实的学习情境——学校要举办"庆祝中国共产党百年华诞"活动，举行"读伟人故事，学伟人精神"分享故事活动，设置"走近伟人，学讲故事"任务。

讲故事要经历阅读、思考、理解、语言组织和表达等一系列过程，而读、讲、思融为一体的语文实践活动既可以提高学生的语言运用能力，使学生获得语言表达经验，提高思维的条理性，又可以有效提高学生的口头语言表达能力，为学生学习书面语言表达奠定基础。学生在读伟人故事、讲伟人故事的同时，也是积极感受伟人精神和品格，在潜移默化中接受中华传统文化教育和革命文化教育的过程。

二、 学习资源与学习目标

（一）学习资源

低年级学生学习语文最重要也是最有效的方法是朗读，朗读不仅可以帮助学生理解课文内容，提高阅读能力，更重要的功能是帮助学生积累语言运用经验，培养语感。因此必须要求学生把课文读得滚瓜烂熟，这样才有利于把课文语言转变成学生自己的语言，形成语感。学生把课文读熟了，把课文语言读成了自己的语言，学讲故事也就有了必要的基础。尽管课文内容浅显，但课文中的伟人故事离学生的生活经验距离较远，学生在理解时还是会有一定的困难。因此，教师一方面要引导学生通过反复朗读，自己读懂课文，认识伟人；另一方面，也要进行适当指导，帮助学生了解伟人的生活环境，认同伟人的崇高品格和伟大精神，以扫除学生的阅读障碍。

识字与写字是低年级语文教学的重点。三篇课文要求学生会认 47 个字，会写 25 个字。扎实完成本单元的识字与写字任务，是本单元基本的教学目标，丝毫不能放松，必须在教学时间上予以保证。二年级的学生已经具备一定的自学生字的能力，教师可以采用词串识字＋随文复现强化＋针对性的检测相结合的方法落实识字与写字教学。

（二）学习目标

> **根据单元学习情境和学习任务，制定本单元的学习目标。**
>
> 1. 通过课前自主识字、课上随文识字与集中识字，能正确认读44个生字，根据语境能读准3个多音字，会正确书写25个字和32个词语；能联系上下文理解词意，自觉积累词语并尝试运用。
>
> 2. 能借助拼音和反复练习，正确、流利地朗读课文，理解课文内容；能抓住表现人物品质的词句感悟古代先贤、革命前辈心系百姓、无私奉献的精神，接受初步的传统文化和革命文化教育。
>
> 3. 能借助词语和提示清楚、完整地讲述故事，努力做到声音响亮，态度自然大方。
>
> 4. 认真倾听他人讲故事，能对他人讲述的故事发表意见。

三、学习活动设计

为指导学生完成"走近伟人，学讲故事"的任务，引领学生感受伟人崇高品质，依据单元学习目标整合本单元的学习内容，我们将整个单元的学习流程划分为以下三个阶段：

第一阶段是明确任务。发布征集令，完成学习任务"读课文知伟人"。学生在了解单元学习活动的目的、意义的基础上明确第一阶段的学习任务。学生在预习的基础上，读通三篇课文，学习生字新词。这一阶段是在对学生课前预习情况检测的基础上，对生字新词进行有针对性的具体指导，重点关注难写易错的生字和难读的句子。了解本单元学习任务，明确完成任务的基本思路，依据评价标准练习和评价自己、他人的朗读。

第二阶段是靶向筹备。学生在充分熟练地朗读课文、理解字词的基础上完成学习任务"品词句学伟人"。此阶段学生既要承接前一阶段的基础性学习任务，又要抓住关键词句品悟伟人精神，还要通过讲具体句、段的实践练习，将课文语句内化，为讲完整的故事打下坚实的基础。此活动主要指向单元学习目标1和2，兼顾单元学习目标3。学生结合评价标准交流、讨论"初试身手"讲句、段中的优点和不足，针对共性问题，通过练习着重突破。

第三阶段是评价选拔。围绕"讲故事颂伟人"学习任务设置学习活动，引导学生借助故事的讲述进一步深入感受伟人的高尚品质，继续练习把故事讲清楚、讲完整，养成乐于与人分享、交流的习惯。此活动为综合性学习，学生内化课内故事、搜集课外故事，积极讲练，然后依据评价标准选出自己心目中的"讲故事小能手"参加学校"庆祝中国共产党百年华诞"活动。

整个活动围绕单元学习目标开展，依托真实情境，借助教材和语文实践活动展开，通过三种课型层层搭建支架，助力学生达成学习目标、完成学习任务。

三个阶段大致需要7课时来完成。

【阶段学习目标】

1. 能读准生字字音，准确识读课文中的生字、词语，正确、流利地朗读课文，了解课文的主要内容。

2. 能正确、端正地书写课后生字。学习部首查字法查检字义，理解词义并能在具体语言情境中准确运用。

3. 能结合课文中的词语用自己的话清楚地讲述课文内容。

【阶段学习活动设计】

▶ **板块一：交流活动计划，介绍活动过程**

学生活动：

1. 宣读学校关于"庆祝中国共产党百年华诞"活动的通知，了解活动任务、活动意义。

2. 与同伴交流"华诞""英雄""伟人"的含义。

3. 与同伴交流可以从哪些渠道了解革命英雄和伟人的故事，整合学习资源。

设计意图：利用真实情境任务激发学生的学习兴趣，明确学习目标；通过相互交流了解相关词语的基本概念和基本的学习媒介。

▶ **板块二：整合学习资源，完成预习单**

学生活动： 整合各种学习资源，完成下面的预习单。

预 习 单

预习要求： 1. 从本单元三篇课文中积累 30 个词语，制作成词语积累卡。积累卡上的词语要会读、会写、会解释。 2. 正确、流利地朗读三篇课文，选择一篇课文朗读给家人听，并请他们评价	评价	
	自我评价 ☆☆☆	家长评价 ☆☆☆
我的词语卡片		
我会写的字		
我不会写的字		
我最喜欢读的句子		
我的疑问		

设计意图：本单元故事内容距离学生的生活年代较远，许多具有年代感的词语学生不容易理解。熟读课文是进一步学习的基础，做好课前充分的预习很重要。

▶ **板块三：谁是"识字英雄"**

学生活动：

1. 认读词语卡。

大禹治水　洪水泛滥　毒蛇猛兽　筑坝挡水　疏通河道　安居乐业　会师　根据地

粉碎围攻　山高路陡　戴斗笠　穿草鞋　挑粮食　傣族　泼水节　敲象脚鼓

穿对襟白褂

2. 交流词语的意思。说说词语的意思，以及你是如何知道这些意思的。

3. 重新排序，快速认读。

设计意图：指导学生准确、熟练地认读词语，为学生正确朗读课文和讲故事时能准确使用词语表达意思做准备。

▶ **板块四：读课文知伟人**

学生活动：

1. 我是小小朗读者。

（1）在教师指导下读好长句子。例如，周总理一手端着盛满清水的银碗，一手拿着柏树枝蘸了水，向人们泼洒，为人们祝福。（教师滚动出示文中句子，检测学生朗读的正确性和熟练度。）

（2）读好较长的段落，交流段落讲述的内容。

2. 伟人的故事我知道。

（1）交流：课文讲了谁的什么故事？尝试用"谁＋干什么＋结果怎么样"句式简单讲述。

（2）根据提示的词语猜人物、故事，然后用自己的话串联起来。

如：疏导　疏通　洪水　大海——禹用疏导的方法疏通了河道，让洪水流入大海。

挑粮　爬山　心疼　藏扁担——朱德同志跟大家一起挑粮、爬山，大家看了心疼，就把他的扁担藏了起来。

设计意图：突破难读的句子，让学生充分地朗读课文，粗知课文大意，练习借助词语提示用自己的话讲故事，这既是对预习效果的检测，又可以为下一阶段的学习打下基础。

导　学　单

任务单	交流单	评价标准		评价方式
1. 正确、熟练地朗读课文《大禹治水》	这些句子较难读：_____ _____ _____	1. 正确、熟练地朗读课文，错处不超过3处（1★）	自评	家长或同桌评
		2. 一字不差地流利、熟练朗读课文（3★）		
2. 正确、熟练地朗读课文《朱德的扁担》	这些句子较难读：_____ _____ _____	1. 正确、熟练地朗读课文，错处不超过3处（1★）	自评	家长或同桌评
		2. 一字不差地流利、熟练朗读课文（3★）		

任务单	交流单	评价标准		评价方式
3. 正确、熟练地朗读课文《难忘的泼水节》	这些句子较难读：_____ ＿＿＿＿＿＿＿＿＿＿	1. 正确、熟练地朗读课文，错处不超过 3 处（1★） 2. 一字不差地流利、熟练朗读课文（3★）	自评	家长或同桌评

▶ **板块五：写生字**

学生活动：

1. 我爱写生字。

（1）连词认读生字，辨析加点的字是字典中的哪种解释。

（2）交流所出示的生字字形上的特点，尝试将所学生字按结构进行分类。

被　道　扁　难　业

（3）分类练写生字。

（4）欣赏、评价。自我圈画—组内互相评价—用实物投影仪展示集体评价。

2. 我会写生字。

（1）分类听写词语，学生对照改错。

（2）将学生书写的优秀生字作品张贴到楼道展示栏上，学生互相学习。

设计意图：遵照低年级以学生识字与写字教学为主的学习目标，此板块以字的结构为纬，以书写正确、美观为经，引导学生观察字的结构，发现汉字的书写规律，从而养成仔细观察、认真书写的良好习惯。

【课时安排建议】

3 课时。

第 1 课时：交流对本单元生字新词的认读、理解，学习朗读难读的句子。

第 2 课时：正确、熟练地朗读三篇课文，初步了解文章主要人物、内容。复习用自己的话讲述一句话的内容。

第 3 课时：复习字词，能在具体语境中正确使用，学习写生字。

【持续性学习评价】

评价目标		评价标准			评价星级		
要求		☆☆☆	☆☆	☆	自评	互评	师评
写字	能养成良好的书写习惯，书写正确、整洁	正确、整洁、结构匀称	正确、整洁、有些字结构匀称	笔画不规范、结构不匀称			
	有一定的书写速度，每分钟不少于 3 个字	10 分钟写 30 个字	15 分钟写 30 个字	15 分钟以上写 30 个字			

【阶段学习目标】

1. 复习本单元课文中的 44 个生字，识读生字正确率达到 100%。

2. 理解课文内容，能抓住关键词句体悟伟人的高尚品质。

3. 能借助提示词语清楚、完整地讲述一段故事；能认真倾听他人讲故事，并做出适切的评价。

【阶段学习活动设计】

▶ 板块一：精读《朱德的扁担》

学生活动：

1. 再现情境，读出形象。

（1）朗读课文，说说朱德是谁，做了什么事。

（2）朗读文中重点语句，结合图片、补充资料和教师的讲解，说说朱德是一个什么样的人。

设计意图：朱德同志距离学生的生活年代较远，只有让学生充分了解他的故事，才能让学生体悟其品质，理解其行为，所以本板块补充了许多资料，帮助学生了解朱德同志，同时也是对预习效果的又一次检验。

2. 身临其境，读出体验。

（1）抓住重点语句进行品读。

如：从井冈山到茅坪，来回有五六十里，山高路陡，非常难走。

朱德同志也跟战士们一块儿去挑粮。

白天挑粮爬山，晚上还常常整夜整夜地研究怎样跟敌人打仗。

① 假如你是挑粮战士中的一员，当你看到一座高山，你认为可能会遇到什么困难呢？

② 精疲力竭一天了，晚上还要整夜思考怎样跟敌人打仗，朱德会是什么感受呢？战士们有什么感受呢？

③ 小组交流后回答。

（2）通过引读、配乐读体会朱德同志与战士们同甘共苦、无私、忘我的高尚品质。

设计意图：引导学生通过反复入情入境地朗读理解课文，熟悉文字，将故事内化，并讲述出来。

3. 感同身受，读出敬佩。

（1）模拟采访现场：假如现在朱德同志就在我们面前，你会问他一个什么问题。

（2）朗读课文中有表现力的句子。

设计意图：引导学生走进人物，体会其做法，由衷地对其产生敬佩之情。

4. 讲出故事，颂扬伟人。

（1）给出提示词，讲一段故事，如讲一讲朱德同志为什么要去挑粮。

（2）同桌互讲。

（3）交流、评价，教师小结。

评分要求		自评	同桌互评
讲述态度	积极，大方，表情自然	☆☆☆	☆☆☆
讲述内容	讲述清楚、完整	☆☆☆	☆☆☆
	有自己的语言	☆☆☆	☆☆☆

设计意图：鼓励学生讲出自己知道的故事，为讲完整的故事做铺垫。

▶ **板块二：略读《大禹治水》《难忘的泼水节》**

过程同学生活动 1（略）。

【**课时安排建议**】

2 课时。

第 1 课时：精读《朱德的扁担》。

第 2 课时：略读《大禹治水》《难忘的泼水节》。

【**持续性学习评价**】

教学过程中的持续性学习评价		
学生在学习过程中的参与程度	主动参与	全面参与
学生在协作学习中的交流意识	积极交流	与他人合作
学生在完成学习任务中的情感与态度	兴奋，喜欢表达自己的观点	恐惧、焦虑，不敢表达自己的观点

✏ ————————————————————————— 第三阶段：评价选拔 ———

【**阶段学习目标**】

1. 至少搜集一个反映伟人高尚品格的故事，并熟知故事内容。

2. 能读懂故事，并清楚、完整地讲述故事；能在讲述中表达自己的敬仰之情。

3. 能积极大胆地讲述革命英雄人物的故事；能倾听他人讲故事，并做出积极、适切的评价。

【阶段学习活动设计】

▶ **板块一：我会讲书中的故事**

学生活动：

1. 回顾课文内容。

（1）回顾本单元课文内容。你最喜欢谁？为什么？

（2）选择自己喜欢的故事练习流利地朗读，争做"小小朗读者"。

（3）交流、评价朗读。

2. 我爱讲故事。

（1）根据教师提供的课文内容树形图自己练习讲故事。

（2）和同桌一起练习把故事讲完整、讲清楚。

（3）认真倾听同桌讲故事，相互评价。

3. "我是讲故事小能手"选拔赛。

（1）按照情境任务的要求先自己练习，然后和同桌一起练讲故事。

（2）展示、交流、评价。

（3）跟"故事大王"学讲故事。

① 观看视频。

② 交流值得学习的地方。

③ 组内练习，推荐展示。

（4）交流评议，就"自然、大方、有礼貌"等要求请组内同学评价。

（5）评选"讲故事小能手"。

"我是讲故事小能手"选拔赛

姓名：　　　　　　　　　故事名称：　　　　　　　　　成绩：

评价内容	自评	小组评
用自己的话有顺序地说，不遗漏主要情节	☆ ☆ ☆	☆ ☆ ☆
吐字清楚，声音响亮，能表现出不同人物说话的语气	☆ ☆ ☆	☆ ☆ ☆
倾听别人讲故事，积极做出评价	☆ ☆ ☆	☆ ☆ ☆

评委：

设计意图：举办"我是讲故事小能手"选拔赛，鼓励学生争当优秀故事员。学生在参与过程中提高讲故事的能力，形成乐于分享的习惯，深入感受伟人的高尚品质。

▶ **板块二：伟人的故事我会讲**

学生活动：

1. 主持人宣布比赛规则，介绍比赛意义。

2. 学生讲故事、听故事、评故事。

3. 评选心目中的"讲故事小能手"，参加学校的庆祝活动。

"我是讲故事小能手"选拔赛

姓名：　　　　　　　　　　故事名称：　　　　　　　　　　成绩：

维度	评价内容	评价
现场讲故事	用自己的话有顺序地说，不遗漏主要情节	☆ ☆ ☆ ☆ ☆
	吐字清楚，声音响亮，能表现出不同人物说话的语气	☆ ☆ ☆ ☆ ☆
	倾听别人讲故事，积极做出评价	☆ ☆ ☆ ☆ ☆
	自然、大方、有礼貌（加分项）	☆ ☆ ☆ ☆ ☆

【课时安排建议】

2 课时。

第 1 课时：复习课文内容，练习完整、清晰地讲课内故事，评选班级"讲故事小能手"。

第 2 课时：讲述在课外读到的伟人故事，评选校级"讲故事小能手"。

五、反思与讨论

本单元学习的主要目标是：学习生字新词，熟练朗读课文；在读读讲讲的语文实践活动中感悟伟人的高尚品质；学习清楚、完整地讲故事，在别人讲故事时能认真倾听并做出适当的评价。通过单元学习活动，以上目标基本达成。具体表现在：通过本单元学习，学生讲故事的优秀率提升了 25%，一般率降低了 16.6%。但前几次试教暴露出来的问题也是不容忽视的：

1. 教师多站在设计者角度进行思考，缺少对学生学习角度的关注。为了凸显教师的指导作用，追求新奇的"挑战性任务"，我们设计的许多复杂的学习活动既忽视了学生的接受能力，又疏离了教学目标。

2. 重方法指导，轻实践练习。本单元教学的目标之一是学习清楚、完整地讲故事。"讲故事"是能力而非知识，任何一种语文能力都不是仅依靠教师传授的方法就能够达成的。语言能力的形成需要在具体可感的场域中，在具体的实践中，通过反复、扎实的训练和自主学习获得，否则设计再精妙、方法再高明也终将无济于事。

此次教学我们努力做到了以下几点：

1. 抓单元学习目标达成的同时，没有忽略单篇课文中基础知识的学习，始终关注学生良好学习习惯的培养。例如，识字和朗读的教学，在低段教学中，识字、写字和正确、流利地朗读课文是重点，如果忽略了班级学生识字和朗读水平的现状，忽略了课程标准的要求，一味追求单元学习目标的达成，无异于在建造空中楼阁。本次教学从课前的导学单，课上的重点识字，到每一课的课前小练，再到课后的复习检测，都指向生字新词的学习，拉长了记忆的时间，减少了集中识字的枯燥和难度，增强了学习效果。朗读教学更是形式多样地循环往复于课前、课中、课后。

2. 落实了"一课一得"的主题学习理念。"学讲故事"不仅培养了学生语言建构与运用能力，还对其思维发展与提升起到了一定的促进作用。语言的习得总是起始于对别人语言的模仿和学习，然后逐步内化、积累、建构、发展。本次主题学习既关注了课内语言的积累，又关注了积累后的内化与运用。紧凑、螺旋式上升的教学设计使学生讲故事的能力得到了切实提升。课前抽查和课后跟踪调查的对比显示，优秀的比率有较大提升。

3. 把学法的指导嵌入讲故事的实践过程中，变泛泛而谈为有针对性地指导、点拨、激励。

4. 把学生自评、互评和教师评价结合起来。

5. 关注学生"讲"的同时，关注对其"听"的习惯的培养。

（江苏省徐州市云兴小学　刘敏　赵莉）

第二学段学习任务群设计案例

运用新鲜感的词句，畅谈美好校园生活
——三年级上册第一单元

一、 学习情境与学习任务

统编教材三年级上册第一单元以"学校生活"为人文主题，编排的三篇课文讲了三所特别的学校，学生很容易进入学习情境，在阅读时产生新鲜感，为关注新的词句以及主动积累和运用词句奠定基础。由此确定本单元的学习主题是"运用新鲜感的词句，畅谈美好校园生活"。以学生"畅谈新学期新生活"的真实体验为学习情境，提出真实的学习任务——"阅读时关注有新鲜感的词句，主动积累运用"。

2022年版语文课程标准将"语言文字积累与梳理"设为基础型学习任务群，旨在引导学生在语文实践活动中，积累语言材料和语言经验，形成良好语感，奠定语文基础。"运用新鲜感的词句，畅谈美好校园生活"这一学习主题正是立足基础型学习任务群，引导学生关注有新鲜感的词句，主动积累词句，提高积累意识，使学生能够发现并运用有新鲜感的词句，把学校的生活表达得更加美好而富有感情，从而体会到习作的乐趣，在提高语言表达质量的同时培养热爱生活、热爱学校的美好情感。

二、 学习资源与学习目标

（一）学习资源

作为三年级语文学习的起始单元，教材在体例编排上有所变化，新增了单元篇章页。篇章页有两部分内容：上面的语句提示本单元的人文主题是"学校生活"，下面的语句提示本单元的阅读要素是"阅读时，关注有新鲜感的词语和句子"，表达要素是"体会习作的乐趣"，这是单元的教学重点。从本单元开始，教材还新增了略读课文。这些变化对学生来说都是比较新鲜的阅读体验。

教材围绕两个要素编排了2篇精读课文《大青树下的小学》《花的学校》，1篇略读课文《不懂就要问》。3篇课文虽然都是校园生活，但边疆的小学、神奇的花的学校和民国时期读书的私塾，对学生来说都是比较新奇的景物。课文内容中大胆的想象和特别的时代背景为学生阅读时产生新鲜感奠定了良好的基础。"口语交际——我的暑假生活"和"习作——猜猜他是谁"根据本单元的学习任务适当调整，可以是"有趣的""美好的"学校生活，也可以表达与学校有关的暑假生活，让学生联系自身体验，分享有趣的、新鲜的事情。

三年级的学生正处在好奇心、求知欲旺盛的阶段，他们乐于探索新鲜事物，也有了一定的学习经验。学生在一二年级已经初步学会了积累自己喜欢的成语和格言警句，能梳理学过的字，用口头或图文等方式整理、表达自己在活动中的见闻和想法。这些学习经验为学生完成本单元学习任务奠定了学习基础。"阅读时，关注有新鲜感的词语和句子"是从学生阅读体验的角度提出的学习要求，教师应遵循学生的学习规律和认知特点，从学生的兴趣点和关注点出发，聚焦课文中能给学生带来新鲜感的内容，引导学生自主阅读，大胆表达，真正融入语文实践活动。

（二）学习目标

根据单元学习情境和学习任务，制定本单元的学习目标。

1. 认识 25 个生字，读准 3 个多音字，会写 28 个词语。

2. 大声朗读，读懂读熟课文，能结合图片，联系生活实际想象画面等方法说说课文内容，内化课文中有新鲜感的词句，积累语言表达经验。

3. 学习阅读时要主动关注有新鲜感的词语，有新鲜感的句子，并主动圈画或摘录，培养主动积累的意识。

4. 发现学校生活中美好的事、人或环境，主动运用有新鲜感的词句将学校生活的美好表达得更加形象，更富有感情。尝试用有新鲜感的词句写几句话或一段话。

三、学习活动设计

围绕单元学习任务，学生的实践活动可以分为四个阶段，以学习任务评价表推进学生的学习，在学习和运用中不断加强对有新鲜感的词句的认知、理解、感悟，在听说读写的实践中提升语言感受力和创造力。

第一阶段：生活中体验，分享新鲜事。学生可以借助图文日记、实物、视频等分享生活中的新鲜事，在交流过程中从新鲜感或新体验的角度进行讲述，提高语言表达质量，读懂读熟课文，学习生字词语。

第二阶段：初读中感知，发现新生活。熟读课文，学习生字新词，通过课文关注有新鲜感的词句。

第三阶段：阅读中交流，积累新词句。学生通过圈画关注有新鲜感的词，有新鲜感的句，并与同学交流，寻找差距，主动摘录抄写，提高积累词句的质量。结合课文内容，运用有新鲜感的词句进行表达，体会运用这些词句对提高表达质量的作用。

第四阶段：实践中运用，畅谈新变化。结合第一阶段学生交流的内容，指导学生书面表达，引导学生主动运用积累的有新鲜感的词句，提高语言表达质量。

学生完成四个阶段的学习大约需要 10 课时。

【阶段学习目标】

1. 能发现学校生活中有趣的、新鲜的事，把经历讲清楚。讲的时候能联系自身体验或借助图片、实物等激发听众的兴趣。

2. 通过口头表达，发现提高语言表达质量的重要性，明确学习任务。

【阶段学习活动设计】

▶ **板块一：回忆学校生活，分享新鲜事**

学生活动：

1. 回忆学校生活：在过去两年的学校生活中，哪些事情让你印象深刻。

2. 学生讲述，教师梳理提炼，根据学生的交流形成思维导图，预设一类是有趣的、美好的学校生活，另一类是与学校有关的暑假生活。

3. 学生在思维导图上标注印象深刻的事情，可以讲一讲别人没有经历过的新鲜事。

4. 结合教材中的情境图，发现除了讲新鲜事，也可以讲述自己独特的生活体验。在讲述过程中可以借助提前准备好的图文日记或图片实物，吸引别人的兴趣。根据讨论，形成评价亮星卡。

我为你亮星

讲得清楚，听得明白	☆ ☆ ☆
有新鲜感，很感兴趣	☆ ☆ ☆
图片实物，更好理解	☆ ☆ ☆

设计意图：学生经历了两年的校园生活，他们有很多生活体验，联系生活实际有内容可说。在新学期开学第一课的情境中，学生从熟悉的学校生活开始聊起，很容易打开话题，在交流过程中逐渐聚焦到生活体验和新鲜感中，与交际话题自然融合。

▶ **板块二：小组合作讲述"新鲜事"，感知语言表达的效果**

学生活动：

1. 学生在小组中介绍自己的学校生活，组员倾听并评议，以新鲜感和独特的体验为评价方向，为同学亮星评价。

2. 小组根据亮星的情况，推荐代表在全班进行汇报。

3. 小组代表上台交流。教师引导讲述者观察其他同学的反应，初步感知听众是否感兴趣。

4. 集体评议，学生是否对小组代表汇报的内容感兴趣，理由是什么。初步感知生动的语言表达对激发好奇心的作用。

设计意图：通过小组试讲，全班交流，激活学生头脑中有关校园生活的有趣的、美好的回忆，使学生在口语表达的过程中初步体会生动的语言表达能够激发他人听讲的兴趣，同时也能站在他人的角度改进讲述的内容，从而水到渠成地达成口语交际的目标。

▶ **板块三：概览单元，明确学习任务**

学生活动：

1. 走进新学期，开始新的学校生活。浏览第一单元课文，初步了解学习任务，即新学期第一单元将走进课文中的"学校生活"，阅读别人的校园生活，书写自己的新学期新生活。

2. 学习篇章页，激发学习兴趣。阅读时关注课文的语言表达，学习积累和运用课文的语言表达，为畅谈自己的校园生活做准备。

设计意图：概览第一单元，让当下的学校生活和课文中的学校生活接轨，进行学习场景的切换，同时激发学生完成单元学习任务的兴趣，学习课文的语言表达方式，提高语言表达质量。

▶ **板块四：自主积累，尝试摘抄有新鲜感的词句**

学生活动：

准备一本"采蜜本"，试着把平时读书时觉得有新鲜感的词句抄写下来。

设计意图：本次作业设计是一次"尝鲜"，是对学情的一个前测，旨在了解学生对有新鲜感的词句的理解，把握学生学习的起点，并勾连"交流平台"，为后续引导学生主动积累有新鲜感的词句做准备。

【课时安排建议】

1 课时。

分享学校生活中有趣的事，结合"口语交际"的要求，初步感知从新鲜事、新体验的角度讲述更能激发别人的兴趣。关注单元学习内容的新变化，形成对单元的整体认识，明确学习任务。

第二阶段：初读中感知，发现新生活

【阶段学习目标】

1. 认识 25 个生字，读准 3 个多音字，会写 28 个词语。

2. 正确、流利地朗读课文，能运用结合图片、联系生活实际想象画面等方法，说说课文内容，感受学校生活的美好。积累课文中有新鲜感的词语。

【阶段学习活动设计】

▶ **板块一：通读课题，感知"特别"**

学生活动：

1. 阅读三篇课文的题目，初步交流感受。

2. 反馈交流成果，初步了解三所学校的特别之处：一所是边疆的小学，一所是神奇的花的学校，还有一所是民国时期的私塾，这些学校跟我们当前的学校有很大的不同。

▶ **板块二：初读课文，把握内容**

学生活动：

1. 走进《大青树下的小学》，读准字音，读通课文，圈出有新鲜感的词语。

2. 朗读词语，读准字音。交流有新鲜感的词语，如傣族、景颇族、阿昌族、德昂族等陌生的名称，孔雀舞、山狸、凤尾竹等体现西南边陲独特风貌的词语，可以结合图片和生活经验理解词语的意思，在了解词语意思的基础上对词语进行分类梳理和积累。

3. 圈画关于学校特别之处的信息，用自己的话说说课文的主要内容。

▶ **板块三：迁移方法，读懂课文**

学生活动：

1. 用学习《大青树下的小学》的方法自主阅读《花的学校》《不懂就要问》，读准字音，读通课文，交流有新鲜感的词语，通过想象画面和借助图片说出课文的主要内容，体会不同校园生活的美好。

2. "采蜜本"中分类整理摘抄课文中有新鲜感的词语。

设计意图：通过这一阶段的学习，学生能够基本读通读懂课文，初步把握课文的内容，感知有新鲜感的词语，能进行分类积累，为第三阶段主动积累这样的词语，发现并运用有新鲜感的词语表达美好的校园生活打基础。

【**课时安排建议**】

1 课时。

通过课文学习，读懂读熟课文，学习生字词语。

第三阶段：阅读中交流，积累新词句

【**阶段学习目标**】

1. 学习阅读时主动关注有新鲜感的句子，主动圈画。

2. 能结合课文内容，运用有新鲜感的词句进行表达，初步体会运用这些词句的表达效果。

【**阶段学习活动设计**】

▶ **板块一：自主阅读，发现"新鲜感"的句子**

学生活动：

1. 学习《大青树下的小学》，画出有新鲜感的句子。

2. 交流发现。聚焦富有表达特色的句子，如第一自然段中的"从……从……从……走来了……"，通过朗读、比较、想象画面等方法体会特殊句式表达的情感，能主动发现并积累这样的句子。

3. 自主阅读其他自然段，圈点勾画自己觉得有新鲜感的句子和表达有特色的句子，并与同学交流，如第三自然段中的"窗外十分安静……不摇了……好像"，围绕"安静"把画面写具体。

4. 结合课后练习题，选择学校里的某一处场景，如图书馆、大树下、操场上等，试着用有新鲜感的词句介绍自己的学校。

设计意图：从整体感知和对有新鲜感的词语的阅读体验出发，进一步关注有新鲜感的句子，在交流讨论中聚焦特殊句式表达中蕴含的语言文字之美，体会学校生活的美好，并能结合学习语境和生活情境进行运用，内化有新鲜感的词句，积累语言表达经验。

▶ **板块二：逐步进阶，感受句子的特殊表达**

学生活动：

1. 回顾《大青树下的小学》的阅读方法，默读时主动圈画文中有新鲜感的句子。在交流中聚焦想象奇特的句子，如把"东风"当作人来写，体会想象的奇特和表达的生动。

2. 自主品读语段中有新鲜感的句子，并与同学交流。通过联系生活实际、想象画面等体会拟人句形象生动的表达，更具画面感，更能表达花的学校的美好。

3. 结合课文语境，尝试用拟人的表达手法展开想象写一写花孩子在学校里的其他表现，如"清风一吹，他们……"。

4. 再次梳理盘点课文中有新鲜感的词句，扩充"采蜜本"中新鲜感词句的角度。摘录课外书中读到的有新鲜感的词句。

设计意图：在第一课学习的基础上，运用前一课的学习方法，逐步进阶，不断强化、巩固和提升学生对"新鲜感"词句的感受力，特别是主动在阅读中积累和运用特殊表达的句子，做到课内和课外同步推进。

▶ **板块三：情境运用，迁移表达提升**

学生活动：

1. 通览课文，结合文后的泡泡提示，明确略读课文的学习要求。

2. 试着根据略读课文的方法，边默读边画出有新鲜感的句子，并跟同桌交流。

3. 运用前两课学到的方法，自主体会有新鲜感的句子，在交流中聚焦"学问学问，不懂就要问"，感受不同的学校生活，体会词句表达的效果。

4. 链接"交流平台"，再次回顾和总结学习方法。在课内外阅读中能持续、主动地积累有新鲜感的词句。

设计意图：《不懂就要问》是略读课文，需要学生对前两篇课文的学习方法进行迁移运用。学生可以凭借课前的阅读提示，在"用"中加深对"新鲜感"的体悟，有目的有意识地储存、积累、运用有新鲜感的词句，积累语言材料和语言经验，养成良好的阅读习惯。

▶ **板块四：作业与拓展学习**

学生活动：

1. 阅读"词句段运用"第一部分的成语，和同学交流自己的发现，梳理分类。

2. 继续摘抄有新鲜感的词句，能分门别类地编写目录，在阅读中不断扩充有新鲜感的词句的分类。

设计意图：本次作业设计是对前两个阶段学习任务的梳理和回顾，通过听说读写联动，学生能在阅读中主动积累有新鲜感的词句，提高积累意识，并将这个良好的习惯运用到整个小学阶段的学习中。

【 **课时安排建议** 】

5 课时。

第 1 课时：学习《大青树下的小学》，关注有新鲜感的句子，在交流中通过比较、想象等方法重点学习第一、三自然段特殊的句式。

第 2 课时：学习《大青树下的小学》第四、五自然段，运用学习第一自然段的方法，体会有新鲜感的句子的表达方法，选择自己校园生活的一个场景，主动运用积累的有新鲜感的词句进行口语表达。

第 3 课时：学习《花的学校》第一到五自然段，关注拟人化的表达特色，初步体会课文中想象的奇特。

第 4 课时：学习《花的学校》第六到九自然段，交流有新鲜感的句子，结合生活实际谈句子的表达特色，在课文情境中仿写。

第5课时：学习《不懂就要问》，了解略读课文的基本要求，结合有新鲜感的词句谈对这件事的看法，体会学校生活的特别之处。

【持续性学习评价】

描述	自评	互评	师评
我能画出有新鲜感的词语和句子，并主动与同学交流。	☆ ☆ ☆	☆ ☆ ☆	☆ ☆ ☆
我能通过想象画面、联系生活实际等方法与同学分享对有新鲜感的词语和句子的理解	☆ ☆ ☆	☆ ☆ ☆	☆ ☆ ☆
我能分类整理、摘抄有新鲜感的词语和句子	☆ ☆ ☆	☆ ☆ ☆	☆ ☆ ☆
我能运用积累的词语和句子	☆ ☆ ☆	☆ ☆ ☆	☆ ☆ ☆

第四阶段：实践中运用，畅谈新变化

【阶段学习目标】

1. 发现并表达校园生活中美好的事、人或环境，主动运用有新鲜感的词句，将学校生活表达得更加美好，更富有感情。尝试用有新鲜感的词句写几句话或一段话。

2. 在课内外阅读中主动积累有新鲜感的词句，养成积累和运用的好习惯。

【阶段学习活动设计】

▶ 板块一：打开话题，交流学校新变化

学生活动：

1. 在观看在校活动的照片和小视频中打开回忆，交流新学期学校的新生活。例如，校园环境改变了，班级来了新老师和新同学，学校开设了新的兴趣小组等。

2. 用有新鲜感的词句与同学交流新学期校园生活中印象最深的人、事、物。

▶ 板块二：实践运用，书写校园新生活

学生活动：

1. 选择校园生活中的一个视角，可以是学校里美好的事、美好的人或者美丽的环境，尝试用有新鲜感的词句写几句话或一段话。

2. 分享交流评议。

角度一：写学校里的新鲜事，可以结合第一阶段"分享新鲜事"的要求进行评价，抓住新鲜事中的独特体验或新鲜感，运用有新鲜感的词句把事情写得更吸引人。

角度二：写学校里的人，可以结合习作"猜猜他是谁"的要求展开。写一写这个人物，用有新鲜感的词句表达他的特别之处。要求不能在文中出现他的名字，但是要让别人读了文字就能猜出他是谁。

交流时四人一组在组内进行"猜猜他是谁"的游戏，每个人都把自己的习作大声读出来，让其他组员猜一猜，如果猜不出，根据组员建议及时改进。改进后，把习作张贴在墙报上，继续"读""猜"，比较不同，相互学习。

角度三：写学校里的环境。介绍学校里自己最喜欢的一处地方，能用有新鲜感的词句突出这一处的特点，表达自己的喜爱之情。

3. 修改完善。再次交流评议典型片段，体会运用积累的有新鲜感的词句介绍校园生活可以使其特点更突出。

设计意图：这一阶段的学习是在第一阶段学生交流内容的基础上融入习作的要求，指导学生进行书面表达，主动运用积累的有新鲜感的词句畅谈校园生活，提高语言表达质量。

▶ **板块三：持续阅读，积累运用新词句**

学生活动：

1. 四人小组交流"采蜜本"中摘抄的有新鲜感的词句，介绍最近摘抄的种类和方法。

2. 全班交流欣赏，朗读有新鲜感的词句，谈体会和收获。

3. 创新积累方式，如图文、剪报、思维导图等。有条件的也可以借助信息技术，如利用班级空间建立"词句档案库"，持续阅读，定期梳理并充实语言资料库，与同学分享交流，用积累的语言材料记录美好的校园生活。

设计意图：摘抄"采蜜本"贯穿了三个阶段的学习，从一开始的凭个人经验摘录，到归类摘录课文中有新鲜感的词句，再到课外阅读时的梳理归类摘录，摘录的过程也是对有新鲜感的词句进行不断理解内化的过程。无论是创新积累的方式，还是用信息技术助力，最终目的只有一个，就是促成学生在阅读中持续关注有新鲜感的词句，不断丰富自己的语汇，记录身边的美好，在运用中发现和感受语言的表现力和创造力。

【课时安排建议】

3 课时。

第 1 课时：发现并表达学校生活中美好的事、人或环境，主动运用有新鲜感的词句将学校生活的美好表达得更加美好，更富有感情。

第 2 课时：交流评议习作，修改完善习作。

第 3 课时：交流展示"采蜜本"，畅谈体会和收获，鼓励学生用多种方式积累有新鲜感的词句，养成主动积累运用的好习惯。

【持续性学习评价】

"猜猜他是谁"评价标准

内容	描述	评价
选材	选择一点特别之处，能补充简单的事例，事例基本与特点对应	☆
	选择两点特别之处，围绕特点选择事例，事例与特点能对应	☆ ☆
	选择两点特别之处，围绕特点选择事例，所选事例凸显特点	☆ ☆ ☆
表达	开头空两格。语言基本通顺，基本能将他的特点表述出来	☆
	开头空两格。语言通顺，能运用有新鲜感的词句将他的特点表述出来	☆ ☆
	开头空两格。语言通顺，能运用有新鲜感的词句将他的特点清晰地表述出来	☆ ☆ ☆

五、反思与讨论

（一）本单元设计特色

1. 立足起点，勾连现实生活，创设真实学习情境

本单元是三年级的起始单元，这正值学生刚刚结束暑假生活，重返校园开启新学期的生活。教材第一单元的人文主题就是"学校生活"，创设"畅谈新学期新生活"的学习情境非常符合学生生活中语言文字运用的真实需求，建立起了语文学习、社会生活和学生经验之间的联系。学生在真实的学习任务的驱动下，通过主动阅读课文，关注有新鲜感的词句，习得积累词句的方法，再勾连自己的生活经验主动积累、表达，在听说读写的过程中循序渐进地掌握语言文字运用规范，奠定语言学习的基础。

2. 依据教材，统整单元资源，整体规划学习内容

统编教材从三年级开始围绕"人文主题"和"语文要素"双线组织单元，单元内部各部分联系紧密，形成一个相对独立的系统。在进行单元设计时，充分运用了教材的这些编排特点，围绕单元核心任务，优化配置各部分学习资源。例如，把"我的暑假生活"放在开学第一课，进一步拓宽话题，增强学习的吸引力，能迅速打通课上课下，学生真实的生活经验与美好的学校生活在真实的生活世界和阅读世界中无缝衔接。把语文园地中的"词句段运用"和单元习作整合，设计语文实践活动，将静态的语言积累转化为动态的语文实践，使整个单元的学习形成合力，在语言积累与运用的过程中提升学生的核心素养。

3. 关注学程，优化学习方式，动态推进学习过程

在单元主题的统领下，把一个单元的学习任务分解成具体的学习活动，形成单元的学习过程，让学生充分经历认知、实践、评价、反思、总结活动。同时又充分考虑学生的语言文字积累与梳理能力并不是通过学习一节课或者一篇课文就可以实现的。本单元的语文要素"关注有新鲜感的词语和句子"对于三年级的学生来说也仅仅只是一个开端，教师要将其延续到后面的学习中，让主动积累成为一种阅读常态。所以在设计时要充分关注到这一点，关注学习过程，整体设计，然后以本单元的学习作为一个点，以点带面，动态推进。给学生一个学习的载体，如引导学生沿用传统的积累方式在"采蜜本"上进行摘抄，也可以引导学生运用电子文档建立"词句档案库"，定期交流展示，丰富语汇，学以致用。

（二）本单元设计中的困惑与反思

本单元设计是围绕学习主题展开的，为了更好地开展相关的语文实践活动，我们对单元内的各部分学习资源进行了整合调整，如把口语交际活动"我的暑假生活"放在开学第一课，是否会弱化口语交际的练习要求？单元习作"猜猜他是谁"原本是学生的第一篇习作，教材是以游戏的方式调动学生的学习兴趣，激发参与感，也降低了习作难度。调整以后的习作选择范围更广，会不会拔高学习要求？

学习任务群的设计如何与现有教材紧密结合，源于教材又能超越教材且兼顾学生的学习实际还需要不断探究。

（浙江省宁波市鄞州区首南街道学士小学　沈丽君）

观察可爱生灵，展现美好自然
——三年级下册第一单元

一、学习情境与学习任务

本单元以"可爱的生灵"为人文主题，编写了精读课文《燕子》《荷花》，略读课文《昆虫备忘录》，都是写大自然可爱的动物和植物。三年级学生热爱自然，向往自然，对观察和探究大自然有着浓厚的兴趣。根据单元主题，结合中年段学生学习生活，我们创设了一个真实的学习情境——召开"美好的大自然"主题班会。学生的学习任务是观察大自然中可爱的生灵，用自己喜欢的方式描写大自然的一种动物或植物，为主题班会展示作品做准备。

2022年版语文课程标准提出：语文课程内容主要以指向学生核心素养发展的学习任务群来组织与呈现。"观察可爱生灵，展现美好自然"这一学习主题立足于"实用性阅读与交流"的发展型学习任务群，紧扣"实用性"的特点，围绕课程标准提出的"拥抱大千世界"的主题设计学习任务。在单元学习过程中，引导学生观察大自然的动物和植物，用观察手记等方式记录大自然的可爱；通过阅读课文和扩展阅读，学习如何记叙描写大自然动物和植物的方法；运用学到的方法描绘自己喜欢的一种动植物；最后可以用朗读、讲故事、习作交流、游戏、表演等多种形式，展示自己的学习成果。整个学习过程以学生亲身参与的实践活动为主线，融观察、思考和听说读写等综合性学习于一体，有利于提高学生语言理解与运用能力，在实践中获得语文知识；还有助于提高学生主动观察身边事物的兴趣和观察能力，激发学生热爱大自然的情感和审美情趣，提升学生的语文核心素养。

二、学习资源与学习目标

（一）学习资源

本单元教材安排三个语文要素：试着一边读一边想象画面；体会优美生动的语句；试着把观察到的事物写清楚。第三个语文要素与设计的单元学习任务关系最密切。因此可以将单元的学习重点确定为"学习作者的观察方法，把观察到的内容写清楚"，抓住"观察事物"和"写清楚"两个重点，并且在表达时要求学生运用优美生动的语言，启发学生展开想象。这样既突出重点，又兼顾到其他两个语文要素的落实。

本单元三篇课文描写动植物的方法各有特点。《燕子》用简笔描述燕子的外形以及飞行、休憩的姿态；《荷花》细腻地描写了荷花的姿态，通过想象和联想，把一池荷花描绘成一幅活的图画；《昆虫备忘录》抓住昆虫的特点，描写了情趣盎然的小昆虫。学生可以通过阅读获得多种描写动植物的方法。本单元口语交际题目是"春游去哪儿玩"，与设计的单元学习任务不一致，因此可以将主题改为"我喜欢的一种动（植）物"；将习作题目《我的植物朋友》拓展为《我的大自然朋友》，这样修改可以将观察、阅读、习作、口语交际融为一体，共同为完成学习任务发力。此外，要求学生拓展阅读《大作家的语文课：昆虫备忘录》，拓宽学生视野，丰富习作素材，认识更多习作方法。本单元《古诗三首》因为体裁比较特殊，与本单元主题学习任务关联不大，因此要求学生能诵读即可，诵读可与主题班会活动相结合。经过这样的调整和整合，本单元的教学围绕主题学习任务，形成结构化的学习。

（二）学习目标

根据单元学习情境和学习任务，制定本单元的学习目标。

1. 能观察字形，联结字义，学会分类积累字词，培养独立识字学词的能力。能够正确、流利地朗读课文。

2. 通过自主阅读、比较阅读和拓展阅读，学习观察和记叙动植物的方法，体会课文的语言表达。

3. 聚焦一种动物或植物，借助记录卡，尝试用优美生动的语言把观察到的内容说清楚、写清楚，在交流中表达对大自然的喜爱之情。

4. 召开"美好的大自然"主题班会，小组合作，用喜欢的方式展现自己的学习成果。

三、学习活动设计

围绕单元学习任务，学生的实践活动可以分为四个阶段：走进自然，发现可爱，分享自然，展现自然。学生完成四个阶段的学习大概需要 9 课时。

四、各阶段学习目标和学习活动设计

第一阶段：走进自然

【阶段学习目标】

1. 知道单元学习任务，了解完成任务的方法和途径。

2. 按要求预习课文，借助拼音正确朗读课文，读懂读熟课文。同桌互学，习得本单元生字词语。

3. 整体感知单元内容，能交流自己的感受，产生观察大自然的兴趣。

【阶段学习活动设计】

▶ **板块一：明确任务，激发观察兴趣**

学生活动：

1. 召开"美好的大自然"主题班会。每个同学事先观察大自然可爱的生灵，用自己喜欢的方式描写大自然的一种动物或植物，然后在主题班会上展示作品。

2. 思考并展开讨论：可以用哪些方式展现美好的自然？

3. 布置观察任务：留心观察大自然中一种喜欢的动物或植物，用喜欢的方式记录。

4. 与老师讨论形成初步的评价标准。

分类	评价标准描述	评价
日常观察	能持续留心观察大自然中一种喜欢的动植物，用喜欢的方式记录	☆ ☆ ☆ ☆ ☆
	能留心观察大自然中一种喜欢的动植物，用喜欢的方式记录	☆ ☆ ☆ ☆
	能观察大自然中一种喜欢的动植物，用喜欢的方式记录	☆ ☆ ☆
成果展示	能用喜欢的方式展现美好的大自然，有自己的想法和创意，成果受到他人好评	☆ ☆ ☆ ☆ ☆
	能用喜欢的方式展现美好的大自然，有自己的想法和创意	☆ ☆ ☆ ☆
	能用喜欢的方式展现美好的大自然	☆ ☆ ☆
活动参与	能积极参与学习活动，积极思考并表达自己的想法，善于与同伴合作交流	☆ ☆ ☆ ☆ ☆
	能比较主动参与学习活动，有自己的想法，愿意与同伴合作交流	☆ ☆ ☆ ☆
	能根据要求参与学习活动，能与同伴交流	☆ ☆ ☆

▶ **板块二：整体读文，自主学习字词**

学生活动：

1. 课前完成预习：借助拼音读通课文，自学课文生字词语。

2. 朗读课文给同桌听，做到读正确、读流利。推荐同桌全班展示。

3. 同桌互学，检查字词预习情况，完成"走进自然"学习单。

4. 交流反馈，同桌互评。

设计意图：以"召开美好的大自然主题班会"为学习情境，提出真实的学习任务，同时，在整体读课文环节，认识课文介绍的大自然可爱的生物，充分激发学生观察自然的兴趣和参与学习活动的热情。以同桌二人为学习共同体，能提高学习活动的有效性。

第二阶段：发现可爱

【阶段学习目标】

1. 学习作者从几个方面对燕子进行观察，体会文中优美生动的语句，感受作者对燕子的喜爱之情。

2. 通过比较阅读，发现《昆虫备忘录》和《燕子》不同的观察和描写方法，拓展阅读《大作家的语文课：昆虫备忘录》，体会观察之趣。

3. 学习作者对荷花的不同姿态进行观察，体会文中作者的想象和联想，感受作者对荷花的喜爱之情。

4. 运用课文中优美的语句，尝试介绍可爱的燕子；仿照《荷花》中对荷花外形的描写，写一写其他植物不同的姿态，运用优美生动的语句表现植物的可爱。

【阶段学习活动设计】

▶ **板块一：阅读《燕子》，学习从几个方面观察**

学生活动：

1. 熟读课文，复习生字和词语。

2. 摘录课文中描写燕子优美生动的语句，交流并说出感受。

3. 发现课文从外形、飞行和休息的姿态这几个方面对燕子进行观察，用提纲方式梳理作者的观察方法。

4. 小组合作学习，选择研读一个方面的内容，进一步完善提纲。

5. 借助观察提纲，尝试用优美生动的短语把燕子介绍清楚。

▶ **板块二：在比较阅读和拓展阅读中，体会观察之趣**

学生活动：

1. 阅读课文，了解四种昆虫的特点，用提纲的形式列出作者的观察方法。

2. 比较阅读《燕子》和《昆虫备忘录》，链接《语文园地》中"词句段运用"，聚焦燕子和独角仙的外形的描写，发现不同之处。

3. 阅读汪曾祺的《大作家的语文课：昆虫备忘录》，体会观察之趣，描写之巧。

4. 照样子仿写一种小动物的外形特点。

▶ **板块三：阅读《荷花》，感受荷花的不同姿态，体会优美生动的语言**

学生活动：

1. 朗读课文，学习生字和词语。

2. 圈画描写荷叶和荷花样子的语句，梳理作者观察荷叶和荷花的顺序，列出作者的观察提纲。

3. 聚焦第二自然段，小组合作贴图，品读"冒""饱胀"等富有新鲜感的词语，感受荷花的鲜活。

4. 聚焦"像一个个碧绿的大圆盘""看起来饱胀得马上要破裂似的"等语句，以及课文第3自然段，发现作者还写了自己的感受，体会想象和联想在文章中的作用。

▶ **板块四：迁移仿写，写一种植物的不同姿态**

学生活动：

1. 交流自己喜欢的植物，说说它们的样子。

2. 仿照《荷花》第二自然段，写一种喜欢的植物，注意写出自己观察后的想象和联想。

3. 交流评改。

4. 总结提升，通过课文中作者观察方法的学习，完善自己的观察提纲。与老师共同讨论优化"日常观察"的评价标准。

分类	评价标准描述	评价
日常观察	能持续留心观察大自然中一种喜欢的动植物，运用本单元学到的各种观察方法，用喜欢的方式记录观察所得、自己的想象和联想。	☆☆☆☆☆
	能留心观察大自然中一种喜欢的动植物，运用本单元学到的一种观察方法，用喜欢的方式记录观察所得	☆☆☆☆
	能观察大自然中一种喜欢的动植物，尝试运用本单元学到的一种观察方法，用喜欢的方式记录观察所得	☆☆☆

设计意图：这一阶段的学习活动，通过学习课文和扩展阅读，重在引导学生学会观察的方法，学习语言的表达。《燕子》是从几个方面观察燕子，《昆虫备忘录》则抓住昆虫最鲜明的特点来观察。拓展阅读进一步引导学生体会观察之趣。《荷花》重在引导对荷花的不同姿态进行观察，体会作者运用富有动态的词语写出了一池荷花的鲜活。仿写一种喜欢的植物，尝试运用优美生动的语言把观察和感受到的写清楚，为单元习作进行铺垫。

第三阶段：分享自然

【阶段学习目标】

1. 借助观察记录卡，尝试把观察到的一种动物或植物说清楚；在交际中做到耐心倾听，不打断别人发言，能在别人发言后发表意见。

2. 运用学到的方法，从几个方面或抓住特点写喜欢的一种动物或植物，运用优美生动的语言把观察和感受写清楚。

3. 通过互评习作，学习修改习作中不足之处。

【阶段学习活动设计】

▶ **板块一：介绍一种喜欢的动植物**

学生活动：

1. 小组交流：借助记录卡，从几个方面或抓特点的方法，交流观察到的动植物，注意加上自己的想象和联想。

2. 观看老师播放的交流视频，明确小组交流过程中要耐心倾听，不打断别人的发言，能在别人发言后发表意见。

3. 第二次小组交流：介绍同一种动物或植物的同学组成新的学习小组，遵守交际规则，交流观察所得，在交流中丰富感受。

4. 出示评价标准，进行评价。

评价标准描述	伙伴给我亮星
★耐心倾听，不打断	
★多方面介绍，说清楚	
★语言流畅，乐交流	

5. 通过看一看、摸一摸、闻一闻等方式，进一步修改记录卡。

▶ **板块二：写一写我的动植物朋友**

学生活动：

1. 交流修改后的观察记录卡。

2. 选择最想介绍的一种动物或植物，现场写作。

3. 对标《荷花》第2自然段和"交流平台"，学习作者有序的表达，尝试写出自己的感受，运用有新鲜感的语句把观察和感受写清楚。

4. 学生修改习作片段。

5. 同桌互评，达成一条得一星。

评价标准描述	伙伴给我亮星
★有序表达	
★写出感受	
★能运用有新鲜感的词句	

6. 明确要求，完成整篇习作。

▶ **板块三：交流分享，修改习作**

学生活动：

1. 根据习作内容分组，小组内分享交流习作。

出示评价标准：

（1）能从几个方面写出观察到的内容，表达有序。

（2）写出自己的感受，表达对动植物朋友的喜爱。

（3）运用语言优美生动，把观察和感受写清楚。

2. 再次修改习作。

3. 誊抄习作。

设计意图：口语交际的任务有两点：一是能借助记录卡把观察到的动植物介绍清楚，要运用前一阶段从课文中习得的观察方法，从几个方面或抓住特点介绍动植物。二是要引导学生遵守交际规则。

在口语交际的基础上，进行习作，通过展示、交流学生的习作片段，聚焦写作难点。继而对标课文《荷花》，学习作者有序的表达，运用有新鲜感的语句把观察写清楚，鼓励写出自己的感受。完成习作后要学会分享，写同一种动植物的同学可以组成小组互相交流，在交流中得到启发和提高。

第四阶段：展现自然

【阶段学习目标】

1. 能积极准备主题班会中的成果展示，学习与同伴合作，用喜欢的方式自信大方地展示学习成果。

2. 通过闯关活动，梳理单元学习的收获，发现不足并改进。

3. 学习在活动中分享收获，提出疑问。

【阶段学习活动设计】

▶ **板块一：组建小组，明确成果展示方式，优化评价标准**

学生活动：

1. 介绍同一种或同一类动植物的同学组成学习小组。

2. 依据组员的特长和目前的学习成果，小组讨论确定主题班会上成果展示方式。

3. 与老师讨论后，优化评价标准。

分类	评价标准描述	评价
成果展示	能积极准备并参与展示活动，有自己的想法和创意；善于与同伴合作；成果展示质量高，自信大方，受到他人好评	☆☆☆☆☆
	能准备并参与展示活动，有自己的想法；能与同伴合作；成果展示质量较好，自信大方	☆☆☆☆
	能准备并参与展示活动；能与同伴合作	☆☆☆

▶ **板块二：展示学习成果，进行闯关 PK 赛**

学生活动：

1. 召开"美好的大自然"班会活动。

2. 投票选出最喜爱的作品，结合小组闯关 PK 赛成绩，评选出优胜小组。

▶ **板块三：分享学习收获，开展学习评价**

学生活动：

1. 分享单元学习后的收获，提出自己的疑问。

2. 对照评价，对整个单元学习开展自评、组评、师评。

设计意图：利用主题班会展示学习成果，闯关 PK 赛涵盖词语、古诗词的积累，激发学生参与活动的热情，考查了学生运用本单元语文要素的能力。

在完成整个单元的学习任务后，教师要引导学生对经历的学习活动进行反思：交流收获、分享感受、提出疑惑、开展评价，让深度学习真正发生。

五、反思与讨论

1. **构建学习任务群，开展语文实践活动**

单元设计围绕单元学习主题，紧扣"实用性"的特点，构建了学习任务群，设计了四阶段语文实践活动。每阶段学习活动的目标环环相扣，层层递进，形成结构化的学习，让学生"在观察中发现大自然的美好"。本单元学习开展了多样的语文实践活动，如：各种形式的阅读（自主阅读、比较阅读、拓展阅读）、观察并制作记录卡、和伙伴分享一种喜欢的动物或植物、写一写动植物朋友，在主题班会中，还进行了朗诵、游戏、表演、展览等学生喜闻乐见的活动，引导学生在实践活动中学习语言文字运用。

2. 依托学习共同体，转变学习方式

与单篇课文学习相比，单元整组学习更具难度和挑战性，仅靠学生个人努力未必能顺利完成。因此，本单元学习充分依托学习共同体，以完成共同的学习任务为载体，学生通过自主、协同的方式进行高品质学习，通过转变学习方式，让学生成为学习的主人。如第一阶段中同桌互学，开展识字学词活动，以同桌二人为学习共同体，开展学习活动。通过互相倾听和有效评价，学生经历了朗读课文、学习字词的学习过程，培养了学生独立识字、分类积累字词的能力。再如第四阶段，根据组员喜好、特长和已有的学习成果，以小组为学习共同体，进行成果展示，充分发挥了学生的主动性和创造性。

3. 实施有效评价，促进深度学习

持续性评价是深度学习不可缺少的环节，学生充分参与评价活动，以评价来促进学生的学习。它是一种多元化的、以学生发展为中心的立体性评价。本单元学习开始，师生就制定了单元学习评价方案，从日常观察、成果展示、活动参与三个维度入手，形成初步的评价标准。随着学习活动的深入推进，评价标准不断优化完善。同时注重评价主体多元化，根据不同的学习任务，采用自评、组评、师评等方式，让师生充分参与到评价活动中。

（浙江省宁波市鄞州区教育局教研室　金晓润

浙江省宁波市鄞州区江东中心学校　吴莹）

我们的妙趣故事会
——三年级下册第八单元

一、学习情境与学习任务

统编教材三年级下册第八单元的主题是"有趣的故事"，编排了两篇精读课文《慢性子裁缝和急性子顾客》《漏》和两篇略读课文《方帽子店》《枣核》。

作为全册教材的最后一个单元，教学时适逢六一儿童节，以此为契机，创设真实的活动情境：用一场"我们的妙趣故事会"来度过一次有意思又有意义的儿童节。在关联儿童生活的任务情境中，引导学生认识故事人物，学习复述方法，讲述趣味故事，用语文学科实践的方式庆祝自己的节日。

在"我们的妙趣故事会"主题情境中，学生走进故事，读懂故事，不仅能感悟到故事的有趣之处，初步感受作品中生动的形象和优美的语言，还能理解故事中蕴含的道理，形成自己的思考。在完成主题学习任务的同时，学生借助表格、相关图片和文字提示梳理课文内容，理清故事的顺序，自主搭建讲故事的支架，不遗漏重要情节。能够自然、大方地把故事讲给别人听，并能用合适的方法，把故事讲得吸引人，力求按顺序把故事讲述得具体生动。通过一次次"讲故事"实践活动，总结复述故事的方法，实现"完整复述—详细复述—生动复述"的跃升。

本案例归属于"文学阅读与创意表达"学习任务群。2022年版语文课程标准在文学阅读与创意表达学习任务群第二学段的学习内容中提出"阅读富有想象力和表现力的儿童文学作品，欣赏富有童趣的语言与形象，感受纯真美好的童心，学习用口头或者图文结合的方式创编儿童诗和有趣的故事，发展想象力"。本单元的学习主题与活动设计契合课程标准的理念与要求，以学生童年生活中最为喜欢的故事为载体，用富有趣味性的读故事、讲故事的语文实践活动，激发学生的主动参与意识，使学生在口头交流和书面创作中成为主动的阅读者、积极的分享者和创意的表达者。

二、学习资源与学习目标

（一）学习资源

学生对童话故事并不陌生，三年级上册第三、四单元都是童话故事，他们能够感受到童话丰富的想象，并尝试自己编童话。因此，本单元的语文要素"了解故事的主要内容，复述故事"并非新授知识，而是要在原有基础上追求语言表达能力的再提升。根据学生的实际学习水平，结合单元主题学习任务，本单元的学习任务分解成三个方面：一是整体感知本单元课文内容，认识故事里的新人物，学习生字新词，借助课后表格、示意图等梳理故事情节；二是通过学习四篇课文，了解故事中蕴含的道理，并学习复述故事的方法；三是通过参与和体验"妙趣故事会"的全过程，综合运用多种复述方法，分享有趣的故事。三个方面的具体化的学习任务突出对教材单元的转化、融通，强调基于目标、任务的学习单元的整体设计，注重学习过程中通过语文实践活动促进能力提升与运用，并在拓展延伸中多维度丰富学生的阅读实践，内化语言，促进学生语文素养的提升与发展。

（二）学习目标

> **根据单元学习情境和学习任务，制定本单元的学习目标。**
> 1. 能在预习的基础上读懂课文，认识 43 个生字，读准 7 个多音字，会写 25 个生字和 24 个词语。
> 2. 分角色朗读课文，能读出故事中人物对话的语气，体会人物的特点，在此基础上交流自己觉得最有意思的内容，体会故事的有趣。
> 3. 能借助提示，按顺序复述故事，不遗漏重要情节，尝试运用自己喜欢的方式自然、大方地把故事讲给别人听，并能运用恰当的方法把故事讲得吸引人。
> 4. 能总结复述故事的方法，并综合运用这些方法讲篇幅较长的童话故事、民间故事。

三、学习活动设计

为指导学生参与学校举办的"我们的妙趣故事会"活动，我们依据单元学习目标整合本单元的学习内容，将整个单元的学习流程划分为故事人物见面会、妙趣故事探秘会、奇趣故事分享会三个阶段，提出每位同学要为完成故事会活动准备作品的具体任务，在完成任务的过程中学习复述方法，积累复述经验，实现素养提升。

第一阶段是故事人物见面会——整体感知。在课上发布学习任务——准备参加学校六一儿童节"我们的妙趣故事会"活动，了解本单元的学习任务。学生走进本单元有趣的故事，借助预习单自主学习，和故事中的新人物见见面，尝试梳理故事情节。

第二阶段是妙趣故事探秘会——学习复述。学生借助文本，通过分角色朗读，读出人物语气的变化，体会人物的特点。总结并运用复述故事的方法，用自己喜欢的方式自然、大方地把故事讲给别人听。然后结合复述、阅读思考，从多角度感悟故事蕴含的道理。

第三阶段是奇趣故事分享会——创意展示。学生结合文本，通过表演、讲故事等方式在班级和年级内进行巡展，从多角度评选出"故事小达人"。

整个活动围绕着第八单元的特点展开，依托真实情境，借助教材，结合课外阅读和语文实践活动，层层递进，达成学习目标，助力学生想象力与语言表达能力的提升。

三个阶段大致需要 9 课时来完成。

第一阶段：故事人物见面会——整体感知

【阶段学习目标】

1. 了解单元学习任务，产生浓厚的学习兴趣。（重点）

2. 能结合课前预习读懂课文，认识故事里的新人物，学习本单元的生字新词，读准 7 个多音字，初步读懂故事，感知内容。（重点）

3. 能借助表格、示意图等梳理故事主要内容。（重点、难点）

【阶段学习活动设计】

▶ **板块一：认识故事中的新人物**

学生活动：

1. 六一儿童节快到了，学校要举办快乐童年之"我们的妙趣故事会"。我们要一起为故事会做好准备，读懂故事、讲好故事是基础。

2. 课前自主完成单元预习单，读一读本单元中的故事，和故事中的新人物见见面。

单元预习单

1. 我会读：结合认字表读课文，不认识的字查字典、注拼音。

注意多音字读法：

裁缝（　　）　　夹袄（　　）　　一溜烟（　　）　　嚷嚷（　　）

崖缝（　　）　　夹起（　　）　　溜冰（　　）　　嚷道（　　）

旋风（　　）　　折腾（　　）　　涨红（　　）

旋转（　　）　　折断（　　）　　涨潮（　　）

2. 认识故事中的新人物。

（1）我会画：抓住特点画一画故事中的人物，准备参加班级"猜猜他是谁"活动。

（2）我会演：借助头饰、道具等演一演故事中的人物，准备参加班级"猜猜他是谁"活动。

3. 我会说：说一说你为什么这样画 / 扮演故事中的人物。

4. 我会写：圈出本单元容易写错的字，摘抄在下面的横线上。

_____

_____

---

3. 借助工具书，联系生活经验，或请教同学自主识字，练习容易写错的字。

设计意图："我们的妙趣故事会"活动的设置，能够激发学生的学习兴趣，符合学生真实的学习需要。鼓励学生借助单元预习单自主学习生字新词，初步了解故事的主要内容，有助于学生夯实字词，为深入理解课文内容奠定基础。

▶ **板块二：猜猜他是谁**

学生活动：

1. 班级展示：我来演你来猜／我来画你来猜，猜一猜"他"是故事中的哪个人物。

2. 现场采访：

（1）采访准确猜出的同学：你是怎样猜出这个人物的？

（2）采访绘画者或表演者：你为什么这样画或者这样扮演故事中的人物？

在交流中形成对故事中人物特点的初步感受。

设计意图：以游戏化的"猜猜他是谁"活动调动学生的学习兴趣，使学生在生生、师生对话和追问中初步感受人物特点，整体感知故事内容，为下一阶段的详细复述、生动复述打好基础。

▶ **板块三：自主学习我能行**

学生活动：

1. 小组内交流课前预习时梳理的生字新词，自主补充。

2. 小组交流并向全班同学展示小组学习成果。教师相机强调重点，指导学生学写"夹、衬、衫、务、漏、贼、驴、狼"等生字。

3. 说说本单元中自己最喜欢的故事并简单陈述理由。

教师结合学生的回答，总结学生的新发现：题目中有完全相反的人物或事物特点，故事情节让人意想不到，语言幽默有趣等。

设计意图：基于学生的自主预习情况，在课堂交流中强化学生对多音字的理解和对生字的书写指导，培养学生在真实的语言文字运用情境中独立识字与写字的能力，夯实三年级的识字与写字基础。

▶ **板块四：作业与拓展学习设计**

学生活动：

和爸爸妈妈一起玩"猜猜他是谁"游戏，互相介绍自己喜欢的本单元的故事人物。

设计意图：将课堂上的学习及表达实践延伸到课外，通过实践性、活动性作业建立亲子间共融共通的学习关系，促进学生对人物特点和故事脉络的深化学习。

【课时安排建议】

1 课时。

课前借助单元预习单对本单元进行整体预习，课堂上用 1 个课时进行交流，主要任务为明确单元学习任务，交流生字新词，整体感知单元故事内容，初步感知故事中的人物形象。

第二阶段：妙趣故事探秘会——学习复述

【阶段学习目标】

1. 学会转述别人的话，能通过分角色朗读读出人物语气的变化，体会人物的特点。

2. 能够借助表格、示意图等按照一定顺序复述故事，并根据故事中最有意思或意想不到的内容组织语言，把故事讲得生动有趣。（重点、难点）

3. 在复述故事的过程中能走进人物内心，揣摩人物特点，能够从多角度感悟故事蕴含的道理。（重点、难点）

【阶段学习活动设计】

▶ **板块一：急性子遇到慢性子发生的故事**

学生活动：

1. 聚焦表示时间的词语，理清故事叙述线索。

默读课文，边读边圈画故事中表示时间的词语，并填写到表格的第一列中。再按照提示梳理出慢性子裁缝和急性子顾客之间发生的故事。

时间	急性子顾客的要求	慢性子裁缝的反应
第一天		

2. 借助表格提示，练习简要复述故事。

交流表格中填写的内容，借助表格按时间顺序简要讲一讲这个故事。

3. 深入人物内心，读懂"急"与"慢"。

（1）默读课文，圈画思考：从哪些语句可以看出顾客性子"急"？从哪里可以看出裁缝性子"慢"？

（2）交流圈画的关键词句，通过分角色朗读，聚焦人物的语言和动作，深入感受急性子顾客的急于求成和慢性子裁缝的慢条斯理，为生动、具体地讲故事做准备。

4. 抓住人物的语言和动作，结合梳理好的表格，自由练习讲故事，然后给同桌讲一讲，请同桌对照评价表进行点评。

维度	评价要求	自评	互评
讲述时间	不超过三分钟	☆ ☆ ☆	☆ ☆ ☆
	讲述清楚、完整	☆ ☆ ☆	☆ ☆ ☆
讲述内容	详细复述有意思的内容	☆ ☆ ☆	☆ ☆ ☆
	生动、吸引人	☆ ☆ ☆	☆ ☆ ☆

5. 创编故事：假如裁缝是急性子，顾客是慢性子，他们之间又会发生什么样的故事呢？组内分享创编的故事。

6. 与故事人物面对面，说一说对慢性子裁缝和急性子顾客的建议。

设计意图：借助表格，让学生先对课文进行整体把握，然后在分角色朗读的过程中，聚焦人物的语言和动作，感受慢性子裁缝和急性子顾客鲜明的人物特点。学生对故事内容有了进一步的了解，又关注了细节描写，为生动、具体地讲好故事做了铺垫。在此基础上，依据表格、评价表讲故事，帮助学生把故事讲得有声有色。通过角色性格互换，引导学生进行趣味创编，并对慢性子裁缝和急性子顾客提出建议。

作业设计：

1. 将《急性子顾客和慢性子裁缝》的故事讲给家人听。

2. 在组内讲一讲故事中的两人性格互换后，他们之间会发生什么趣事。

▶ **板块二：帽子到底变不变**

学生活动：

1. 整体回顾与梳理。

课文中出现了哪些人物？他们怎么看待方帽子？方帽子的结局是什么？以店主、顾客、小孩不同的人物身份进行交流。

2. 品味文中的"意想不到"。

（1）默读课文，边读边圈画出《方帽子店》一文中最意想不到的内容。

（2）小组交流，人人发言，将同学们的发现进行归类。

3. 借助表格练习讲故事。

（1）根据表格，填充关键信息。

奇怪的方帽子店	
大人们的固执	
孩子们的质疑	

积极尝试的孩子们		
	样式	感受
纸做的帽子		
布做的帽子		

激烈的父子大战		
人物	表情	语言

针锋相对的帽子店		
	帽子样式	广告
新帽子店		
方帽子店		

（2）借助表格梳理故事的线索和关键词句，尝试练习讲故事。

评价内容	自评	小组评价
用自己的话有顺序地讲，不遗漏主要情节	☆☆☆	☆☆☆
声音响亮，能表现出不同人物说话的语气	☆☆☆	☆☆☆
展开合理想象	☆☆☆	☆☆☆

设计意图：从整体故事框架深入文本细节，使学生依托自主阅读活动实现对故事蕴含的道理的理解。在读懂故事的基础上继续巩固利用表格复述故事的方法，借助关键词梳理故事的主要情节，通过补充细节，完善表格内容，再以表格为支架复述故事，锻炼口头表达能力。

作业设计：将《方帽子店》的故事讲给家人听。

▶ **板块三：漏，到底是谁**

学生活动：

1. 聊聊"漏"是什么。

自读课文，思考：老公公和老婆婆说的"漏"是指_____；老虎和贼认为"漏"是指_____。

2. 场景重现。

（1）画出老虎和贼的逃跑路线图。

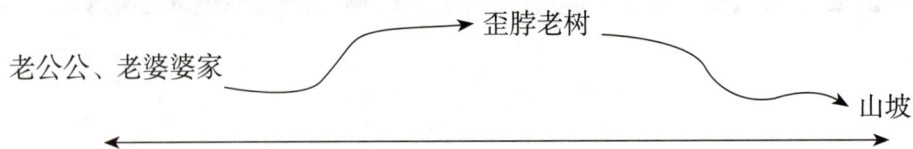

老公公、老婆婆家　　　　　　　→歪脖老树

　　　　　　　　　　　　　　　　　　　　　→山坡

（2）体会老虎和贼在逃跑过程中的心理活动。

路线	老虎的心理活动	贼的心理活动
老公公、老婆婆家	翻山越岭我什么都见过，就是没见过"漏"，莫非"漏"比我还厉害？	走南闯北我什么都听说过，就是没听说过"漏"，莫非"漏"比我还厉害？

路线	老虎的心理活动	贼的心理活动
路上	坏事，"漏"捉我来了！ "漏"真厉害，像胶一样，粘住我了。 到树跟前，得把它蹭下来，好逃命。	坏事，"漏"等着吃我哩！ "漏"真厉害，旋风一样，停都不停，一定是驮到家再吃我。到树跟前，得想法蹿上去，好逃命。
歪脖老树	终于甩掉"漏"了！	终于甩掉"漏"了！
山坡	"漏"又来了，这下我可活不成了！	"漏"又来了，这下我可活不成了！

（3）选择你觉得最有意思的一部分，说说从中读出的感受。

（4）体会老虎和贼的心理活动以及他们狼狈受惊的样子，分角色朗读，读出画面感。

（5）借助逃跑路线图和心理活动表格，按照地点变化的顺序复述这个故事。

（6）演一演厉害的"漏"，分角色读一读、演一演故事。

设计意图：这一环节的设计主要是让学生在默读课文、画出老虎和贼的逃跑路线图以及体会老虎和贼的心理变化中厘清故事发展的顺序，从而能够揣摩人物心理，理解这个故事的趣味性所在。整节课要从学生的学习兴趣出发，调动学生的积极性与参与度，培养学生自己提出问题和自主解决问题的能力。

作业设计：《漏》中的老虎、贼都因为误会虚惊一场。在生活中，你有过这种"自己吓自己"的经历吗？如果有，请把你的经历简单地说出来和大家分享吧！

▶ **板块四：小枣核说大话了吗**

学生活动：

1. 理解"枣核"，读出特点。

默读课文，思考：生活中接触到的"枣核"有什么样的特点？故事中的"枣核"指的是什么？

2. 回顾总结，梳理复述方法。

说一说：经过前面的学习，你学到了哪些复述故事的方法？

3. 读读《枣核》的故事，说说这个故事和之前读过的故事有哪些相似的地方。

交流总结：体现了时间、地点的变化，故事有波折，展现了主要人物的特点。

4. 运用学过的方法，选择自己喜欢的方式复述课文，小组之间相互讲一讲，看看谁讲得最有趣，最吸引人。

5. 对照标准评一评。

（1）每个小组推选一名代表，或小组分工合作，讲一讲《枣核》的故事。

（2）评一评谁讲的故事最精彩。

复述要求	自评	小组评价
按顺序复述	☆☆☆	☆☆☆
重要情节不遗漏	☆☆☆	☆☆☆

复述要求	自评	小组评价
内容前后连贯	☆ ☆ ☆	☆ ☆ ☆
故事有趣味性	☆ ☆ ☆	☆ ☆ ☆

设计意图：本环节凸显对前一阶段学习成果的梳理总结，借助小组合作学习，让每个学生都能够参与到讨论中，并能够综合运用已经学过的复述故事的方法，讲好这个故事。

作业设计：

续编故事：县官吃了大亏，他会善罢甘休吗？想一想接下来会发生什么事，然后互相讲一讲。

【课时安排建议】

6 课时。

第 1 课时：梳理课文中表现时间变化的词语，整体把握故事脉络，简要复述。

第 2 课时：深入理解"急"与"慢"的具体表现，借助细节讲好故事，突出人物特点。

第 3 课时：依托文本建立"方"与"圆"的冲突，重点讲出故事中的"意想不到"。

第 4 课时：围绕地点变化、心理变化、行为变化等多个方面读懂《漏》这个故事的明暗线索。

第 5 课时：学习借助地点变化把故事讲完整，通过补充心理描写和外在表现，把故事讲生动。

第 6 课时：回顾之前学过的复述方法，选择自己喜欢的方式讲好《枣核》的故事。

第三阶段：奇趣故事分享会——创意展示

【阶段学习目标】

1. 讲述故事时做到有条理，故事情节完整生动，突出故事的趣味性。（重点）

2. 能够自然大方地讲故事，注意语气、表情的变化，能够适当加上动作，补充相关细节。（难点）

3. 能够认真听别人讲话，能抓住主要内容边听边想并能与同学分享故事中有趣的句段。

【阶段学习活动设计】

▶ **板块一：评选"故事小达人"**

学生活动：

1. 集体商讨"故事小达人"评选标准。

2. 组内开展讲故事比赛，根据"故事小达人"评选标准推选同学参加全班交流。

3. 参与班级"奇趣故事分享会"。

设计意图：发挥学生的能动性，集体商议出"故事小达人"评选规则，使学生通过组内比赛、集体比赛，经历对照评选标准、评价他人、反思自己的全过程，在品评、反思中丰富学习实践，提升口头表达能力。

▶ **板块二：作业与拓展学习设计**

学生活动：录制一段讲故事的视频，上传到学校平台，作为六一儿童节的礼物送给低年级的小朋友，形成"耳朵博物馆"故事资源。

设计意图：此项内容作为本单元的最终学习成果呈现，凸显对象意识、交际意识和成果的可视化。同时回归六一儿童节的主题情境，强调两个年级的交往互动，彰显语文学科的育人价值。

【课时安排建议】

2课时。

第1课时：集体商讨"故事小达人"评选标准，根据评选标准选择自己喜欢的趣味故事，练习具体生动地讲给大家听。

第2课时：开展"奇趣故事分享会"，评选"故事小达人"。

【持续性学习评价】

"故事小达人"评选标准

维度	描述	评价
自主选故事	选择的故事含有很多意想不到的情节，内容生动有趣	☆ ☆ ☆ ☆ ☆
	选择的故事能够体现时间、地点、人物心理等的变化，有波折，有趣味	☆ ☆ ☆ ☆
	选择的故事含有起因、经过、结果等要素	☆ ☆ ☆
现场讲故事	能自然、大方地把故事讲给同学听，并能用合适的方法把故事讲得吸引人	☆ ☆ ☆ ☆ ☆
	能够按照顺序讲故事，突出重要情节	☆ ☆ ☆ ☆
	能够借助提示完整地讲出故事	☆ ☆ ☆

五、 反思与讨论

（一）学习目标的达成

本次以三年级下册第八单元为例的单元整体教学，基于三年级学生学习童话的已有经验和现实需求，从"文学阅读与创意表达"学习任务群的视角出发，以学习任务为载体，整合学习内容、情境、方法和资源等要素，着力激发学生的好奇心、想象力、求知欲，关注任务达成过程中的过程性评价，注重评价主体的多元与互动，以及多种评价方式的综合运用，突出"为了学习的评价""为了改进的评价""为了发展的评价"，实现了从"对人的评价"到"为了人的评价"的转向。

本次教学共安排了9个课时，通过整体感知、联想想象，感受文学语言和形象的独特魅力，获得个性化的审美体验，达成具体生动地讲述故事的目标。学生从借助支架学习讲述故事，到富有创意地自由表达，体现出学习的进阶与发展。

（二）教学设计与实施中的反思

1. 依托真实情境，培养自主学习能力，提升核心素养。

本单元以三年级庆祝六一儿童节的到来，开展"我们的妙趣故事会"活动的真实情境为依托，既提升了学生的学习兴趣，激发了学生学习的内驱力，又使学生在真实学习任务的驱动下主动参与阅读、归纳、创作等语文实践活动，在准备分享会的过程中进行自主、合作、探究式学习，体会故事的"有趣"，学会复述故事，发挥想象创编故事，在活动中提升学生的核心素养。

2. 依据单元特点，确定核心任务，铺设复述阶梯

本单元的语文要素是"了解故事的主要内容，复述故事"，核心任务聚焦点是"复述"，为了完成核心任务，我们从三个角度入手铺设复述阶梯。首先是故事文本的理解、鉴赏和积累语言，让学生感知趣味故事的语言特色。其次是详述，引导学生发现故事的行文结构，借助支架梳理故事内容。最后是灵活运用复述策略，发挥想象，创造性地复述故事。层层递进的学习活动链，让学生在阅读中感悟、梳理、总结、创造，积累表达方法，最终将学习成果呈现在奇趣故事分享会之中。

3. 依据实际学情，灵活调整教学，夯实识写基础

围绕"我们的妙趣故事会"，把重点放在复述方法的习得上。为了突出复述的层级指导，没有进行识字写字的课时教学，而是将生字新词的学习和故事文本的整体把握纳入第一阶段的学习活动中，突出学生在自主先学基础上的集体交流和教师点拨，这需要学生具备一定的自主学习能力。此板块可以视学生的实际学习水平灵活调整，可以放手由学生自主完成，也可以在教师的支持、指导下借助学习单开展单元整体学习。

（三）改进设想

1. 关注生成性资源的使用。收集、整理教学中的生成性资源，合理使用学生讲述故事的作品资源，运用资源促进学习方式的转变，形成生成性资源推动新资源生成的良性循环。

2. 关注学后反思环节的作用。单元学习后设计学后反思活动，提供支架引导学生对照学习目标尝试总结重要知识和思维方法，借助结构化思维工具开展自我梳理，经过思考加工形成新的理解与创造，并基于学习中的成果提出困惑，开展自我导向的新的学习循环。

3. 关注多种维度的关联整合。注重静态的教材与广阔的社会生活的关联，外显的物化成果与内隐的成长体验的关联，将抽象的学习内容与具象的生活世界中的真实活动有机融合，实现"生活世界—教学世界—个体世界"的逻辑贯穿，架构属于师生双方富有创造性的意义系统，探寻教学本身对于学生生活的意义所在。

（江苏省徐州市大马路小学校　彭苏华）

彩笔绘生活，写清一件事
——四年级上册第五单元

一、 学习情境与学习任务

　　本单元是统编教材四年级上册的习作单元，由《麻雀》《爬天都峰》两篇精读课文和《杏儿熟了》《小木船》两篇习作例文，以及习作"生活万花筒"组成。人文主题是"我手写我心，彩笔绘生活"，语文要素为"了解作者是怎样把事情写清楚的""写一件事，把事情写清楚"。为了让学生用丰富的素材来展现自己对生活的体验，把一件事写清楚，将本单元学习活动设计成一个真实情境中的学习任务，写一件印象深刻的事情，争取被校园电视台"生活万花筒"栏目选用，帮助摄制组更清晰、更快速地拍摄"生活万花筒"视频，给观众留下深刻印象。

　　义务教育语文课程目标是培养学生的核心素养。本单元学习任务设计注重学生在语言学习中的自我探索和自我体验。为了完成任务，学生需要观察和体验生活，发现和积累生活中有意义的事件，按一定顺序把生活事件写清楚，助于学生个体语言的建构与运用。学生在完成学习任务的过程中，通过分析素材、比较写法、提炼习作策略、反思习作过程和评价习作成果的实践机会，促进思维发展。同样，对"彩笔绘生活，写清一件事"单元的学习，有利于学生深入阅读文质兼美的作品，获得审美体验，感受生活的多样与美好。

二、 学习资源与学习目标

（一）学习资源

　　单元导语直接揭示了目标要求，即本单元"教"什么。单元主题"彩笔绘生活，写清一件事"，揭示了本单元需要学生尝试解决三个问题：什么是"彩笔绘生活"？什么是"写清楚"？怎样"用彩笔写清楚"？前两个问题要在学习精读课文、习作例文及其提示中解决，即"了解作者写了什么事，是怎样把事情写清楚的"。第三个问题要在前两个问题的解决过程中积累、习得，也需要教师必要的讲解和分析、在习得中得到检验。"初试身手"中的片段练笔，循序渐进地为学生提供了动笔实践的机会。

　　学生在三年级已经学习了课文是怎么围绕一个意思把一段话写清楚的，初步学习了把握文章的主要内容。但还存在一些问题，如不能完全把事情经过写清楚，不清楚哪个部分需要重点写，不能根据表达需要选用合适的方法等。因此，教师应该重点引导学生关注精读课文中的表达方法，领会课文如何清楚交代事情的起因、经过、结果，如何清楚展现事情发展过程中的重要内容，如何抓住怎么想、怎么说、怎么做等，把事情发展过程中的重要内容写清楚。

（二）学习目标

> **根据单元学习情境和学习任务，制定本单元的学习目标。**
> 1. 观察周围世界，感受生活的丰富多彩，体会记录与分享生活的快乐，基于读者（观众）的意识，瞄准"生活万花筒"栏目的需要，选择合适的材料。
> 2. 认识 11 个生字，读准 1 个多音字，会写 25 个字和 25 个词语。
> 3. 知道什么是"把一件事写清楚"，知道写一件事的基本顺序。能把事情的起因、经过、结果以及经过部分的重要情节写清楚。
> 4. 尝试运用评价工具对是否写清楚一件事做出评价与反思。

三、学习活动设计

第一阶段：生活万花筒，我要写。发布学习任务——为"生活万花筒"摄制组准备作品。在任务情境中了解本单元学习任务，在此基础上观察生活，思考并记录习作素材。初步讨论，制定评价标准，明确评价任务。完成"初试身手"的练笔。

第二阶段：写清事情片段，我试试。借助预习单，正确朗读《麻雀》和《爬天都峰》，大体了解两篇课文分别写了一件什么事，讨论作者为何选这个材料，深入认识文章选材的价值意义；对比学习《麻雀》和《爬天都峰》，发现课文是怎样把事情的起因、经过、结果写清楚的，是怎样把经过部分的重要情节写清楚的。对照课文经过部分，修改"初试身手"的练笔。

第三阶段：印象深的地方，我会重点写。学生用照片记录自己有意思的生活瞬间。设置情境任务，借助"初试身手"图片和自带照片，把照片内容说清楚。筛选习作素材，体会"万花筒"之意。当堂完成习作初稿。比较教材中两篇习作例文的异同，发现并汲取作者"把重点情节写清楚"的表达经验，并对照习作例文及批注进行修改。对照评价表，小组交流展示。向校园电视台介绍自己的分镜头方案，第二次修改习作。

第四阶段：写好的文章，我爱分享。推选代表在全班交流展示。根据同学建议，对照评价表，第三次修改习作。认真誊写习作，小组分享点赞。

整个活动围绕着校园生活的真实情境展开，明确促进学生深度参与读写实践的学习主题，制定指向习作方法的深度迁移与运用的学习目标，设计促进学生深度体验写作过程的学习活动。

四个阶段大致需要 9 课时来完成。

四、各阶段学习目标和学习活动设计

第一阶段：生活万花筒，我要写

【阶段学习目标】

1. 观察家人做家务的过程，并尝试把过程写清楚。

2. 初步形成基于读者（观众）的意识，将真实问题化为习作任务进行练习。

3. 观察并记录生活，乐于与同学、老师分享。感受生活的丰富多彩，体会记录与分享生活的快乐。

【阶段学习活动设计】

作业与拓展学习设计：

1. 观察生活，并连续记录身边新奇有趣、印象深刻、最受感动的习作素材，在单元学习开始前一周完成。

2. 观察家人做家务的过程，可以拍照或录视频，并向家人了解相关缘由。

生活万花筒

学校_____　　　班级_____　　　姓名_____

同学们，校园电视台新增了"生活万花筒"栏目，主要内容是介绍同学们丰富多彩的生活，现面向全校同学征集节目素材。如果你的素材有幸入选，可以参加后续的活动：提供拍摄脚本、当小演员参加拍摄，最后在电校园电视台播放。

现向你们征集素材，具体要求如下：

每天都会发生各种各样的事情，有些是我们亲身经历的，有些是我们看到的，还有些是我们听说的。选一件你印象最深的事，或新奇的，或有趣的，或最受感动的……用二、三句话记录下来。

例：昨天晚上，我下楼丢垃圾，因为只顾着对垃圾进行分类，把钥匙和垃圾一起丢进垃圾箱了，害得我等到爸爸回家，和他一起翻垃圾箱，才找到钥匙。

　　　月　　　日　　　星期

_____

_____

　　　月　　　日　　　星期

_____

_____

　　　月　　　日　　　星期

_____

_____

评价标准	评价
每天能观察生活，坚持写观察手记	☆ ☆ ☆ ☆ ☆
用两三句话记录身边令人感动、难忘的人和事	☆ ☆ ☆ ☆ ☆

设计意图：2022 年版语文课程标准在"实用性阅读与交流"学习任务群中要求学生学习用日记、观察手记等，展示自己观察自然、探索科学世界的收获；学习用口头和书面的方式，客观地表述生活中的见闻片段。本设计将积累素材和观察家人做家务的任务前置，有效链接生活场景，勾连学生生活经验，解决了"写什么"的问题。

► **板块一：明确任务，参与真实学校生活**

学生活动：

了解校园电视台录制"生活万花筒"栏目的相关要求。明确单元学习任务。

设计意图：通过创设学生熟悉的校园生活情境，将真实问题化为习作任务进行练习。引导学生明确本次的写作对象、目的，在为入选"生活万花筒"栏目做准备的过程中，初步形成基于读者（观众）的意识，解决习作中"为什么写"的问题。

► **板块二：交流并修改习作素材**

学生活动：

1. 借助素材单，挑选最想写的一件事在小组内分享，并说明理由。

2. 在小组内推选最吸引读者的一件事在全班分享。

3. 第一次修改自己的习作素材，为入选"生活万花筒"栏目做准备。

设计意图：明确交流目的和读者等，使学生在记录素材时产生相应的意识。让学生根据交流目的修改素材，是对学生真实写作过程的关注。

► **板块三：借助照片或视频，完成初试身手**

学生活动：

1. 观察家人炒菜、擦玻璃或者做其他家务的过程，用一段话把这个过程写下来，注意用上表示动作的词语。

2. 借助照片或视频，回顾家人做家务的过程，当堂完成片段。

设计意图：不按照教材顺序教，而是让学生在未经指导的情况下先写"初试身手"片段，再根据学生写片段的问题调整教材顺序进行教学，每一篇课文的教学都指向学生先写时暴露的写不清楚的问题，以使接下来的片段指导更具有针对性。

【**课时安排建议**】

1 课时。

明确单元学习任务，交流、修改习作素材，动笔完成"初试身手"习作，初步制定评价标准。

【**持续性学习评价**】

校园电视台"生活万花筒"栏目作品征集评价标准

分类	描述	评价
作品	能根据栏目要求主动完成作品，按一定顺序写清楚事情，叙事要素完整，能打动观众	☆☆☆☆☆
	能根据栏目要求完成作品，按一定顺序能把事情较清楚地写下来，叙事要素较完整，能吸引观众	☆☆☆☆
	能根据栏目要求完成作品，按一定顺序把事情写下来	☆☆☆

続表

分类	描述	评价
参与	能积极参与"生活万花筒"作品征集活动，积极根据任务情境完成习作，并善于与人合作、交流	☆☆☆☆☆
	能比较主动地参与"生活万花筒"作品征集活动，比较积极地根据任务情境完成习作，并愿意与人合作、交流	☆☆☆☆
	能根据要求参与"生活万花筒"作品征集活动，能完成习作并参与小组合作、交流	☆☆☆

第二阶段：写清事情片段，我试试

【阶段学习目标】

1. 认识 11 个生字，会写 23 个字和 31 个词语。

2. 正确朗读《麻雀》《爬天都峰》，大体了解课文写了一件什么事。知道什么是"把一件事写清楚"，知道写一件事的基本顺序。

3. 能结合自己的阅读体验，知道要按一定顺序写事，抓住怎么想、怎么说、怎么做，把事情发展过程中的重要内容写清楚。基本梳理、总结把事情写清楚的方法，知道按时间顺序写事的方法，把经过部分的重要情节写清楚。（重点）

4. 能发挥想象把照片内容说清楚，能认真听他人说照片内容，能对自己和他人的讲述作适当的评价。

5. 能用上表示动作的词语，把做家务的过程写清楚。能对自己和他人的习作片段作出评价。

【阶段学习活动设计】

作业与拓展学习设计：

完成《麻雀》课前预习作业。

1. 看拼音，写词语。

　sī yǎ　　　　shēn qū　　　　yǎn hù　　　　zhěng jiù
（　　　）　（　　　）　（　　　）　（　　　）

2. 找出课文中体现小麻雀"无助"的词语，写在下面的横线上。

_____

3. 朗读课文。

评价要求	自评	互评
正确，不加字、不漏字	☆☆☆☆☆	☆☆☆☆☆
流利，根据语意正确停顿	☆☆☆☆☆	☆☆☆☆☆

4. 课文按照什么顺序写了一件什么事？

▶ **板块一：反馈预习，交流不懂问题**

学生活动：

1. 交流反馈预习单。

2. 课上交流预习情况，正确朗读课文，认读生字新词，讨论课文写作顺序及大意，并提出关于内容和写法等方面的不懂之处，自主学习。

设计意图：习作单元的字词教学也不能忽视，借助预习单，发挥学生的主观能动性，鼓励他们运用学过的方法进行自主识字学词，把握文章的主要内容。

▶ **板块二：学习精读课文《麻雀》，体会作者是怎样把重要内容写清楚的**

学生活动：

1. 朗读全文，整体感知，借助人物与情节关系图，了解《麻雀》的写作顺序为攻击（起因）—保护（经过）—逼退（结果）。

2. 理清老麻雀、小麻雀、猎狗之间发生的事。说清《麻雀》的大体内容。

3. 找出关键词句并归类，逐步理解"拯救""嘶哑"等词语。

4. 体会作者是怎样把重要部分写清楚的，感受老麻雀的无畏。

5. 借助板书，讲清楚第4—6自然段。

设计意图：紧扣单元语文要素"写一件事，把事情写清楚"，引导学生梳理写作顺序，聚焦经过部分，体会作者是怎样把救小麻雀的重要部分写清楚的。

作业与拓展学习设计：

完成《爬天都峰》课前预习作业。

1. 读句子，圈出加点字的正确读音。

（1）假（jià jiǎ）日里，爸爸带我去黄山，爬天都峰。

（2）笔陡的石级，石级边上的铁链似（sì shì）乎是从天上挂下来的，真叫人发颤！

（3）在鲫鱼背前，爸爸给我和老爷爷照了一张相（xiāng xiàng），留作纪念。

2. 从课文中摘抄与下列词语意思相近的词。

陡峭——（　　　）　　　　提取——（　　　）　　　　发抖——（　　　）

3. 根据课文内容判断下列说法是否正确，正确的画"√"，错误的画"×"。

（1）第2自然段作者描写天都峰的又高又陡，是为了突出爬天都峰的艰难，需要很大的勇气和力量。（　　　）

（2）"我点点头，仰起脸问，'老爷爷，您也来爬天都峰？'"这句话中的"也"主要是为了说明"我"想和老爷爷一起爬山。（　　　）

（3）"老爷爷拉拉我的小辫子，笑呵呵地说：'谢谢你啦，小朋友。要不是你的勇气鼓舞我，我还下不了决心哩！现在居然爬上来了！'"从加点词语可以看出，老爷爷在爬天都峰之前也曾犹豫过。（　　　）

4. 关于两篇精读课文的内容和写法，你有什么问题？可以写在下面的横线上。

_____

_____

▶ **板块三：学习精读课文《爬天都峰》，体会作者是怎样把重要内容写清楚的**

学生活动：

1. 交流反馈预习单。

2. 借助学习提示，对比学习《麻雀》和《爬天都峰》，借助表格，理清《爬天都峰》的写作顺序。

段落	写作顺序	
第1自然段	爬山前	起因
第2—7自然段	爬山中	经过
第8—10自然段	爬上峰顶后	结果

3. 借助《麻雀》《爬天都峰》两课的课后练习，找出相关句子读一读，全班交流。
课文是怎样把下面的内容写清楚的？找出相关句子读一读。

小麻雀的无助

老麻雀的无畏

猎狗的攻击与退缩

"我"开始不敢爬，最后爬上去了。课文是怎么把"我"爬山的过程写清楚的？
4. 填写表格，梳理两篇精读课文在写清楚一件事方面的异同，分享交流表格内容。

	如何把事情发展过程中的重要内容写清楚	
	《麻雀》	《爬天都峰》
同	1. 2. ……	
异	1. 2. ……	1. 2. ……

5. 小结：两篇课文都重点描写了人物在遇到困难时如何解决，这是事情发展过程中的重要部分，这部分也是最精彩、最重要、最引人入胜的部分。这部分写清楚了，故事就会在不经意间吸引读者。

设计意图：语言是思维的外衣，思维是语言的内核。精读课文的教学重点在于培养学生的习作思维，重点引导学生关注表达方法，领会课文如何清楚交代事情的起因、经过、结果，如何清楚展现事情发展过程中的重要内容，如何抓住怎么想、怎么说、怎么做等，从而把事情发展过程中的重要内容写清楚。

▶ 板块四：对比学习"交流平台"，第一次修改片段

学生活动：

1. 将填写的表格与课文中的"交流平台"比较，弄清两篇课文在写清楚一件事方面的异同。

交流平台

写一件事，要把事情的起因、经过、结果写清楚。

时间、地点、人物要交代明白。

写事情要按照一定的顺序写。如，《爬天都峰》是按照爬山前、爬山中、爬上峰顶后的顺序来写的。

《麻雀》的作者把看到的、听到的、想到的都写了下来，活灵活现地展现了麻雀和猎狗相遇时的情形。

2. 对照精读课文，第一次修改片段（做家务的过程），侧重运用准确表示动作的词语，抓住做家务的重要环节。

片段修改评价表（第一次）	
1. 能运用动词准确将做家务的过程写清楚	☆☆☆☆☆
2. 能抓住做家务过程中的重要环节写清楚	☆☆☆☆☆

设计意图：学生将自主梳理的精读课文的表达方法与"交流平台"对比，体现2022年版语文课程标准"梳理与探究"的要求——"尝试用表格、图像、音频等多种媒介，呈现自己的观察与探究所得"，而不是将"交流平台"当作写作教条教给学生。第一次修改片段的切口小，贴近真实学情。

► **板块五：发挥想象，说清照片内容**

学生活动：

1. 按一定顺序，练习把"初试身手"图片内容或自己事先拍摄的活动照片讲清楚。

初试身手

◎ 看图并发挥想象，把图片的内容说清楚。

2. 认真倾听他人讲述照片内容。

3. 根据量表给自己、他人评价。

▶ **板块六：小组合作，第二次修改片段**

学生活动：

1. 与小组同学分享事先拍摄的家人做家务的视频或照片。

2. 借助评价表，小组合作修改未写清楚的片段（时间未写清楚；重要情节有遗漏；未按顺序写等）。

3. 分享教师的下水片段，进一步体会如何准确运用连接词将语句写连贯等。

4. 第二次修改自己的片段，侧重连接词的使用，语句通顺连贯。

片段修改评价表（第二次）	
1. 能准确运用连接词等，将做家务的过程写清楚	☆☆☆☆☆
2. 能做到语句连贯、通顺	☆☆☆☆☆

设计意图：为学生提供真实具体的情境，引导学生将从精读课文中学到的"写清楚事情发展过程中的重要内容"的方法，运用到修改片段的实践活动中。学生在一遍遍修改片段的过程中习得课文中藏着的写作智慧。先写后教，教师能明显看到学生的习作在一点点变好，这是传统习作教学所不具备的。

【课时安排建议】

4课时。

第1课时：学习精读课文《麻雀》，梳理文章内容，明白可以按事情发展的顺序写事情，体会课文是怎样把事情发展过程中的重要内容写清楚的。

第2课时：学习精读课文《爬天都峰》，通过对比梳理，发现写作顺序的异同，进一步体会作者是怎样把经过部分的重要内容写清楚的。

第3课时：交流"初试身手"，积累并运用习作方法，第一次修改片段。

第4课时：围绕评价标准，小组交流，根据同学建议二次修改片段。

【持续性学习评价】

校园电视台"生活万花筒"作品征集活动评价标准

分类	描述	评价
参与	能主动参与"生活万花筒"作品征集活动，积极根据任务情境完成习作，并善于与人合作、交流	☆☆☆☆☆
	能比较主动地参与"生活万花筒"作品征集活动，比较积极地根据任务情境完成习作，并愿意与人合作、交流	☆☆☆☆
	能根据要求参与"生活万花筒"作品征集活动，能完成习作，参与小组合作、交流	☆☆☆

【阶段学习目标】

1. 能选择印象深的一件事来写。能按照一定顺序把一件事写清楚。

2. 初步明白根据文章的需要决定文章的重点内容。能运用"怎么想＋怎么说＋怎么做""看到的＋听到的＋想到的"等方法，把事情发展过程中的重要内容写清楚。根据写作需要写清楚人物的动作和语言，以及自己看到的和想到的。（重点、难点）

3. 能在交流展示中体验把事情写清楚带来的成功表达的乐趣。

【阶段学习活动设计】

▶ **板块一：筛选并对素材归类，小组推荐**

学生活动：

1. 修改并补充素材（亲身经历的、亲眼看到的或听说的），为入选校园电视台"生活万花筒"栏目做准备。

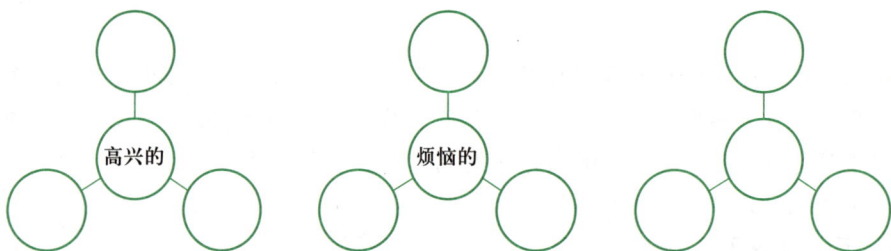

事件归类图

2. 借助评价单，小组推荐有希望被校园电视台选中的素材，在全班交流。

习作素材评价单

评价标准	"√"或"×"	修改建议
事例是否与中心词匹配		
事例能否引起读者兴趣		

3. 根据修改建议和评价表，调整、补充素材单。

内容	描述	评价
写作选材	习作能选择真实的、有新鲜感的材料，不满足于教材提供的八类材料。根据主题选择材料，让读者清楚知道所写主题	☆☆☆☆☆
	习作能选择真实的、有新鲜感的材料，参考教材上提供的八类材料。素材的选择较贴近主题	☆☆☆☆
	习作参考教材中的提供的八类材料，习作素材贴近任务情境主题。但读者读起来缺少新意	☆☆☆

设计意图：本次习作的难点之一是学生习作选材趋同，体现不出"生活万花筒"之"万"。也有学生刻意追求新意，忽视材料与中心应一致。本环节借助事件归类单和素材评价单，以任务驱动，不断激活学生的生活经历，帮助学生选择印象最深、新奇有趣或最受感动的素材，感受生活的丰富多彩。

作业设计：

确定习作素材后，自主完成教材提供的表格，初拟提纲。

▶ **板块二：借助提纲，当堂完成草稿**

学生活动：

1. 借助表格，小组交流写作顺序及所写事件的重要内容。

写之前，仔细想想这件事的起因、经过、结果是怎样的。

事情	
起因	
经过	
结果	

2. 借助提纲，当堂完成习作草稿。

▶ **板块三：第一次修改习作，小组交流展示**

学生活动：

1. 对照教材中的习作例文及批注，发现并汲取习作例文"不遗漏重要情节""把经过部分写清楚"的表达经验，在全班交流。

> 杏一个接一个落在地上。我连忙弯腰去捡，不一会儿就捡了一衣兜（dōu）。奶奶把小淘淘和他的伙伴都叫了过来，一人分给五六个，剩下的几个给了我。看他们吃得那样香甜，奶奶的嘴角露出了微笑，转过头对我说："要记住，杏熟了，让乡亲们都尝个鲜，果子大家吃，才真的香甜呢！"
>
> 听了奶奶的话，我点了点头。从那以后，我每年都照着奶奶的嘱咐（zhǔ fù），把熟透了的金黄金黄的杏分给小伙伴们吃，也送给邻居叔叔婶子们尝鲜。

奶奶"打杏""分杏"的动作、语言写得很清楚。

结尾交代了奶奶"分杏"这件事对"我"的影响。

转眼几个月过去了。有一天放学回家，我走在前面，陈明走在后面。我偷偷地回头看了他一眼，他右手插在裤兜(dōu)里，裤兜胀得鼓鼓的，不知手里攥(zuàn)着什么。忽然，他几步追上了我，从裤兜里掏出一只精致的小木船来。我惊讶地望着他。他满脸通红，激动地说："那次是我不好，不该弄坏你的船。明天我家就要搬走了，我做了这只船送给你，留个纪念吧！"说着，他把小木船塞(sāi)到我手里。想想那天发生的事，本来是我的错，望着他那双热情的眼睛，我一句话也说不出来，只是紧紧地握住他的手。

> 这段话交代了"我"和陈明和好的过程。

2. 选择一篇习作例文，与自己的习作对比，小组交流。

（1）画出两篇文章关于事情发展过程中的重要内容。

（2）比较这两个内容，相互找出小组成员习作中不够清楚的地方，提出修改建议。

3. 对比学习，借助课后练习，进一步梳理发现两篇习作例文是怎么把事情写清楚的？按照事情发展的顺序，课文是怎么把奶奶"分杏"这件事写清楚的？

"我"和陈明的矛盾持续了很长一段时间，课文只用"转眼几个月过去了"一句话加以交代，你觉得课文有没有把事情写清楚？和同学交流。

4. 对照评价表，小组交流讨论。

评价要求	修改建议
1. 是否按照一定顺序写事情	
2. 是否遗漏了事情的重要情节	
3. 是否将经过部分写清楚	

5. 根据小组同学建议修改习作，推选代表，全班交流。

设计意图：习作例文的教学与精读课文的教学不同。习作例文的功能定位及编排特点决定了教师在教学中不必过多分析讲解，而是让学生在修改草稿的过程中学习习作例文关于"怎么写"的知识，学生有了修改的经历和体验，在真实写作中会再次生发出新的体验，从而提升原有的经验，促进深度学习的发生。

▶ **板块四：根据情境，第二次修改习作**

学生活动：

1. 如果你的作品被校园电视台选上，你会如何帮助摄制组更清晰、更快速地拍摄

"生活万花筒"视频？请为摄制组介绍"分镜头方案"。在介绍方案的过程中进一步发现文章写得不够清楚的地方，第二次修改。

2. 学习教材提供的八个作文题目，交流、欣赏同学的精彩作文题目，尝试修改自己的作文题目。

3. 借助评价表修改习作。

设计意图：本次习作的难点之一是学生把事件过程写清楚或写完整。通过创设拟真任务情境"为摄制组介绍分镜头方案"这种"假想的"或"规定的"交流语境，引发学生认知冲突，使习作修改成为一种真正的交流沟通行为。学生在介绍中进一步自主发现自己写得不清楚或不完整之处，进行第二次修改。

【课时安排建议】

3 课时。

第 1 课时：筛选素材并对其进行归类，借助提纲当堂完成草稿。

第 2 课时：完成习作草稿，对照习作例文和批注，第一次修改习作。

第 3 课时：根据任务情境，小组交流分镜头方案，第二次修改习作。

【持续性学习评价】

校园电视台"生活万花筒"栏目作品征集评价标准

分类	描述	评价
文稿	能恰当选材和选择文题，事件过程完整清晰，把事情发展过程中的重要内容写清楚，写出自己的真实感受	☆ ☆ ☆ ☆ ☆
	能较恰当选材和选择文题，事件过程比较完整清晰，把事情发展过程中的重要内容写得较清楚，基本上写出自己的真实感受	☆ ☆ ☆ ☆
	能较恰当选材和选择文题，有事件过程，能写出事情发展过程中的重要内容，有自己的真实感受	☆ ☆ ☆

第四阶段：写好的文章，我爱分享

【阶段学习目标】

1. 尝试运用评价工具对是否写清楚一件事做出反思与评价。能对自己和他人所写的习作作出评价。能根据情境任务和他人评价修改自己的习作。

2. 能认真誊写习作，字迹端正。

【阶段学习活动设计】

▶ 板块一：推荐作品，说明推荐理由

学生活动：为校园电视台"生活万花筒"栏目推荐作品，并说明推荐理由。

▶ 板块二：借助多种方法，第三次修改习作

学生活动：对照两篇习作例文，借助评价表，第三次修改自己的习作，关注是否有遗漏或语言跳跃等问题，争取被观众点赞。

评价要求	评价
1. 用词准确，语句连贯，让读者很容易读懂习作所表达的意思	☆ ☆ ☆ ☆ ☆
2. 尝试在习作中运用自己平时积累的语言材料（词语或句子），让读者有新鲜感	☆ ☆ ☆ ☆ ☆

设计意图：语言在习作中居于重要地位，有效表达意思和恰当运用字词也是对读者负责的表现。借助评价表，培养学生为"真实具体的读者"修改作文的意识。

▶ **板块三：认真誊写，小组分享点赞**
学生活动：

1. 认真誊写自己的习作。

2. 拍照上传，全班分享，为自己喜欢的作品点赞。

3. 校园电视台"生活万花筒"栏目播放点赞数量较多的作品。点赞数居前列的作品由摄制组拍摄成视频播放。

设计意图：在真实任务情境中，重视实用性阅读与交流的实际效果，引导学生在分享、点赞、观看和欣赏中努力做负责任的作者和读者，展示独一无二的"自我"，体现了单元主题"彩笔绘生活，写清一件事"。

【课时安排建议】

1 课时。

引导学生根据表达目的、对象、情境等标准推荐作品，并说明推荐理由，第三次修改习作。校园电视台播放作品，分享并点赞。

【持续性学习评价】

校园电视台"生活万花筒"栏目作品征集评价标准

分类	描述	评价
文稿	能恰当选材和选择文题，把事情发展过程中的重要内容写清楚，写出自己的真实感受	☆ ☆ ☆ ☆ ☆
	能较恰当选材和选择文题，把事情发展过程中的重要内容写得较清楚，基本写出自己的真实感受	☆ ☆ ☆ ☆
	能较恰当选材和选择文题，写出事情发展过程中的重要内容，有自己的真实感受	☆ ☆ ☆
作品	能根据栏目要求主动完成作品，按一定顺序写清事情，叙事要素完整，能打动观众	☆ ☆ ☆ ☆ ☆
	能根据栏目要求完成作品，按一定顺序把事情较清楚地写出来，叙事要素较完整，能吸引观众	☆ ☆ ☆ ☆
	能根据栏目要求完成作品，按一定顺序把事情较清楚地写出来	☆ ☆ ☆
参与	能积极参与"生活万花筒"作品征集活动，积极根据任务情境完成习作，并善于与人合作、交流	☆ ☆ ☆ ☆ ☆

分类	描述	评价
参与	能比较主动地参与"生活万花筒"作品征集活动，比较积极地根据任务情境完成习作，并愿意与人合作、交流	☆☆☆☆
	能根据要求参与"生活万花筒"作品征集活动，完成习作，参与小组合作、交流	☆☆☆

五、反思与讨论

（一）本单元设计特色

本单元教学活动设计不是简单的线性排列与连接，而是整体设计，形成系统结构；学习任务与目标也不是一一对应关系，而是一组学习任务共同指向一组学习目标。四次学习活动不是孤立的，而是一个整体。单元教学顺序适度调整，任务完成时间拉长，包括提前一周积累素材，"初试身手"任务前置，习作完成后在校园电视台播放、组织进一步分享交流等。活动设计彰显"任务驱动，先写后教，以写促教、多向交流"的理念。

本单元教学活动体现了以学生写作实践为中心的教学过程。"实用性阅读与交流"学习任务群强调真实写作，深度实践。写作的整个过程是在具体真实的情境中发生的真实的交流行为。"真"在交流与沟通中，"深"在活动与体验中。在近两周的学习活动中，教师始终以学习任务为导向，遵循学生学习写作的一般规律，让学生真真切切地写，实实在在地修改。因此，9课时里安排了多次记录素材、一次书面片段练习、一次口头片段练习、一次习作练习、一次修改素材、二次片段修改和三次习作修改，并根据学生学习写作的规律循序渐进地展开。每次修改都基于真实情境，学生在积累素材、调整素材、修改片段和习作的过程中，全身心积极参与。精读课文和习作例文成为学生解决自身写作困难的阅读材料。其中，关于"怎么写"的知识与学生的经历和体验有关，学生在真实写作中再次生发出新的体验，从而提升原有经验。学生从完成片段到修改片段，从完成习作初稿到为获得点赞的修改，从小组交流到被校园电视台选中，每一步都在感受和体验写作过程的丰富复杂、细微精深，体验社会性情绪、情感，这样的学习过程正是"实用性阅读与交流"所要遵循的过程。

（二）本单元设计中的困惑与反思

进行任务情境设计时，如何将本单元特定的写作知识和技能合情合理地嵌入情境中，包括写作策略、支架设计等与任务情境完全协调配套，尚需进一步在教学实践中日臻完善。

（上海市闵行区教育学院　景洪春
上海市闵行区浦江第三小学　解菊香）

读故事悟成长滋味，作批注促思维发展
——四年级上册第六单元

一、 **学习情境与学习任务**

本单元以"成长故事"为人文主题，编排了《牛和鹅》《一只窝囊的大老虎》《陀螺》三篇精读课文。本单元语文要素是"学习用批注的方法阅读"。这是小学教材第一次明确提出阅读时作批注的要求。批注是一种非常重要的阅读方法，正所谓"不动笔墨不读书"，学生学会批注，能有效提高阅读的质量，养成良好的阅读习惯。为此，我们结合学生的语文学习，创设一个真实的学习情境，在班级中发起"阅读批注漂流"活动，要求每个学生借助批注进行阅读，读故事悟成长滋味，作批注促思维发展。

经过批注的文本通过网络在伙伴间"漂流"，每个学生都能分享彼此的思考。这样的学习实现了读者与作者、读者与作品、读者与读者之间的多维"对话"。从尝试批一篇到精批三篇再到批注习作，学生通过三次学习批注的实践，逐渐习得批注的方法，加深对批注价值的认识，同时获得思维的发展与提升。

这个任务群设计可归属于"文学阅读与创意表达"学习任务群。"文学阅读与创意表达"学习任务群侧重了解文学作品的基本特点，欣赏和评价语言文字作品，表达自己独特的体验与思考，通过阅读批注感受文学形象和语言的独特魅力，获得个性化的审美体验，提升自己的文学素养和审美品位。

二、 **学习资源与学习目标**

（一）学习资源

本单元提出的语文要素中侧重阅读的有两个：一是学习用批注的方法阅读；二是通过人物的动作、语言、神态体会人物的心情。这两个语文要素有密切的联系。教师不仅要引导学生批注时关注人物的动作、语言、神态，还应该引导学生关注课文中其他表达方面的精彩，特别是关注文章用词的准确生动，句子组织的丰富多彩等。这是学生学习批注最需要被指导之处。

据观察，大部分学生阅读时批注的内容比较简单，思考问题的角度比较单一，大多数学生是从文章内容角度批注，对文章遣词造句和表达方面关注不够。因此，教师在指导学生学习批注时，要拓宽学生批注的视角，培养学生多角度思考的意识，进一步提高学生思维的发散性和深刻性。

（二）学习目标

根据单元学习情境和学习任务，制定本单元的学习目标。

1. 能通过预习、课上交流等方式，认识35个生字，读准7个多音字，会写41个字和46个词语，认识常见蔬菜的名字，积累成语等。

2. 能正确、流利、有感情地读别人的成长故事，内化课文语言，积累言语经验。

3. 学习用批注的方法阅读，借助圈点批画，从不同角度作批注，如在不理解的地方、在体会比较深的地方、在文章表达精彩的地方批注。通过阅读批注，深入体会人物心情，获得独特的阅读体验与收获，感受童年生活的烦恼与欢乐，懂得成长的深刻内涵。

4. 关注并记录自己童年生活中的成长故事。通过"阅读批注漂流"活动，交流分享自己和伙伴的成长故事，能用批注的方法互相批改习作，提高习作质量，提升语言运用能力。

5. 能通过"阅读批注漂流"活动展示和交流自己写的阅读批注，学习并点评伙伴的阅读批注，通过交流学习批注的方法，提高批注质量。

三、学习活动设计

本单元以"读故事悟成长滋味，作批注促思维发展"为主题，创设"阅读批注漂流"这一真实的学习情境，指导学生学习阅读批注。以阅读课文和习作为批注的载体，将阅读、习作与学习批注紧密而自然地结合起来，设计渐进性的学习批注实践活动。单元学习任务通过四个阶段完成。

第一阶段：首次漂流，初写批注（2课时）

单元起始课，首先通过预习识字学词、正确流利朗读课文，读懂课文内容，达成本单元学习目标1和学习目标2。接着发布"阅读批注漂流"学习任务，学生自由结成学习小组，开展"我是阅读思考者"活动，认识批注的意义和价值。然后引导学生将批注与之前学习过的关注有新鲜感的词句、质疑提问等内容联系起来，选择一篇课文，借助"阅读批注漂流"活动，进行一次阅读批注漂流，初次尝试批注，交流阅读课文的感受。

第二阶段：二次漂流，多角度批注（4课时）

本单元学习任务的挑战性体现在多角度学习批注，特别是引导学生关注文章表达方面的精彩，通过批注获得更多语言运用的启发。关于语文要素"通过人物的动作、语言、神态体会人物的心情"只是批注的一个角度，因此，要引导学生打开视野，关注文章更多方面的精彩。例如，从思想内容看，与中心关系密切的句子，富有哲理的语句，新奇的选材和组材等；从表达方式看，创意的遣词造句，精彩的描写，巧妙的选材、组材等。

在教学时，可以先从精读课文《牛和鹅》切入，了解什么是多角度批注；然后让学生以《一只窝囊的大老虎》和《陀螺》为例自主进行阅读批注，通过人物的语言、动作、神态体会人物情感；最后再借助"阅读批注漂流"活动进行二次阅读批注漂流，通过交流分享，修改完善自己的阅读批注。这样学生就能在阅读批注的实践中加深对批注方法的认识，提高批注质量。

第三阶段：三次漂流，习作批注（2课时）

习作时要求学生将在本单元学习到的人物描写方法或课文中的其他表达方法运用到自己的习作中，记录自己在某一刻成长的过程，将故事的细节写得更具体，将故事的语言表达得更生动，从而获得成长的感悟。

学生习作后，将自己的习作进行第三次漂流，要求学习伙伴运用本单元学习的批注方法至少作一处批注，发现伙伴习作中的长处，指出不足之处，最好给出修改建议。

第四阶段："阅读批注漂流"展示与交流（召开"阅读批注漂流"主题班会）（1课时）

以小组为单位推荐本次"阅读批注漂流"主题活动的优秀作品，可以通过漂流方式在全班进行展示与交流，使学生在阅读他人的成长故事和展示自己的成长故事中品尝成长的滋味，并且学习分享同伴高质量的阅读批注，获得思维的发展与提升。还可以交流本单元学习批注的收获体会，如谈自己总结的批注方法，列举自己或伙伴精彩的批注并进行评价，谈谈以后如何运用批注方法阅读等，并用自己喜欢的形式呈现单元学习收获。

四、各阶段学习目标和学习活动设计

第一阶段：首次漂流，初写批注

【阶段学习目标】

1. 能通过预习、自主交流等方式，认识本单元的生字新词，积累语文园地"日积月累"中的内容，认识常见的蔬菜名字，激发乐于积累的兴趣。

2. 能初读整单元学习内容，了解课文的主要内容，把握单元学习主题，发布"阅读批注漂流"学习任务。（重点）

3. 能借助单元内容整体了解批注，完成一次"阅读批注漂流"中的初步批注。（难点）

【阶段学习活动设计】

▶ 板块一：感知主题，初步读懂文本

▶ 学生活动：

1. 读单元导语页，了解"成长的滋味"这一话题。

2. 课前结合"预习单"自主预习。

"成长故事"预习单

一、在单元写字表中选择你认为较难的3~5个生字，规范、端正、整洁地书写在下面的田字格中。

二、选择你最想和同学们分享的三个词语，把意思写在下面的横线上。

我能通过多种方法来理解本单元的词语。

（1）词语_____，意思是：_____。

（2）词语_____，意思是：_____。

（3）词语_____，意思是：_____。

三、读一读单元内的三篇课文，提出你不理解的问题。

_____

_____

3. 交流预习成果，自主识字。

4. 全班交流，识记新字、新词，练习容易写错的字。

5. 认读语文园地中"识字加油站"，理解和积累"日积月累"中的内容，适当补充在单元学习任务单上。

设计意图：结合单元内容，创设学生感兴趣的学习活动，在任务的整体设计中激发学生学习、参与的热情，感受学习的价值和意义。借助学生的已有能力，鼓励他们运用以前学过的方法进行自主识字，正确流利地朗读课文，了解课文内容，提出不懂的问题，充分发挥其主观能动性。

▶ **板块二：首次漂流，初写批注**

学生活动：

1. 根据老师发布的"阅读批注漂流"学习任务，自愿结合学习小组（建议6~8人一组）。

2. 初识"批注"，认识批注的意义和价值。图片展示第二单元带有问题批注的课文和第五单元写有批注的习作例文。

3. 交流并归纳可以批注的内容，如有新鲜感的词句，感受深刻的词语和句子，不懂的问题等，这些都是批注的内容。

4. 思考哪些内容还可以作批注。

5. 积极参加"我是阅读思考者"活动，进行一次"阅读批注漂流"，交流初读批注。

选择一篇课文（如《牛和鹅》），把打印好的课文纸（两边留空白）装入小组"阅读批注漂流瓶"中，将自己初读课文的感受批注在课文纸上，互相传阅。

6. 学习交流：你从别人的批注中获得了哪些启发？

设计意图：学生第一次学习"批注"的概念，但并不是第一次遇见这种形式。之前教材中的"习作例文"及本册教材第二单元和第五单元都出现过批注。借助以往阅读经验，组织一次"阅读批注漂流"活动，指导学生初步练习批注，相互交流，获得对批注的初步认识。教师根据学生初步批注的结果，了解学情。

▶ **板块三：积累拓展，我会使用**

学生活动：

1. 读通读顺6个8字成语，交流成语的意思。

2. 通过成语在语境中的运用，加深对成语的理解，助力积累和内化。

3. 开展"成语屋"小游戏，迁移运用成语。

▶ **板块四：作业与拓展学习设计**

学生活动：

结合小组初批的内容，进一步完善整理小组的"阅读批注漂流瓶"的批注内容。

设计意图：本次作业既是对课上学习的拓展和延伸，又在明确单元任务后为学生提供实践平台，同时还为下一阶段指导做准备。

【**课时安排建议**】

2 课时。

第 1 课时：明确单元学习任务，整体感知单元内容，初读文章，课下继续完成预习单。

第 2 课时：交流预习单，小组进行"阅读批注漂流"活动，完成三篇课文的初次批注，学习生字新词等。

───────────────── 第二阶段：二次漂流，多角度批注 ─

【**阶段学习目标**】

1. 能借助批注阅读，学习作批注的角度与方法。学习在不理解的地方作批注，在体会较深的地方作批注，完成二次"阅读批注漂流"中的精读批注，习得批注的角度与方法。（重点、难点）

2. 能通过人物的动作、语言、神态品味重点语句，如体会"我"见到鹅和被袭击时的心情，感受"我"的心情变化过程，探究陀螺使"我"至今难忘的原因，感悟"人不可貌相，海水不可斗量"的内涵。（重点、难点）

3. 能结合"交流平台"，梳理总结批注的方法和意义。

4. 能结合小练笔书写自己的故事，体会用动作表现人物心情的写作方法。

【**阶段学习活动设计**】

▶ **板块一：精读课文《牛和鹅》，了解批注的角度与方法**

学生活动：

1. 结合初次批注及课文中给出的 5 处批注内容，梳理批注的角度。

2. 梳理归纳：从思想内容看，与中心关系密切的句子，富有哲理的语句，新奇的素材等；从表达方式看，精彩的描写，创意的表达，巧妙的选材、组材等。这些都可以是批注的内容。

3. 聚焦有价值的批注，体会"我"见到鹅和被鹅袭击时的心情。

4. 交流总结批注的角度与方法，师生共同初步制定关于批注角度的评价标准。

评价水平	批注角度的评价标准	评价	师评	自评
关联水平	能从阅读的疑问、内容的体会、写法的点评、获得的启示等多个角度作批注	☆☆☆		

评价水平	批注角度的评价标准	评价	师评	自评
多元水平	能从阅读的疑问、内容的体会、写法的点评、获得的启示等角度中选择两个角度作批注	☆☆		
基础水平	能从阅读的疑问、内容的体会、写法的点评、获得的启示等角度中选择一个角度作批注	☆		

5. 感悟写法，拓展延伸。重点阅读《牛和鹅》中"我"见到鹅和被鹅袭击的段落，学生批注后交流，体会通过动作表现人物心情的写作方法。结合"语文园地"中的"词句段运用"，选择一个词语（害怕、生气、快乐、自豪、着急和伤心）仿照例句，练习仿写。

设计意图：这是本单元的开篇，引导学生梳理批注的角度，鼓励学生多角度思考问题，并尝试借助批注阅读，初步形成关于批注角度的评价量规。在学生交流多角度、多元批注的基础上，重点聚焦有价值的批注，通过对人物语言、动作、神态的描写，体会人物心情。与"语文园地"中的"词句段运用"的内容相结合，运用动作描写来表现人物的心情，为习作做好铺垫。

▶ **板块二：精读课文《一只窝囊的大老虎》，学习在不理解的地方作批注**
学生活动：

1. 默读课文，运用上节课学习的批注阅读方法进行多角度自主阅读批注。
2. 小组交流，分类梳理"批注"，交流批注内容。
3. 小组聚焦"在不理解的地方作批注"，尝试解决不理解的内容。分别记录已经讨论解决的批注和还没有解决的批注。
4. 借助批注阅读，理解"我"的心情变化以及变化的原因，试着填写课后练习2的表格。
（1）有目的地阅读精彩段落，在体现心情变化或有意思的语句旁作批注。
（2）自主完成批注后，小组讨论，互相点评。
（3）讨论结束后，补充自己的批注。
5. 根据课上学习的内容，师生共同制定关于批注内容的评价标准。

评价水平	评价内容的评价标准	评价	师评	自评
关联水平	能关联人物的语言、动作、神态描写中的多个信息点，整合想法，作出批注	☆☆☆		
多元水平	能抓住人物的语言、动作、神态描写中的两个信息点，并进行联系，作出批注	☆☆		
基础水平	只针对人物的语言、动作、神态描写中的单一信息点作出批注	☆		

6. 课外拓展，联系自己的生活经验，交流童年的趣事。

设计意图：在了解了批注的角度后，引导学生打开视野，将上一节课所学的批注方法进行有效迁移运用。在学生交流批注心得的基础上，重点关注在不理解的地方作批注，分类梳理，尝试在阅读中借助批注发现问题、提出问题并解决问题，实现深入思考，发展思维，并继续丰富评价量规。同时，通过批注和量规，引导学生综合运用多种方法来写人物，实现阅读与习作的贯通。

▶ **板块三：精读课文《陀螺》，学习在感受深的地方作批注**

学生活动：

1. 从课题入手，整体感知课文内容。

2. 边阅读、边思考、边批注：为什么陀螺让"我"至今难以忘怀？引导学生运用课上学习的批注阅读方法，围绕问题进行多角度批注（内容的体会，精彩的描写，创意的表达，巧妙的选材，获得的启示……），在感受深刻的地方作批注。

3. 小组汇报，交流批注。根据课上学习的内容，结合"语文园地"中的"交流平台"，师生共同梳理完善关于批注的评价标准。

评价水平	评价标准	评价	师评	自评
关联水平	能关联人物的语言、动作、神态描写中的多个信息点，形成整体认识，作出批注，批注角度（阅读的疑问、内容的体会、写法的点评、获得的启示等）丰富且适切，语言明白、清晰	☆☆☆		
多元水平	能联系人物的语言、动作、神态描写中的两个信息点作出批注，批注角度（阅读的疑问、内容的体会、写法的点评、获得的启示等）较丰富，语言流畅	☆☆		
基础水平	能对人物的语言、动作、神态描写中的单一信息点作出批注，批注角度（阅读的疑问、内容的体会、写法的点评、获得的启示等）单一，语言通顺	☆		

4. 依据评价标准，抓住人物的语言、动作、神态等体会人物的心情，将散点式批注建立关联，再次批注，整合批注内容，形成人物"心情变化曲线图"。

5. 由"事"及"理"延伸批注，体会"人不可貌相，海水不可斗量"的内涵，获得成长的启示。

设计意图：这是本单元的最后一篇课文。引导学生综合运用之前的阅读经验，形成最终的综合性评价量规，并依据量规和阅读实践，将阅读中的散点式批注进行关联整合，逐步形成多角度、关联式批注，深入理解课文内容，感知课文的构段特点。

▶ **板块四：作业与拓展学习设计**

学生活动：

二次"阅读批注漂流"，用不同颜色的笔再次对三篇课文进行批注，然后进行漂流分享。

设计意图：本次作业是对课上学习批注方法的迁移运用，通过"阅读批注漂流"中学生对三篇课文的复批，逐渐丰富评价标准，引导学生进一步巩固。在课堂上所学的有关批注的方法。通过漂流的形式，促进学生相互学习，激发学生的学习兴趣，拓展学生的阅读思维。

【课时安排建议】

4课时。

第1课时：教师指导《牛和鹅》，深入理解批注的角度与方法，制定有关批注角度的评价标准。

第2课时：学生合作学习《一只窝囊的大老虎》，学习在不理解的地方作批注，继续制定有关批注内容的评价标准。

第3课时：学生自主实践《陀螺》，学习在体会较深的地方作批注，结合"交流平台"进一步修改完善批注的评价标准，依据评价标准完善批注内容。

第4课时：学生回顾三篇课文的学习经历，完成二次批注的分享与交流。

第三阶段：三次漂流，习作批注

【阶段学习目标】

1. 能运用通过人物的动作、语言、神态表现人物心情变化的方法完成习作。（重点）

2. 能结合本单元的批注阅读方法，依据评价标准，自主修改习作。

3. 能将习作在小组间互相传阅，关注人物的语言、动作、神态等描写，通过批注的形式表达意见，在小组中进行评价与分享。（重点、难点）

4. 能根据小组修改建议再次完善习作。

【阶段学习活动设计】

▶ 板块一：习作"我长大了"

学生活动：

1. 巧选细节，精准定标。

自己阅读书中的习作要求，圈出关键信息，师生共同讨论习作评价标准。

习作要求：

（1）回忆自己成长的历程，想一想，在自己的成长过程中有没有一件事给你留下深刻的印象，让你明白了许多，有长大了的感受。

（2）写一写成长过程中印象最深的事情，把事情的过程写清楚，通过人物的动作、语言、神态等表达人物当时的心情。

（3）题目自拟。

2. 回忆经历，共话"成长"。

想一想哪些事情让你觉得自己"长大了"。选取印象最深刻、最有感触的一件事，再想想在这件事中你有什么收获或明白了什么道理。

3. 说清事件，记录"成长"。

回顾整个事件的经过，按照事情发生的先后顺序整体构思。

4. 巧妙引领，写清重点。

确定事件中的重点部分，学习课文写法，通过人物的动作、语言、神态来表现人物在故事中的心情变化，把故事写清楚、写具体，表达成长中的快乐。

5. 依据习作评价标准，评价和交流习作。

习作评价标准

评价内容	☆☆☆	☆☆	☆
能按照事情的起因、经过、结果写一件印象深刻的事			
能写出故事中人物的动作、语言、神态等，表达人物当时的心情			
能通过故事表达成长的感受			

▶ **板块二：三次"漂流"，迁移运用**

学生活动：

1. 对照习作评价标准，结合课内习得的方法，先自主修改习作，让过程更加清楚、具体。

2. 开展"习作漂流"活动，明确评改要求：学习他人运用本单元学习的批注方法，对他人的习作至少作两处批注，每处批注至少有两个角度，发现他人习作中的长处，指出不足之处，互相提出修改建议。

3. 依据同学的建议再次修改、完善自己的习作。

设计意图："习作漂流"环节运用本单元学习的批注方法去评价自己和他人的习作，评价要求明确了学生批注的数量和角度，进一步巩固提升学生运用批注的方法进行阅读的能力。在真实的情境中评价，既关注了学生语言的积累、阅读方法的提升，也关注了积累后的内化与运用，真正借助批注实现了阅读与习作的整体架构。

▶ **板块三：作业与拓展学习设计**

学生活动：

1. 继续完成习作的开头与结尾部分。

2. 根据小组内他人对自己习作的批注与修改建议，进一步修改完善、誊抄习作，为自己的习作配上照片，或者绘制插图。

设计意图：以读促写，调动学生在本单元学到的阅读经验，助力学生习作。通过对人物语言、动作、神态的描写，表现人物心情，记录自己成长过程中的一件印象深刻的事，将故事的细节写得更生动、更具体，写清楚自己对成长的感悟。

【课时安排建议】

2 课时。

第 1 课时：习作指导，课上完成习作的重点段落，课下继续完成习作。

第 2 课时：依据评价标准自主修改习作。之后进行"习作漂流"，用批注的形式进行真实情境下的评价活动，根据同学们的建议二次修改习作。

【阶段学习目标】

召开"阅读批注漂流"展示与交流主题班会，能相互学习批注的方法，分享批注感受，获得成长的感悟。（重点、难点）

【阶段学习活动设计】

▶ **板块一：召开"阅读批注漂流"展示与交流主题班会**

学生活动：

1. 单元回顾，梳理批注的角度与方法。

2. 小组交流，选出组内优秀的批注文本。

3. 小组代表向全班展示优秀的批注文本，全班交流阅读心得。

4. 学生畅谈本单元学习收获，从形成的认识、学习的方法、独特的感悟等方面进行分类整理，可以通过思维图、知识树等方式呈现自己的单元学习收获。

5. 将批注阅读方法介绍给他人。

设计意图：召开"阅读批注漂流"展示与交流主题班会，互相展示交流"阅读批注漂流瓶"，选出优秀的批注文本进行全班交流展示，让学生看到更多更高质量的批注文本，从而开阔眼界，提高学习效率。这是本单元学习任务的"收口"。教学活动不是终点，而是新的起点。本单元的学习任务设计旨在激发学生对阅读的热爱，对批注这一评价工具的使用形成深刻体悟，并乐于运用在今后的阅读过程中，为自主阅读打下基础。同时，通过对单元整体的反思与梳理，帮助学生形成结构化的认识和理解，发展学生的思维能力。

▶ **板块二：作业与拓展学习设计**

学生活动：

1. 根据建议进一步修改完善"阅读漂流瓶"，然后在班级图书角展示。

2. 继续完成自己的单元收获。

【课时安排建议】

1 课时。

召开"阅读批注漂流"展示与交流活动，小组展示"阅读漂流瓶"，学生畅谈感受，梳理收获。课下参观班级的展览，并交流感受。

五、 反思与讨论

（一）读故事悟成长滋味

围绕"成长滋味"的话题展开本单元的学习，学生在"三次阅读漂流"学习活动中，借助批注进行阅读，逐渐提升阅读能力，丰富对"成长"的认知。由读他人的成长故事，到写自己的成长故事，将阅读要素与习作要求相结合，以读促写，全面提升学生的语文素养。

（二）作批注促思维发展

基于三篇精读课文的文本特点，围绕"借助批注阅读"这一语文要素，设计有层次、有梯度的学习活动，从了解批注角度，到在不理解的地方、感受深刻的地方作批注。语言是思维的外衣，借助阅读批注，提升学生思维的广度和深度，培养学生多角度看问题和前后关联思考的意识与能力。

（三）活动中实现"教—学—评"一致性

在制作"阅读批注漂流瓶"活动中，学生写下初读成长故事的感受，教师可以借此了解学生的学习起点。课后继续补充对文章的感悟，与同伴分享自己的阅读批注，实现课堂学习的拓展和延伸。将学生的单元习作进行"阅读批注漂流"，并鼓励学生用"批注"的方法互相评价，从而达到在真实情境中检测学习效果的目的。以发展学生的语文素养为核心，以评价标准的不断完善为抓手，三次阅读漂流，三次批注分享，三次学习互改，实现了"教—学—评"一致性。

（北京石油学院附属小学　侯杰颖　向昆）

奇思妙想创意多，解说分享探奥秘
——四年级下册第二单元

一、 学习情境与学习任务

本单元围绕"自然科技"这一人文主题，编排了四篇科普作品。单元语文要素是"阅读时能提出不懂的问题，并试着解决"，习作要求是"展开奇思妙想，写一写自己想发明的东西"。教学这一单元时，依托学校召开的"奇思妙想"科技节活动这一真实情境，确定单元学习主题"奇思妙想创意多，解说分享探奥秘"，并结合学生生活提出具有挑战性的学习任务——自己设计一件创意物品（可以图文结合，可以用文字写，也可以制作实物），在科技节上介绍。从本单元学生完成的学习任务分析，本单元可归属于"跨学科学习"学习任务群。学生在完成学习任务的过程中，打破学科界限，连接课堂内外、学校内外，综合运用多学科知识，激发学习兴趣，提高实践创新能力和综合素养。

二、 学习资源与学习目标

（一）学习资源

本单元编排了三篇精读课文《琥珀》《飞向蓝天的恐龙》《纳米技术就在我们身边》，一篇略读课文《千年梦圆在今朝》，还安排了一次口语交际活动"说新闻"。单元习作要求学生以《我的奇思妙想》为题写自己想发明的一件东西，写清楚它的样子和功能。"快乐读书吧"要求学生读国内外科普作品，用课上学到的方法理解科技术语，并查阅书中与科学问题相关的最新研究成果。为了帮助学生打开设计创意物品的思路，教师除了要引导学生完成"快乐读书吧"的阅读任务外，还推荐法布尔《动物的故事》等各类科普作品。通过补充、整合单元学习资源，学生可以通过阅读、习作、口语交际及整本书阅读交流分享，充分打开思路，设计创意物品，并迁移运用，从而更好地完成单元学习任务。

本单元语文要素提出的"阅读时能提出不懂的问题，并试着解决""展开奇思妙想，写一写自己想发明的东西"，既有新的学习要求，也有对已知阅读和习作方法的梳理与综合。我们将单元学习任务分解成三个方面：一是阅读课文和推荐的科普作品，结合课后练习的提示，提出问题并尝试解决问题，在此基础上寻找创意灵感，让自己"脑洞打开"，初步确定想设计的创意物品；二是通过组织分享、交流碰撞等，确定或修改想设计的创意物品；三是通过深入阅读课文和课外读物，尝试将阅读中所获得的写作方法迁移运用到自己的写作实践中，并同步修改完善自己设计的创意物品，最终完成解说词撰写。

（二）学习目标

根据单元学习情境和学习任务，制定本单元的学习目标。

1. 在语境中正确认读 55 个生字，读准 2 个多音字，会写 45 个生字和 45 个词语。理解一些词语的新含义，并能积累一些具有新含义的词语。能根据单元学习任务和阅读科普作品的经验初步制定学习评价标准，并通过质疑解疑、交流讨论等方式，结合课文、"快乐读书吧"和习作要求，与老师一起完善、补充评价标准，根据评价标准完成学习任务。

2. 能在阅读中提出问题，并尝试解决问题。能拓宽思路，展开奇思妙想，构思、完成并修改想设计的创意物品。能通过比较、辨析等方法体会科普作品语言表达的准确、严谨。

3. 能根据完成任务的需要，结合选材、表达方面的评价标准，选取课内外习得的表达方法，写清楚创意物品的解说词。

4. 能清楚、连贯地介绍自己设计的创意物品，在科技节活动中展示。能根据他人的建议修改解说词。能认真倾听他人介绍创意物品，积极发表自己的观点。

三、学习活动设计

第一阶段：明确学习任务。在课上发布学习任务——自己设计一件创意物品，在科技节上介绍。学生借助预习单自学字词，了解课文大体内容。了解本单元学习任务，明确完成任务的基本步骤。初步讨论制定评价标准。结合课文学习如何打开思路，获得"我的奇思妙想"的设计灵感，初步确定自己想设计的创意物品。

第二阶段：设计创意物品。拓展阅读科普书籍，在广泛阅读中寻找设计灵感，通过伙伴交流，确定自己要设计的创意物品。根据评价标准修改自己的设计。

第三阶段：撰写解说词。深入学习课文和课外读物，从阅读中获得介绍创意物品的表达方法。一边修改自己的创意物品，一边围绕评价标准，运用课文中习得的方法完成创意物品解说词的撰写。选一则与自己设计的创意物品相关领域的新闻，和同学交流，并发表自己的观点。

第四阶段：交流展示。综合课内外阅读及表达中获得的语言经验，结合评价标准，修改创意物品解说词，并进行小组交流。组内学生围绕评价标准，推选代表分别在班级、校级活动中展示。学生参加科技节活动，交流感受，评选"奇思妙想奖"。

学习任务依托校园生活真实情境，借助教材、整本书阅读和口语交际活动，层层推进，达成目标，助力学生思辨性阅读与表达能力的提升。

四个阶段大致需要 10 课时来完成。

【阶段学习目标】

1. 了解单元学习任务和完成任务的基本流程，初步形成参加科技节活动的评价标准，产生参与活动的兴趣，积累解决问题的经验。

2. 能结合预习单，自学本单元生字新词，了解课文大意，初步提出阅读中不懂的问题。

3. 能根据选材标准，结合课文学习，打开思路，初步确定自己想设计的创意物品，并乐于与同学交流分享。

【阶段学习活动设计】

▶ **板块一：知晓任务，生发参与热情**

学生活动：

1. 参加学校"奇思妙想"科技节开幕式，明确单元学习任务。

2. 思考和讨论完成任务的方法。例如，你对哪些事物比较感兴趣？对创意物品的设计有什么初步打算？打算读哪本科普作品？打算怎样撰写解说词？哪些环节需要老师和同学帮助？等等。归纳这个单元要评价的三个方面：解说词、创意物品、参与，并围绕"创意物品"和"参与"形成初步的评价标准。

3. 读懂课文的学习目标，从课文中打开思路，提出创意物品的设计思路。

设计意图：科技节应打破小众化局面，成为人人都能参与的活动。在第一阶段就让学生明确任务，了解评价标准，发挥评价导向功能。

▶ **板块二：自学生字新词，梳理课文脉络，初步构思自己的创意物品。**

学生活动：

1. 课前结合预习单，自主预习《琥珀》《飞向蓝天的恐龙》。

2. 交流预习单完成情况。

《琥珀》预习单

1. 正确朗读课文，圈出加点字的正确读音。

拂拭（shì　sì）　　　　　挣扎（zhēn　zhēng）

澎湃（bài　pài）　　　　　情形（qín　qíng）

2. 根据课文内容，完成填空。

这块琥珀是怎样形成的呢？带着这个问题读课文，我找到了它形成的条件，也读懂了课文。

（1）＿＿＿＿松脂渗出　　　（2）松脂滴落＿＿＿＿

（3）重重包裹＿＿＿＿　　　（4）＿＿＿＿形成化石

3. 在《琥珀》一课中，课文为什么说"从那块琥珀，我们可以推测发生在几万年前的故事的详细情形"？

（1）查阅工具书，我知道了"推测"的意思是 _____。

（2）联系琥珀形成的过程，填写下面示意图。

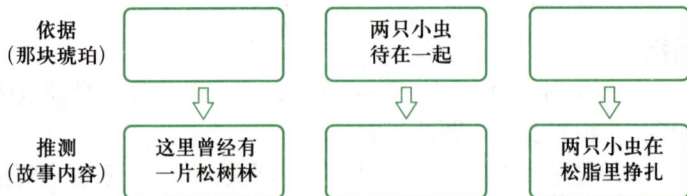

依据 （那块琥珀）	[　　]	两只小虫 待在一起	[　　]
推测 （故事内容）	这里曾经有 一片松树林	[　　]	两只小虫在 松脂里挣扎

《飞向蓝天的恐龙》预习单

1. 抄写下列词语，每个抄 2 遍。

迟钝 描绘 隧道 膨大 敏捷 躲避 崭新 揭示

2. 阅读《飞向蓝天的恐龙》，根据课文内容完成示意图，并说说恐龙是怎样演化成鸟类飞向蓝天的。

---

3. 交流：在预习本单元四篇课文的过程中，你生发了哪些奇思妙想？获得了哪些设计灵感？对撰写解说词有哪些初步打算？

4. 初步确定想设计的创意物品。

设计意图：以检查字音和抄写词语等方式检查预习，不放松字词学习。将两篇精读课文整合在一起，以图文结合的方式梳理信息，为后续的比较阅读做铺垫。四篇课文作为学习资源，为学生的"奇思妙想"拓宽视野，激活学生的设计灵感。

▶ **板块三：交流奇思妙想，草拟习作思维导图**

学生活动：

1. 交流生活中遇到的困难、问题或烦恼，思考发明什么物品来解决问题。例如，预防眼睛近视，可以发明一款保护眼睛的眼镜；去河对面不仅绕路还堵车，可以发明一双能在水上行走的鞋。

2. 画一画创意物品的设计草图，与同伴交流。

设计草图	样子	功能
画一画:		
	......	......

3. 用加一加、减一减、变一变、多元组合等方式设计创意物品。
4. 与老师交流科学前沿的一些发明，拓宽设计思路，如无人驾驶技术、智能家居等。
5. 模仿教材样例，修改习作思维导图初稿。
6. 初步讨论得出习作选材标准。

习作评价标准

类别	描述	评价
	设计的物品神奇、巧妙、有创意	☆☆☆☆☆
选材	设计的物品有一定的创意	☆☆☆☆
	设计的物品创意较少	☆☆☆

7. 交流课文《纳米技术就在我们身边》中纳米技术在多个领域的运用，进一步理解选材标准。

设计意图：在本次习作的选材上，学生可能不敢打破常规，设计的物品缺少创意。因此，教师借助课文和教材中的例子引导，与学生交流碰撞，给予学生展开想象的方法指导，让学生"脑洞大开"。

【课时安排建议】

3 课时。

【持续性学习评价】

"奇思妙想"科技节展示阶段评价标准

类别	描述	评价
创意物品	有自己的奇思妙想，并借助实物或绘画向他人展示成果	☆☆☆☆☆
	有自己的想法，并借助实物或绘画向他人展示成果	☆☆☆☆
	有一定的想法，不能完全把想法向他人展示	☆☆☆
参与	积极、全程参与科技节活动，主动提出不懂的问题，并尝试解决问题	☆☆☆☆☆
	参与科技节活动，提出不懂的问题，并尝试解决问题。	☆☆☆☆
	不能全程参与科技节活动，能提出不懂的问题	☆☆☆

【阶段学习目标】

1. 能借助问题清单，尝试提出不懂的问题，并试着解决，在小组内交流。

2. 能主动阅读课外科普读物，并以现实中的物品、景物或人物等为基础，展开大胆想象，寻找创意物品的设计灵感，激活创造潜能。

3. 能根据老师和同学的建议，修改并确定自己想设计的创意物品。

【阶段学习活动设计】

▶ **板块一：借助问题清单，尝试提问**

学生活动：

1. 默读课文《纳米技术就在我们身边》，从下列科技术语中选择一个制作资料卡，了解更多知识。

纳米涂层　　　　碳纳米管　　　　纳米吸波材料

纳米检测技术　　纳米机器人　　　纳米缓释技术

资料卡		
科技术语	我的了解	资料来源（打"√"）
		A. 询问家长　　　B. 联系上下文 C. 上网查询　　　D. 咨询专业人员 E. 查阅专业书籍　F. 和同学交流 G. 其他＿＿＿＿＿＿＿＿＿＿＿＿

2. 默读课文《千年梦圆在今朝》，完成示意图，并说说中华民族千年的飞天梦是怎样逐步实现的。

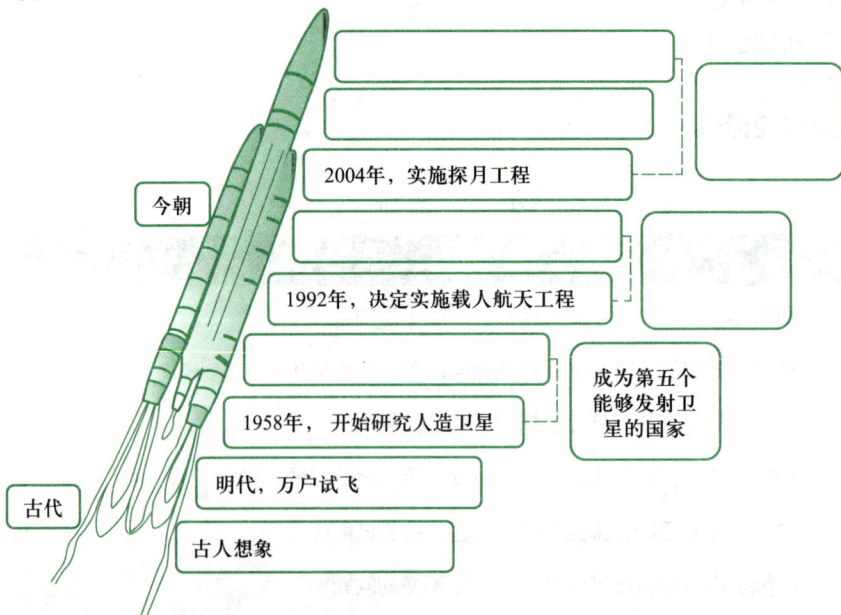

今朝

2004年，实施探月工程

1992年，决定实施载人航天工程

成为第五个能够发射卫星的国家

1958年，开始研究人造卫星

明代，万户试飞

古代

古人想象

3. 完成示意图后，你有什么新的问题吗？请在小组里提出问题，并尝试解决。

我的问题：＿＿＿＿＿＿＿＿＿＿＿＿＿＿＿＿＿＿＿＿＿＿＿＿＿＿＿＿＿

解决方法（打"√"）

A. 请教他人   B. 联系上下文   C. 上网查询   D. 查阅书籍   E. 其他

我的解答：＿＿＿＿＿＿＿＿＿＿＿＿＿＿＿＿＿＿＿＿＿＿＿＿＿＿＿＿＿

＿＿＿＿＿＿＿＿＿＿＿＿＿＿＿＿＿＿＿＿＿＿＿＿＿＿＿＿＿＿＿＿＿＿＿

设计意图：批判性思维能力的培养既是课程标准的要求，也是学生认知发展的需要。思辨性阅读重在培养学生以多维视角看问题，论证问题，解决问题，使学生能在交流时提出自己的观点。

▶ **板块二：制定整本书阅读活动评价标准，阅读交流，获取创意物品的设计灵感**

学生活动：

1. 初步讨论，得出科普作品阅读评价标准。

科普作品阅读评价标准

类别	描述	评价
获取灵感	能从书中的内容打开思路，获取丰富的创意灵感	☆☆☆☆☆
	基本能从书中的内容打开思路，获取一定的灵感	☆☆☆☆
	不能从书中的内容打开思路，获取灵感	☆☆☆
探究问题	能对书中谈到的问题，借助工具书、网络等多种媒介查阅新的研究成果，与同学分享	☆☆☆☆☆
	基本能对书中谈到的问题，借助工具书、网络等多种媒介查阅新的研究成果，与同学分享	☆☆☆☆
	不能对书中谈到的问题借助工具书、网络等多种媒介查阅新的研究成果，与同学分享	☆☆☆

2. 在小组内交流自己读过的最喜欢的科普作品，从中获取创意作品设计灵感。

3. 利用社区或家长资源，向班级同学推荐优秀的现代科普作品。

4. 小组内交流自己读过的最喜欢的科普作品，为设计创意物品进一步打开思路。

5. 拟订阅读计划，在科技节期间完成至少一本科普作品阅读。

设计意图：在各种推荐书目中，科普作品较少，容易造成"儿童阅读就是儿童文学阅读"的错觉。除了教材推荐的传统科普读物外，还有很多优秀的现代科普读物，也应推荐给学生。同时，阅读科普读物的过程也是寻找灵感的过程。将写作选材活动和整本书阅读活动前移至活动筹备阶段，始终围绕创意物品解说词撰写任务的完成，进阶式推进。

▶ **板块三：伙伴交流，确定自己准备设计的创意物品，并根据同伴建议，修改自己的设计。**

学生活动：

1. 分别在小组、班级介绍自己准备设计的创意物品，相互提出建议。

2. 根据同伴建议，修改自己的创意设计。

设计意图：在本单元的任务中，设计创意物品是基础和前提，需要给予学生充分的时间和空间构思、讨论、修改和打磨，否则后面的任务难以顺利进行。

【课时安排建议】

3课时。

【持续性学习评价】

"奇思妙想"科技节展示阶段评价标准

类别	描述	评价
文稿	能把自己想发明的物品的样子、功能介绍清楚，语句通顺，使读者感到新奇、有趣	☆☆☆☆☆
	基本能把自己想发明的物品的样子、功能介绍清楚，语句比较通顺，使读者感到比较新奇、有趣	☆☆☆☆
	不能完全把自己想发明的物品的样子、功能介绍清楚，语句不够通顺，使读者感受不到新奇、有趣	☆☆☆
创意物品	有自己的奇思妙想，并借助实物或设计等向他人展示成果	☆☆☆☆☆
	有自己的想法，并借助实物或设计等向他人展示成果	☆☆☆☆
	有一定的想法，不能完全把想法向他人展示	☆☆☆
参与	能积极参与科技节活动，敢于提出自己的观点，主动提出不懂的问题，并尝试解决问题	☆☆☆☆☆
	基本能参与科技节活动，提出自己的观点和不懂的问题，并尝试解决问题	☆☆☆☆
	不能全程参与科技节活动，基本没有自己的观点，能提出不懂的问题	☆☆☆

── 第三阶段：撰写解说词 ────

【阶段学习目标】

1. 能借助资料，运用列举的写法介绍纳米技术新奇的特性，习得表达经验。

2. 能结合选材、表达方面的评价标准，运用习得的方法完成"我的奇思妙想"解说词初稿。

3. 能与同学交流课内外科普文阅读的感受和建议，并根据同学建议，整体修改习作。

4. 选一则与自己设计的创意物品相关的新闻，与同学交流，并发表自己的观点。

【阶段学习活动设计】

▶ **板块一：对比学习《琥珀》《飞向蓝天的恐龙》，习得表达经验。**

学生活动：

1. 品读第5课《琥珀》第3、4自然段，讨论作者为什么要把小苍蝇的活动写得那么细致，体会语言的生动、形象。

2. 第5课《琥珀》"阅读链接"中的表达与课文相关语段的表达有什么不同？

3. 默读第6课《飞向蓝天的恐龙》第4自然段，梳理表达顺序。

4. 角色体验，如果你是恐龙博物馆的解说员，向游客介绍时哪些内容和词句不能遗漏？哪些可以简单带过？"另一种说法"是否需要介绍，为什么？

5. 讨论："我的奇思妙想"解说词打算用哪种表达方式完成？为什么？

设计意图：在小学语文教材中占比较多的科普作品为科普童话、科学小品文和科学说明文。《琥珀》和《飞向蓝天的恐龙》分别属于科学小品文和科学说明文。文学性和科学性是科学小品文的特征。科学说明文的条理性和结构美是学生学习科学知识、发展思维的范本。《琥珀》采用生动的讲故事的形式，将合理推测与故事讲述巧妙结合。《飞向蓝天的恐龙》的语言表达准确严谨，"大约""达""则""逐渐""可能"等词句，将恐龙飞向蓝天的演化过程清晰严谨地表达出来。两篇文章的对比阅读，可以为学生撰写解说词积累语言经验。

▶ **板块二：学习《纳米技术就在我们身边》，区分事实与观点的不同。**

学生活动：

1. 用不同符号圈画出《纳米技术就在我们身边》一文的事实与观点。

2. 交流：事实一般指科学概念、数字、日期、历史事件等，如《纳米技术就在我们身边》中的科技术语是事实，最后一段是观点。

3. 与同学交流解说词，运用有效的证据和知识支撑自己的观点。

设计意图：事实是可以被反复证明的东西，观点是一个人的感受或想法。本设计旨在引导学生通过比较，区分事实与观点，学习积累理性思辨的经验与方法。

▶ **板块三：梳理习作评价标准，完成创意作品解说词初稿**

学生活动：

1. 结合课文，讨论、梳理出本单元习作完整的评价标准。

类别	描述	评价
文稿	能把自己发明的物品的样子、功能介绍清楚，语句通顺，使读者感到新奇、有趣	☆☆☆☆☆
	基本能把自己想发明的物品的样子、功能介绍清楚，语句比较通顺，使读者感到比较新奇、有趣	☆☆☆☆
	不能把自己想发明的物品的样子、功能介绍清楚，语句不够通顺，读者感受不到新奇、有趣	☆☆☆

2. 选择并借鉴本单元课文的表达方式，完成创意作品解说词初稿。

设计意图：对未来事物的想象是人类进步的基石。"我的奇思妙想"就是对未来事物的想象，需要以现实中的物品、景物、人物等为基础去深入思考。

▶ **板块四：学习第7课的段式结构，完成仿写练习。**

学生活动：

1. 默读课文，圈画每一段的中心句，加深对全文结构特点的理解。（教师重点强调第3、4自然段结构清晰的特点。）

2. 自由朗读，增加对纳米技术的了解。

总有一天，你会发现，你的生活和周围的世界会与一个被称为"纳米"的名词紧紧联系在一起：当你早晨醒来时，由纳米传感器和纳米变色材料组成的纱窗会根据你的需要自动送入新鲜的空气，自动调节室内的亮度；你不小心把纳米陶瓷材料制成的杯子掉在地上，杯子却像有弹性一样蹦了起来；又重又厚的电视已经不存在了，他们是直接印到墙壁上的由神奇的纳米发光材料制造的电视；你所居住的地球周围的太空被无数的纳米卫星包围着，因为一次卫星发射可以将数百颗微小的卫星送入太空……（选自原鄂教版初中语文七年级下册课文《神奇的纳米》）

3. 根据要求，完成仿写练习。

从课文第3、4自然段和以上资料中，或者从自己查阅的资料中，选取3~4个例子，仿照第3自然段的结构，选取一个段式，完成仿写练习。

设计意图：科学说明文的显著特点是条理性和逻辑性，为揭示事物本质，把事物特征说得清楚明白，因此必须按照一定的逻辑顺序来写。《纳米技术就在我们身边》结构清晰，第一自然段引出话题，第二自然段解说说明对象，第三、四自然段分别举例说明特点，第五自然段以展望结尾，比较适合作为习作范文。因此，指导学生借助资料进行自然段的阅读分析与仿写，既增强了学生对纳米技术的了解，又训练了学生初步的理性思维能力，为解说词的修改作铺垫。

【课时安排建议】

3课时。

第四阶段：交流展示

【阶段学习目标】

1. 能模仿课文的写法，结合标准，修改《我的奇思妙想》解说词。

2. 能围绕评价标准，完善自己的创意物品，并借助解说词向同学和老师介绍。

3. 能积极参与"奇思妙想"评选活动，推选优秀解说员在学校科技节闭幕式上介绍，并乐于为入选者出谋划策。

4. 能主动与老师和同学交流参加科技节活动的感受。

【阶段学习活动设计】

▶ **板块一：根据需要，选取值得借鉴的课文写法，修改解说词**

学生活动：

1. 根据需要，从四篇课文中选取值得借鉴的写法，可以写成科学小品文，也可以写成科普说明文。例如，如果设计的物品适合用生动活泼的方式表达，可以仿照《琥珀》，采用讲故事的形式，将创意物品的功能、样子等与故事讲述巧妙结合。

如果设计的物品适合用准确严谨的方式表达，可以仿照《飞向蓝天的恐龙》《纳米技术就在我们身边》等课文，将创意物品介绍得清晰、有条理。

2. 同伴结合创意物品和文稿评价标准，重点围绕"是否写清楚了""是否让读者感到新奇、有趣"交流分享。

类别	描述	评价
文稿	能把自己想发明的创意物品的样子、功能介绍清楚，语句通顺，使读者感到新奇、有趣	☆☆☆☆☆
	基本能把自己想发明的创意物品的样子、功能介绍清楚，语句比较通顺，使读者感到比较新奇、有趣	☆☆☆☆
	不能完全把自己想发明的创意物品的样子、功能介绍清楚，语句不够通顺，使读者感受不到新奇、有趣	☆☆☆

3. 根据同伴建议修改解说词。

设计意图：根据任务的需要，自主选取适切的写法，促进学生进一步完善对创意物品的解说。评价表引导学生反思自己是否把奇思妙想写清楚，是否让读者感到新奇、有趣。

▶ **板块二：与同学交流科普书阅读的感受，整体修改习作**

学生活动：

1. 向同学介绍自己读的一本科普作品的感受，讲清楚在创意设计及表达等方面受到的启发。例如，法布尔《动物的故事》一书用拟人化的手法将动物写成了一篇篇童话，不是生硬地灌输关于动物的知识，而是让动物说出自己的故事，值得借鉴。

2. 根据科普作品交流后受到的启发，修改习作初稿。

设计意图：科普作品同样可以为学生完成任务提供资源支持，学生不仅可以从中获取科普知识，还能借鉴写法，激发创意灵感。

▶ **板块三：完善创意物品，借助解说词，向同学和老师介绍。**

学生活动：

1. 自由组成小组，借助解说词，介绍并讨论各自的创意作品，依据特长互相完善修改作品。

2. 推荐组内优秀解说员在班级内介绍。

设计意图：用作品和解说词展示学习成果，并与他人分享，在分享、完善和评价的过程中，关注思考的过程和思维的方法，激发更多更优秀的创意。

▶ **板块四：完善评价标准，推荐优秀解说员在科技节闭幕式上介绍。**

学生活动：

1. 根据自己的创意作品完成过程，进一步理解、完善科技节闭幕式评价标准。

2. 依据评价标准，评选班级"奇思妙想"奖，在科技节闭幕式上介绍。重点介绍完成创意作品的思考过程，并由特邀嘉宾（班主任、科技老师、有专业特长的家长志愿者等）点评。

3. 依据评价标准评选优秀解说员。

4. 同学相互提问交流，评价创意作品的创意之处，解说词的优秀之处，对不清楚之处进行提问，作者尽可能解答。

设计意图：关注学生对评价标准的理解，允许学生在完成任务的过程中动态调整评价标准，关注学生在解说创意物品过程中的交流、研讨、分享、展示等现场表现。

▶ **板块五：交流感受，评选"奇思妙想奖"**

学生活动：

1. 交流参加活动的感受。针对同学的创意物品，结合自己的生活经验和阅读经验，提出自己的观点。

2. 评选学校科技节"奇思妙想奖"。

设计意图：评价表引导学生互评时，不仅要关注活动结果，更要关注在活动过程中思考的过程、思维的方法，注重教给学生学习用充足的论据支持自己的观点。

【课时安排建议】

1 课时。

【持续性学习评价】

"奇思妙想"科技节展示阶段评价标准

类别	描述	评价
文稿	能把自己想发明的物品的样子、功能介绍清楚，语句通顺，使读者感到新奇、有趣	☆ ☆ ☆ ☆ ☆
	基本能把自己想发明的物品的样子、功能介绍清楚，语句比较通顺，使读者基本能感到新奇、有趣	☆ ☆ ☆ ☆
	不能完全把自己想发明的物品的样子、功能介绍清楚，语句不够通顺，使读者感受不到新奇、有趣	☆ ☆ ☆
作品	有自己的奇思妙想，并借助实物或设计等向他人展示成果	☆ ☆ ☆ ☆ ☆
	有自己的想法，并借助实物或设计等向他人展示成果	☆ ☆ ☆ ☆
	有一定的想法，不能完全把想法向他人展示	☆ ☆ ☆
参与	能积极参与科技节活动，敢于提出自己的观点，主动提出不懂的问题，并尝试解决问题	☆ ☆ ☆ ☆ ☆
	基本能参与科技节活动，提出自己的观点和不懂的问题，并尝试解决问题	☆ ☆ ☆ ☆
	不能全程参与科技节活动，基本没有自己的观点，能提出不懂的问题	☆ ☆ ☆

（一）本单元设计特色

在基于学习任务群的单元教学设计中，课文该怎么教？需要我们换一种思路思考。学生在完成学习任务的过程中，有哪些学习困难，教材编排的课文、口语交际和整本书阅读等规定的教学内容，能为学生完成学习任务提供诸多方面的营养，是重要的学习资源。这些资源既能帮助学生拓宽创意物品的设计思路、学习写作方法，积累语言经验和培养良好语感，又能为学生的思辨性表达提供可供模仿的范例。

在本单元设计中，单元的所有活动都围绕学习任务的完成来展开，既有听说读写的整体推进，也有思维、情感的深度参与。培养学生具有勤于思考的意识，学会比较辨析，能清晰地交流与表达等教学目标，均通过特定情境和任务驱动，引导学生主动积极地学习，教学效果自然不同。

（二）本单元设计中的困惑与反思

本单元设计对教材内容做了大胆取舍，裁剪补充，相比传统的单篇课文教学，对教师的文本解读能力、学习活动设计能力、评价量规制定能力等的挑战更大，教师需在后续的实践中进一步提升素养。

（上海市闵行区教育学院　景洪春）

创编班级的《十万个为什么》
——四年级下册第二单元

本单元是统编教材四年级下册第二单元，选编了四篇科普作品，分别是经典老课文《琥珀》、关于鸟类起源的《飞向蓝天的恐龙》、介绍新科技的《纳米技术就在我们身边》，以及弘扬爱国精神，介绍我国航天领域最新成就的《千年梦圆在今朝》。单元语文要素为"阅读时能提出不懂的问题，并试着解决"。单元习作任务为"展开奇思妙想，写一写自己想发明的东西"。单元口语交际为"说新闻"。要求准确传达信息，清楚、连贯地讲述。本单元还安排了"快乐读书吧"——十万个为什么，推荐学生阅读米·伊林的《十万个为什么》，以及中国的《十万个为什么》、高士其的《灰尘的旅行》等优秀科普作品。

本单元编排的内容，旨在通过课内科普文的阅读、学习，激发学生阅读科普读物的兴趣，学习"阅读时提出不懂的问题，并试着解决"的阅读策略，从单篇到整本书，从读到写再到说的语文实践活动丰富多彩。

根据 2022 年版语文课程标准关于"课程内容要以学习任务群组织和呈现"这一新的理念和要求，本单元特别适合开展拓展型学习任务群"整本书阅读"，设计具有情境性、实践性、综合性的学习任务，指向学生的核心素养培养。

我们将单元主题确定为——创编班级的《十万个为什么》，重新选择和组织单元学习资源。受口语交际"说新闻"的启发，创设真实的学习情境：班级举办"十万个为什么"探秘发布会。为圆满完成探秘发布会，学生们将阅读《十万个为什么》等科普作品，创编班级的《十万个为什么》，并在探秘发布会上发布自己的读写成果。该整本书阅读学习任务群基于真实生活情境，涵盖了读、写、说语文综合能力培养，指向学生核心素养提升，激发学生探索科学世界的热情，是一次既富有挑战性，也颇有成就感的语文实践活动。

二、 **学习目标与活动设计**

（一）学习目标

> **根据单元学习情境和学习任务，制定本单元学习目标。**
>
> 1. 自主学习，认识 57 个生字，会写 45 个字和 45 个词语。能根据学习任务，制定任务清单，做好自我评价。
>
> 2. 在阅读科普读物时，学习作者"提出问题，解决问题"的写作思路。能提出新鲜有趣、有研究价值的真问题，并试着用结合生活经验、查找资料、请教他人、博物

馆研学等方法解决问题，并能写清楚。

3. 编辑班级的《十万个为什么》，为探秘发布会做好准备。

4. 能在探秘发布会中准确传达信息，清楚、连贯地讲述自己的真问题、探秘过程和对问题的释疑解惑，回应听众的提问。有持续探索科学世界的热情。

（二）活动设计

根据单元学习情境和学习任务，做以下学习活动设计：

第一阶段：启动发布会。对于"十万个为什么"，学生的阅读并非零起点，教师可从交流、分享"快乐读书吧"主题"十万个为什么"开始导入，引出班级将举办"十万个为什么"探秘发布会，点明要完成的"读、写、说"语文学习任务，列出学习任务清单。

第二阶段：阅读科普作品。根据"快乐读书吧"推荐的科普作品和自己的阅读兴趣，选择科普读物。米·伊林的《十万个为什么》写于20世纪20年代，受历史的局限，内容上涉及过去的研究比较多，难度不大。因此，可推荐学生阅读中国的《十万个为什么》，也可以阅读《灰尘的旅行》等其他科普读物以及本单元的4篇课文，学习作者"提出问题，解决问题"的写作思路，进而引导学生通过设计问题清单、阅读记录单等来记录阅读中的问题、解决方法和收获，为学习创作自己的《十万个为什么》做好阅读积累和学习借鉴。

第三阶段：撰写发布文稿。引导学生在阅读中不仅关注作家介绍的科普知识，学习和运用"提问—解答"的写作思路，还要发现作家表达的特色。例如，米·伊林善于把文学和科学结合起来，用文艺的笔调、生动的比喻、典型的事例、诗一样的语言，娓娓动听地讲述科学知识，作品既活泼又逻辑严谨，可作为探秘发布会文稿的范本进行学习。尝试记录自己在生活中提出的"为什么"，并找到解答"为什么"的科学道理或依据。每人写完后，可以汇编入班级的《十万个为什么》。

第四阶段：召开发布会。为发布会布置简单的环境并制作PPT。让学生带着自己的读写成果，向同学们发布自己的"为什么"和自己提出问题后收获的研究成果。发布时做到准确传达信息，清楚、连贯地讲述。能根据听众的提问进行一定的回应、解释或解答。评选"十佳优秀发布官"和"单元学习小明星"，在多元评价中做好学习总结。

整个活动围绕着整本书阅读的特点展开，依托真实情境，整合单元资源，拓宽学习渠道，紧扣"读、写、说"开展语文实践活动，助力学生文化自信和语言运用、思维能力、审美创造核心素养的综合提升。

四个阶段大致需要12课时来完成。

三、各阶段学习目标和学习活动设计

第一阶段：启动发布会

【阶段学习目标】

1. 了解本单元学习任务和完成任务的基本要求，初步列出任务清单。

2. 对阅读《十万个为什么》产生兴趣，选择感兴趣的科普读物，有计划地进行整本书阅读。

【阶段学习活动设计】

▶ **板块一：导读激趣，开启《十万个为什么》共读之旅**

学生活动：

1. 互动小游戏"你问我答"。

小时候的我们对万事万物都充满了好奇。小脑袋里装满了"问号"，总喜欢问大人无数个"为什么"。渐渐地我们长大了，看了很多书，掌握了很多知识，这些"问号"可能变成了"句号""感叹号"，这些"为什么"也有了答案。我们一起来玩一个"你问我答"游戏吧。

一个学生提问，其他学生抢答。

请学生说说这些问题和答案都是怎么想到的，怎么知道的。

其实，我们的世界也是在这一问一答之间不断进步、不断攀登科学高峰的。生活中，科学里，有很多我们不知道的事情，科普作品能带着我们不断提出问题、解决问题，使我们变得更加智慧。

2. 阅读米·伊林的《十万个为什么》目录，发现源于生活的"为什么"。

学生浏览目录后发现：原来，作家在书中带着我们进行了一次屋内旅行，对自来水龙头、炉子、桌子、灶台、锅架、餐具柜、衣橱等提出了许多看似简单，却不那么容易回答的问题。

"十万个为什么"就藏在我们的身边，在日常生活之中，就看你是不是善于思考、提出问题，并试着解决问题。

3. 阅读《十万个为什么》，了解发现一个多元的未知世界。重点阅读其中的《计算机有"心跳"吗》《为什么火车没有"火"》等篇目。

设计意图：通过《十万个为什么》导读课，让学生从身边的"为什么"走进米·伊林的《十万个为什么》，走进中国的《十万个为什么》，从目录了解大致内容，通过阅读精彩片段，感受有趣的问题和生动、幽默的语言，打破以往科普作品比较艰涩难懂的顾虑，激发学生阅读整本书的兴趣和愿望。

▶ **板块二：明确任务，列出任务清单**

学生活动：

1. 明确任务：共读结束后，开展班级"十万个为什么"探秘发布会。

2. 全班讨论任务清单。

（1）发布什么内容？可以是阅读中的收获，也可以是自己提出的"为什么"。

（2）阅读哪些作品？除了米·伊林的《十万个为什么》，还可以读"快乐读书吧"推荐的中国的《十万个为什么》，李四光的《看看我们的地球》，高士其的《灰尘的旅行》，贾兰坡的《人类起源的演化过程》，以及本单元的科普文。

（3）如何解释自己提出的问题？阅读相关书籍，搜集相关资料，有条件的还可以到所在城市的博物馆、科技馆开展研学，获取信息。

（4）怎么写发布文稿？学习借鉴读过的文章、科普读物，学习作者"提出问题，解决问题"的写作思路，撰写自己的《十万个为什么》，编辑班级的《十万个为什么》。

（5）布置发布会现场，发言人制作 PPT，面对听众提问时，要准备应答。

3. 根据任务清单，制作完成任务评价表（可以自己制定）。

序号	任务分解	基础级	优秀级
1	发布内容	写清楚从书中读到的"为什么"	写清楚自己提出的新鲜有趣、有研究价值的"为什么"
2	阅读书目	米·伊林的《十万个为什么》	其他科普作品1~2本
3	阅读策略	读懂内容，梳理信息	提出问题，试着解决
4	发布文稿	写清楚发布的内容	语言生动、幽默，吸引读者
5	口语交际	准确传达信息；能清楚、连贯地讲述	吸引听众，并能清楚回应听众的提问

设计意图：学习任务的完成需要一个比较长的时间，先行规划很重要。明确学习任务，就是要让学生知道要到哪里去，通过讨论完成任务需要做哪些准备，就能够做到心中有数。评价表中分为"基础级"和"优秀级"，学生可以根据自己的实际水平，选择相应的难度。

【课时安排建议】

1 课时。

整本书导读，激发阅读兴趣；明确总任务，列出任务清单。

第二阶段：阅读科普作品

【阶段学习目标】

1. 自主学习，认识 57 个生字，会写 45 个字和 45 个词语。

2. 阅读科普作品时，思考作者提出什么问题？他是怎么解决问题的？用的什么方法？

3. 选择科普作品中的某一个"秘密"，能清楚、连贯地讲述。

4. 在读懂内容的同时，关注经典科普作品文段结构特点，以及语言表达的魅力，为写好优质发布文稿做好借鉴。

【阶段学习活动设计】

▶ 板块一：共读中国的《十万个为什么》，学习如何提出新鲜有趣、有研究价值的问题。

学生活动：

1. 自主阅读，完成"问题记录单"，分享自己的发现。

要想在发布会上吸引听众，能否提出新鲜有趣、有研究价值的问题至关重要。阅读中国的《十万个为什么》，边读边记录你觉得新鲜有趣的问题，或许对你有所启发。

书名	新鲜有趣的问题	感兴趣的理由
《电子与信息》	可以把计算机穿在身上吗？	硬邦邦的计算机怎么可能穿在身上呢？太不可思议了！但是这个问题确实让我脑洞大开
《动物》	漂亮的蝴蝶怎么会变成一片"枯叶"？	我见过枯叶蝶，倒是没想过这个问题。很有研究价值

书名	新鲜有趣的问题	感兴趣的理由
…	…	…

要想吸引读者和听众，我发现可以这样提问：

2. 阅读交流，分享"读懂"和"读不懂"的知识。

（1）通过阅读《十万个为什么》，哪些问题你已经找到答案了？

（2）通过阅读《十万个为什么》，哪些问题或哪些科学术语你还没有读懂？

（3）分享一个"发现问题，试着解决"的小例子，总结出解决问题的方法：联系上下文，结合生活经验，查资料（书籍、网络）、请教他人（专家），或者走进博物馆、科技馆等寻找相关信息（如对于枯叶蝶的问题，可以走进昆虫博物馆）。

（4）尝试在可发布有声音频的 APP 上分章节朗读你在阅读中喜欢的内容，每期分享一个"为什么"，让更多的人了解身边的科学奥秘。

（5）小结：提出好问题的策略，以及阅读科普作品和解答问题的策略。

设计意图：根据真实语文学习情境"探秘发布会"的需要，结合单元语文要素"阅读时能提出不懂的问题，并试着解决"，通过"问题记录单"发现作家是如何提出新鲜有趣、有研究价值的问题的。通过分享交流，既能检测学生读书的阶段性成果，又能就单元语文要素进行指导和落实。利用有声平台朗读，为后续的发布会口头表达做好语言储备，激发学生与他人分享的兴趣。

▶ **板块二：阅读本单元科普文，发现作家是怎么解决问题的，以及用的什么方法解决问题。**

学生活动：

1. 根据单元导读，梳理内容。

米·伊林的《十万个为什么》带着我们进行了一次屋内旅行，在旅行中解答了许多看似简单，却不那么容易回答的问题，让我们收获满满。

其实，不仅仅是屋内，蓝天、森林、大海等都蕴藏着自然的奥秘；过去、现在、未来都诉说着科技的精彩……语文课本第二单元为我们选编了一组科普文。

自读单元课文，完成学习单。

课题	揭示的科学奥秘	我的兴趣指数
《琥珀》	琥珀是怎么形成的	☆☆☆☆☆
		☆☆☆☆☆

课题	揭示的科学奥秘	我的兴趣指数
		☆ ☆ ☆ ☆ ☆
		☆ ☆ ☆ ☆ ☆

2. 集中识字，夯实基础。

（1）我会认：结合认字表读课文，不认识的字查字典，注拼音，并摘抄在预习本上。

（2）我会写：自学本单元写字表和词语表，圈出容易写错的字，并摘抄在作业本上。

（3）提出不理解的词语，并想办法解决。

课文	不理解的词语	相应解释	解决办法
《琥珀》	松脂、化石……		
《飞向蓝天的恐龙》	后裔、繁衍、演化、茹毛饮血……		
《纳米技术就在我们身边》			
《千年梦圆在今朝》			

3. 细读课文，学习作家解决问题的方法，尝试解说。

继续借助表格工具记录作家解决问题的方法。

课文	隐含的问题	作家解决问题的方法	我的启发
《琥珀》	琥珀是怎么形成的？	先讲故事，还原松脂球形成的过程，再简单写松脂球变成化石的过程	讲故事这种方法不错，能更加吸引读者和听众
《飞向蓝天的恐龙》	恐龙是如何演化成鸟类的？		

（1）细读《琥珀》。

本课学习重点：假如你是一名博物馆的解说员，请用自己的话说说这块琥珀形成的过程和推测的依据。

（2）细读《飞向蓝天的恐龙》。

本课学习重点：假如你是一名解说员，会怎样简明扼要地介绍恐龙飞向蓝天演化成鸟类的过程。

（3）细读《纳米技术就在我们身边》。

本课学习重点：假如你是一名科普宣讲员，请简明扼要地介绍什么是纳米和纳米技术，并举例说明纳米技术给人类生活带来的深刻变化。

（4）细读《千年梦圆在今朝》。

本课学习重点：假如你是一名科普宣讲员，请以时间为线索，说说中华民族千年的飞天梦是怎样逐步实现的。

（5）举办基础版探秘发布会，能以解说员或宣讲员的身份清楚、连贯地讲述课文中的"秘密"。（可以用随机抽选的方式确定发言人和讲述的内容）

设计意图：这个板块主要是第二单元课文学习，基于大单元整体的设计思路，安排单元导读课，重在了解内容；集中识字课，重在夯实基础；细读课文，重在聚焦重点目标：学习作家是如何解决问题的以及用的什么方法解决问题。同时，结合课后练习，创设表达的小情境、小任务，如果你是解说员或者科普宣传员，你会怎么解说，怎么介绍。这些口头表达都在为总任务"探秘发布会"做准备。

▶ **板块三：阅读其他科普作品，熟练发现作家"提出问题—解决问题"的写作思路。**

学生活动：

1. 根据任务清单和阅读计划，阅读其他科普作品，并熟练发现作家"提出问题—解决问题"的写作思路。

2. 举办读书分享会，分享在其他科普作品阅读中的收获，提出新鲜有趣的问题、探索秘密的过程以及解决问题的办法。

设计意图：结合"快乐读书吧"中"相信你可以读更多"的推荐，鼓励学生阅读更多的科普读物，并在阅读的过程中学以致用，能熟练发现作家"提出问题—解决问题"的写作路径，让学生成为一名积极主动的优秀读者，为写好发布文稿拓宽思路。

【**课时安排建议**】

7课时。

第1课时：整本书阅读交流课。

第2课时：单元导读课。

第3课时：集中识字课。

第4—6课时：课文细读课。

第7课时：其他科普作品阅读课。

✒ ━━━━━━━━━━━━━━━━━━━━━━━━━ 第三阶段：撰写发布文稿 ╱

【**阶段学习目标**】

1. 借鉴课内外科普作品，结合自己的研究兴趣，试着写出新鲜有趣、有研究价值的真问题，用合适的方法写清楚对问题的释疑解惑。

2. 选择喜欢的科普作品的语言风格，尝试修改发布文稿，精益求精。

3. 编辑班级的《十万个为什么》。

【阶段学习活动设计】

▶ **板块一：我们的《十万个为什么》**

学生活动：

1. 观看短视频《在科学里，"不知道"是一件坏事吗？》。通过观看视频，明白"不知道"并不是一件坏事，要敢于大胆提问。好奇心是探索真理的源泉和发现世界的原始动力。

2. 我的《十万个为什么》。和同学分享近段时间在《生活中的"十万个为什么"采集表》中记录下来的"不知道"。

生活中的"十万个为什么"采集表

问题缘起	问题陈述	新鲜有趣指数
		☆☆☆☆☆

3. 说说针对这些"为什么"，怎么从"不知道"到"知道"。借助思维导图，说说打算如何写清楚对问题的解答。

设计意图：通过有趣的动画短视频，激发学生大胆质疑、敢于提问的精神，并将近段时间记录的问题分享给同学听。从"不知道"到"知道"的过程，正好能检测学生是否对阅读策略"提出问题，试着解决"已经达到熟练运用的程度。

▶ **板块二：树立听众意识，学习语言表达**

学生活动：

1. 我们的任务是"十万个为什么"探秘发布会。想一想用什么样的语言发布可以让听众听得更清楚、更明白，甚至更能吸引他们。

2. 回顾这一段时间读过的科普作品，哪些篇目或语段给你留下了深刻印象，特别吸引你？

预设1：你知道厨房其实是实验室吗？

> 松木块燃烧的时候噼啪作响。欢乐的火焰就像乡村音乐家，让聚集在炉灶上的朋友们活蹦乱跳：蓝色的搪瓷茶壶把自己的盖子像帽子似的抛起来又抓住；小小的铁平锅欣喜若狂，唑唑地边抖动边歌唱着；甚至连那稳重的铜锅也忘了自己的身份，全力翻滚沸腾着，把水溅到自己的邻居——一个卑微的小铁锅上。
>
> ——选自苏联米·伊林的《十万个为什么·第三站　桌子及灶台》

语言特点：运用大量比喻、拟人、对比等修辞手法以及活泼的语言让科普小故事变得更加生动有趣。

预设2：比较《琥珀》和《琥珀物语》中相同内容的不同表述，学习用讲故事的方式来讲述科学发现，可能会更吸引听众。

设计意图：学习语文除了知道文本的内容以外，还有一点非常重要，那就是关注语言表达的形式。米·伊林的《十万个为什么》以及高士其的《灰尘的旅行》、柏吉尔的《乌拉·波拉故事集》等科普读物，都用生动、幽默的文学语言讲述科学知识，这一点值得学生学习。同时，站在听众的角度，准备发布文稿，更加关注真实情境，使语文知识真正运用于解决生活问题。

▶ **板块三：尝试撰写发布文稿，模拟练习修改文稿**

学生活动：

1. 选择已读科普读物中的"为什么"或科普奥秘，或者自己思考的生活中的"为什么"来撰写"探秘发布会"文稿。

2. 在小组内分享自己的发言稿，互相提出修改建议。

3. 尽量做到脱稿发布。

设计意图：四年级学生第一次做专业发布，最好有一定的文字稿为依据。这既是一次学习大作家语言风格的机会，更是为"探秘发布会"的高质量完成夯实基础，做好充分准备。

【课时安排建议】

2 课时。

第 1 课时：召开我们的"十万个为什么"分享会，发现科普读物的表达特点。

第 2 课时：撰写发布文稿，小组互评后修改完善。

第四阶段：召开发布会

【阶段学习目标】

1. 能在探秘发布会上准确传达信息，清楚、连贯地讲述自己的探秘过程和结果，回应听众的提问。

2. 能根据发布文稿制作简单的 PPT，使发布内容更加形象直观。

【阶段学习活动设计】

▶ **板块一：布置探秘发布会现场，制作简单的 PPT**

学生活动：

1. 通过网络资源，大概了解各种发布会的主要流程。

2. 分组、分工做好相关准备工作。

▶ **板块二：召开探秘发布会，评选受听众欢迎的"发布官"（若干）**

学生活动：

1. 带着自己准备的发布内容，自信地上台演说。做到准确传达信息，清楚、连贯地讲述。如果语言生动、幽默，赢得的掌声越响亮，就说明越受听众欢迎。

2. 采用"投票"方式，给吸引观众的发布官送上一个小物件，每人最多投三次，评选出受听众欢迎的"发布官"。

▶ **板块三：对参与本次整本书阅读活动的情况进行总结反思**

学生活动：

1. 分别从任务的难度、参与的程度、发布的受欢迎度进行自评。

2. 分享活动过程中最难忘、收获最大的故事。

3. 复盘整个活动，反思存在的问题，希望下一次活动能够规避。

4. 编辑整理班级的《十万个为什么》，通过多种途径分享给读者。

设计意图：鼓励更多的同学上台发表演说，分享自己在留心观察生活、阅读整本书、搜集资料时提出的"为什么"，以及对"为什么"的探秘，重在准确传达信息，清楚、连贯地讲述。通过投票评选活动，鼓励表达生动、幽默和勇于挑战自我的同学。

【课时安排建议】

2 课时。

举办"十万个为什么"探秘发布会。

四、反思与讨论

（一）本单元设计特色

1. 设计真实任务，整合学习资源

学以致用是学习的最终目的。用在哪里？不是作业里、试卷里，而是真实任务、真实情境中。创编班级的《十万个为什么》，并召开探秘发布会，就是真实任务、真实情境。为了完成这个富有挑战性的任务，四年级的学生展开了这一单元的学习。本单元学习任务群设计与整本书阅读第二单元语文要素深度融合，充分整合了学习资源，帮助学生挑战真实任务。

2. 开展语文实践，凸显学科本位

尽管我们不断倡导"学科融合""跨界整合"，但是语文学习任务群的设计，首先仍然姓"语"，用语文的方式，解决语文的问题，培养学生的核心素养，是这一整本书阅读学习任务群设计的亮点。创编班级的《十万个为什么》，召开探秘发布会，都是用语文的方式解决语文的问题。为了完成这个总任务，学生需要阅读米·伊林的《十万个为什么》和中国的《十万个为什么》，需要学习单元中的课文，需要学习借鉴作家是如何提出新鲜有趣、有研究价值的真问题，又是如何结合生活经验、查找资料、请教他人、博物馆研学等方法解决问题，并能写清楚的。同时，紧扣"读、写、说"的语文实践活动，充分凸显语文学科本位。

3. 聚焦核心素养，提升综合能力

本单元学习任务群设计，通过引导学生阅读和学习课内、课外科普文，激发学生阅读科普读物的兴趣，学习"提出不懂的问题，并试着解决"的阅读策略，学习作者"提出问题，解决问题"的写作思路。从读到写再到说的语文实践活动，指向兴趣、乐读、善写、会说，助力学生文化自信和语言运用、思维能力和审美创造核心素养的综合提升。

（二）本单元设计的困惑与反思

创编班级的《十万个为什么》对四年级学生来说还是很有挑战的。本单元设计没有过多涉及如何将一篇一篇的"为什么"编辑成一本书。其中包括编辑团队的组建、审稿、分类、编排、封面设计等一系列比较专业的工作，实施过程需要教师引导和鼓励学生，尽力而为即可，不宜过高要求。

（浙江省宁波市鄞州区惠风书院　陈舒恩）

科技世界寻奥秘，畅想未来展才思
——四年级下册第二单元

一、 学习情境与学习任务

本单元是统编教材四年级下册"自然奥秘 科学技术"主题单元。本单元的四篇选文、口语交际、习作、语文园地、快乐读书吧等学习板块均与自然、科技有着密切的关系，旨在让学生在学习实践活动中，拓展科学视野，激发科学兴趣，点燃探索热情。《义务教育课程方案（2022年版）》明确指出："原则上，各门课程用不少于10%的课时设计跨学科主题学习。"基于本单元的编排特点及新课程改革的指导精神，确定本单元学习情境为"科技世界寻奥秘，畅想未来展才思"，让学生在落实本单元语文实践活动的同时，将学习拓展到相关的科学、艺术、信息科技等学科领域，借助各种学习资源，打破学科与学科、学科与生活、学校与社会的壁垒，让学生的核心素养得以有效提升。

2022年版语文课程标准分三个层面，把语文课程的内容组织和呈现方式设置为六个学习任务群，其中跨学科学习任务群旨在引导学生在语文实践活动中联结课堂内外、学校内外，拓宽语文学习和运用领域；围绕学科学习、社会生活中有意义的话题，开展阅读、梳理、探究、交流等活动，在综合运用多学科知识发现问题、分析问题、解决问题的过程中，提高语言文字运用能力。根据学段特点，跨学科学习任务群对各学段的安排也有所侧重，其中在第二学段中提到"尝试运用科学、艺术、信息科技等相关知识和技能，富有创意地设计并主动参与朗诵会、故事会、戏剧节等校园活动"。基于课程标准的指引，结合本学期要开展科创主题阅读节这一真实情境，在对统编教材内容进行解读和设计的基础上，提出真实的学习任务：参加学校举办的"神奇的力量"科技展览会。先在班级举办作品展览，遴选出优秀作品推荐给学校。学生结合本单元的所学、所感、所见、所思，开展丰富多彩的科技创新创意学习活动，分小组准备参展作品，并通过展览会这个大舞台将自己的学习成果展示出来。

展览会围绕教材中的单元语文要素，结合学习任务群中的子任务，巧妙并有针对性地划分为"远古馆""当代馆""未来馆"三大展馆，让学生带着筹办"神奇的力量"科技展览会这样的大任务去学习，在学习过程中发现问题、提出问题、思考问题、解决问题，并在合作探究、跨学科学习中感受学习的乐趣，促进同学之间的协同学习、互学互助，增强团队意识和合作精神，充分体现2022年版语文课程标准倡导的课程理念。

二、 学习资源与学习目标

（一）学习资源

本单元的人文主题是"蓝天、森林、大海，蕴藏着自然的奥秘；过去、现在、未来，述说着科技的精彩……"。因此，我们安排了两个语文要素：阅读时能提出不懂的问题，并试着解决；展开奇思妙想，写一写自己想发明的东西。安排了三篇精读课文——《琥珀》《飞向蓝天的恐龙》《纳米技术就在我们身边》，一篇略读课文——《千年梦圆在今朝》，这些课文都与自然、科技有关。《琥珀》课后安排了阅读链接，《飞向蓝天的恐龙》课后安排了资料袋。将口语交际"说新闻"结合本单元学习任务进行调整，让学生选择一则"自然奥秘、现代科技奇闻"和同学交流。要求说清楚信息的来源，把信息讲清楚，不随意更改内容。另外，还可以说说自己对这则奇闻的看法。锻炼学生准确传达信息，清楚、连贯地讲述的能力。习作《我的奇思妙想》让学生发挥想象，写一写自己想发明的神奇的东西；也可以拓宽眼界，写一写听过的、看过的别人的奇思妙想。语文园地的交流平台总结了解决问题的方法；词句段运用提供了一些词语让学生交流，还提供了三个句子，让学生体会作比较的说明方法，并照样子写一个事物。"快乐读书吧"推荐阅读苏联作家米·伊林的《十万个为什么》。"相信你可以读更多"还给学有余力的同学推荐了中国的《十万个为什么》，以及李四光的《看看我们的地球》、高士其的《灰尘的旅行》、贾兰坡的《人类起源的演化过程》。科普类文章的编选以及策略的学习意在让学生接触科学知识，激发他们的科学探索精神，让学生逐渐习得科普类文章的表达方法，引导学生实现科普读物的"快乐阅读"。

关于提问的方法，四年级上册第二单元安排了专门的阅读策略单元来学习。"阅读时尝试从不同角度去思考，提出自己的问题。"本单元"阅读时能提出不懂的问题，并试着解决"这一阅读要素是对提问策略的巩固学习，同时重点学习解决问题的方法。根据本单元的主题、语文要素以及学生已有的基础，我们设置了"科技展览会"这个大情境，以筹备科技展览会，为展览会提供展品为抓手，将各个学习主题活动融入准备过程当中，达成学习目标。

（二）学习目标

根据单元学习情境和学习任务，制定本单元的学习目标。

1. 自主预习课文，初步了解课文内容。认识43个生字，读准3个多音字，会写45个字，会写46个词语。在老师的引导下，结合单元人文主题与语文要素共同设计"科技展览会"的活动项目，并明确学习任务及相应的评价标准。

2. 在自主阅读科普类文章时，能从文章的内容、写法、获得的启示等不同的方面提出不懂的问题，并学会用结合上下文、查资料、结合生活经验、向他人请教等方法解决问题，逐渐养成积极解决问题的习惯。

3. 能结合生活经验以及阅读体验，产生奇思妙想，有想发明神奇东西的愿望。用画画等方式设计想要发明的东西并用文字描述清楚；也可以拓宽眼界，写一写听过的、看过的别人的奇思妙想。写出来后和同学交流、修改。

4. 能与同学交流自己感兴趣的"自然奥秘、现代科技奇闻"。能说清楚信息的来源，把信息讲清楚，不随意更改内容。能简单发表自己对所分享的奇闻的看法。

三、学习活动设计

为指导学生筹办科技展览会，我们将活动流程分为快乐启航、远古穿越、放眼世界、展望未来、展示交流五个阶段。每个阶段提出明确的学习目标，让学生在学习活动中学会发现问题并解决问题，实现"做"中学，"用"中学，"评"中学。

（一）快乐启航：从好奇出发

1. 明确任务：认识自然奥秘，了解科技世界，先在班级举办作品展览，遴选出优秀作品推荐到学校参加"神奇的力量"科技展览会；了解各阶段的具体任务，师生交流共定评价标准。

2. 基础梳理：借助预学单学习并梳理课文生字词，解决识字写字任务。初读课文，整体感知文章大意。

3. 整本书导读：通过参与"快乐读书吧"推荐阅读书目《十万个为什么》导读活动，产生阅读兴趣，把握整体内容并制订有效的阅读计划。

（二）远古穿越：探秘远古馆

1. 对比阅读：通过对比勾连学习《琥珀》《飞向蓝天的恐龙》两篇课文，运用"推测"的方法，有条理地讲解琥珀形成的过程和恐龙飞向蓝天的演化过程。

2. 寻找最佳"远古馆讲解员"：借助图表及演变图，讲解琥珀形成的过程或恐龙演化的过程，在全班的阶段性展示交流活动中推选最佳"远古馆讲解员"。

3. 学习解决问题的方法：学习用多种途径解决阅读中的问题，激发热爱科学、探索求知的兴趣。

（三）放眼世界：遨游当代馆

1. 了解现代科技：整合学习《纳米技术就在我们身边》《千年圆梦在今朝》，梳理文意。

2. 为"科技小博士争霸赛"设计问答卡：从课内两篇现代科技课文中发现有价值的题材，同时结合课外整本书《十万个为什么》或其他科普读物，发现有趣的事物，提出问题，解决问题，设计问答卡，并将其作为展览会中"当代馆"的互动展品之一。

（四）展望未来：畅想未来馆

1. 说奇闻：开展"说奇闻"口语交际活动，选择一则"自然奥秘、现代科技奇闻"和同学交流，并谈谈自己的见解。

2. "奇思妙想"思维导图制作：大胆展开想象，用思维导图呈现自己的"奇思妙想"或听过的、看过的别人的奇思妙想，激活习作思路。

3. "奇思妙想"创意成果制作：尝试通过图画、手工制作、图表、动画制作、文字等方式向同学介绍"奇思妙想"。

4. 初试身手：通过《飞向蓝天的恐龙》课后"小练笔"和语文园地的"词句段运用"，体会说明文精确表达的语言特点。

5. 写写奇思妙想：完成《奇思妙想》习作练习。通过教师评价、生生互评等多元评价，对习作加以修改润色，实现表达与交流。

（五）展示交流：欢聚展览会

1. 展览成果梳理：梳理"远古馆""当代馆""未来馆"的学习成果，制作展览会邀请函，选择合适的展品，完成个人或小组的参展作品。

2. 展览成果美化：小组之间交流，尝试解说自己或小组的参展作品，对展品进行修改和美化。

3. 举办班级展览会：在班级内进行展览，点评并推荐优秀作品参加学校展览。

4. 总结及反思：总结举办科技展览会的学习体会。

本单元的学习活动以语文学科为主，融合科学、艺术、信息科技等学科，实现跨学科学习。关注学生多元提问能力的同时，还关注学生尝试解决问题的能力的培养，有层次地落实语文要素，提升学生的阅读素养，助力学生核心素养的形成。

五个阶段大致需要 14 课时来完成。

四、各阶段学习目标和学习活动设计

（一）快乐启航：从好奇出发

【阶段学习目标】

1. 自主预习课文，初步了解课文内容。认识 43 个生字，读准 3 个多音字，会写 45 个字，会写 46 个词语。

2. 共同设计"科技展览会"的活动项目及相应的评价标准。

3. 复习提问策略，能从文章的内容、写法、获得的启示等不同方面提出不懂的问题。

4. 制订《十万个为什么》整本书的阅读计划。

【阶段学习活动设计】

课前活动：结合"预学单"进行自主预习。

单元预学单

任务 1：认识"琥、珀"等 43 个字。

（1）把会认的字所组成的词语在文中圈出来，读准确，读熟练。

（2）和学习伙伴互相检查读音并纠正。

任务 2：会写"怒、吼"45 个生字和 46 个词语。

（1）听写"怒、吼"等 45 个生字，"怒吼、松脂"等 46 个词语。把写错的字、词语圈出来并改正。

（2）把易错字编成字谜，学习伙伴互相猜一猜。

任务 3：提问方法忆一忆。

我们上学期学过一些提问方法，大家还记得吗？我们一起回忆一下吧。（请选择正确序号填在括号里）

（1）课文中提到的无线电波和超声波是一样的吗？（《夜间飞行的秘密》）（　　）

（2）现代科学技术给我们带来的全是好处吗？（《呼风唤雨的世纪》）（　　）

（3）为什么课文没有具体写后两次实验？（　　）

A. 对文章内容进行提问

B. 对文章写法进行提问

C. 联系生活经验进行提问

▶ **板块一：交流预学单，回顾方法**

学生活动：

1. 交流生字词的预习成果，检测预习效果，对易错字词进行练习、巩固。

2. 回顾、交流上学期学过的提问方法。

设计意图：落实2022年版语文课程标准"学业标准"中提到的"能借助汉语拼音、工具书，在阅读中主动识字；能根据具体语境辨析多音多义字的读音和字义，辨识、纠正常见的错别字"。落实积累和梳理语言材料的学业质量要求，培养学生自学生字词并且与同伴交流合作解决易错字的能力，扫清阅读的障碍。通过选择题回顾之前学过的提问策略，唤起学生多角度提出问题的记忆。

▶ **板块二：走进课文，多元提问**

学生活动：

1. 读懂课文，填写下列表格。

文章	主要内容	我提出的问题
《琥珀》	琥珀形成的过程	
《飞向蓝天的恐龙》		
《纳米技术就在我们身边》		
《千年梦圆在今朝》		

2. 我最感兴趣的文章是＿＿＿＿＿＿＿＿＿＿＿，因为＿＿＿＿＿＿＿＿＿＿

＿＿＿＿＿＿＿＿＿＿＿＿＿＿＿＿＿＿＿＿＿＿＿＿＿＿＿＿＿＿＿＿＿＿＿＿。

3. 小组合作，交流课文主要内容，明确本单元的主题——"自然奥秘 科学技术"，感受自然的奥秘与科技的精彩。

4. 小组内交流各自最感兴趣的文章，并说出理由。

5. 分小组整理问题清单，对提出的问题进行分类筛选，列出小组内未能解决的、大家认为最有价值、对理解课文最有帮助的问题。

设计意图：引导学生在阅读中提取主要信息，概括课文主要内容。通过交流，引发学生对自然和科技的兴趣，运用以前学过的提问策略从多个角度提出问题，小组合作筛选出最有价值的问题，帮助理解课文内容。

▶ **板块三：任务发布，制定标准**

学生活动：

1. 基于参加学校科技展览会这一真实情境，全班商量确定在班级中筹备"神奇的力量"科技展览会的大任务。

2. 对学习资源的主要内容进行分类，在展览会中分设不同的展馆。

学习资源	学习成果	展馆类别
《琥珀》和《飞向蓝天的恐龙》	远古馆讲解员、恐龙演化图、恐龙卡片（实践性作业）	远古馆
《纳米技术就在我们身边》《千年梦圆在今朝》和课外整本书《十万个为什么》	"科技小博士争霸赛"问答卡	当代馆
《飞向蓝天的恐龙》课后"小练笔"、语文园地"词句段运用"、口语交际"说新闻"、习作"我的奇思妙想"	奇思妙想思维导图、奇思妙想创意作品（用图画、手工制作、图表、动画制作、文字等方式向同学介绍"奇思妙想"）、奇思妙想习作	未来馆

3. 围绕展览会的开展，从参与过程、表达能力、作品效果等方面初步形成评价标准。

▶ **板块四：整本书导读，拓展学习资源**

学生活动：

1. 介绍苏联作家米·伊林及其代表作品《十万个为什么》的特点和在科普作品中的地位，引起阅读期待。

2. 共读《十万个为什么》中的精彩片段，激发阅读兴趣。

3. 借助目录探讨书中内容，初步了解整本书内容。

4. 制定阅读计划，并在阅读过程中制作思维导图，记录印象深刻的问题和答案，理解难懂的科技术语。

设计意图：落实2022年版语文课程标准在整本书阅读学习任务群中提到的制订阅读计划，综合运用多种方法阅读整本书；同时拓展阅读材料，将课内学习迁移到课外，丰富学生的科技视野。

【课时安排建议】

3课时。

第1课时：检测预习效果，对易错字词进行练习、巩固。读懂课文，尝试从不同的角度提出问题。

第2课时：明确任务，师生共定评价标准。

第3课时：整本书导读——《十万个为什么》，激发学生阅读兴趣，制订阅读计划，进行阅读方法指导。

【持续性学习评价】

目标	展馆	内容安排	评价标准	评价	评价人
举办"神奇的力量"科技展览会	远古馆	1. 争当展览会讲解员 介绍琥珀的形成过程和恐龙飞向蓝天的演化过程	能清楚地讲述琥珀的形成过程和恐龙飞翔蓝天的演化过程	☆☆☆☆☆	
		2. 制作展览会展品 绘制恐龙演化成鸟类的演化图、制作恐龙卡片	绘图精美、想象合理	☆☆☆☆☆	
	当代馆	设计"科技小博士争霸赛"问答卡	能提出有价值的问题并进行解决	☆☆☆☆☆	
	未来馆	1. 科技奇闻展播	能清楚连贯地讲述科技奇闻，准确传达信息并能说出自己对奇闻的见解	☆☆☆☆☆	
		2. "奇思妙想"习作展	想象奇妙，能运用恰当的表达方法写清楚样子、功能	☆☆☆☆☆	
		3. "奇思妙想"绘画、手工、动画展	制作精美，想象奇妙	☆☆☆☆☆	
	综合	1. 科技展览会邀请函制作	能根据不同的参与对象，采用合适的措辞进行邀请；能清晰传达展览会的时间、地点及内容	☆☆☆☆☆	
		2. 科技展览会活动音乐选择	能根据科技展览会的主题选择合适的现场活动音乐，营造氛围，调动活动参与积极性	☆☆☆☆☆	
		3. 科技展览会互动活动设计与实施	能根据不同展馆内容设计合适的互动活动；能将互动活动按照计划有序进行组织和实施	☆☆☆☆☆	
过程性评价标准					
1. 能积极参与、思考，出谋划策。 2. 善于合作，有问题想办法解决。				☆☆☆☆☆	

【阶段学习目标】

1. 掌握"推测"的依据和方法，能有条理地讲解琥珀形成的过程。

2. 能简明扼要地讲述恐龙飞向蓝天的演化过程，制作恐龙演化图。

3. 能口头讲述琥珀形成的过程和恐龙演化的过程，尝试成为远古馆的讲解员。

4. 学习通过查找资料、联系上下文、结合生活经验、请教他人等方法来解决阅读中的问题，激发热爱科学、探索求知的兴趣。

【阶段学习活动设计】

▶ **板块一：学习推测，对比阅读理解文意**

学生活动：

1. 学习课文《琥珀》，寻找推测依据，梳理琥珀形成的过程。

2. 学习课文《飞向蓝天的恐龙》，运用推测方法，绘制恐龙演化图。

设计意图：《琥珀》和《飞向蓝天的恐龙》两篇课文作为介绍远古生物化石的题材，适合统整在一起，采用对比阅读的方式进行学习，落实推测的思维训练要素，先用《琥珀》这篇课文作为例子精讲，再用《飞向蓝天的恐龙》一文进行迁移运用，引导学生在对比阅读中加深理解，提升思维能力。

▶ **板块二：练习讲解，寻找远古馆讲解员**

学生活动：

1. 借助推测图表，练习讲解琥珀形成的过程，争当"琥珀讲解员"。

2. 用语言文字结合恐龙演化的图片进行讲解，尝试做"恐龙讲解员"。

设计意图：以"寻找远古馆讲解员"为任务驱动，以用促学，引导学生在理解文意的基础上，注重语言运用，争当展览会中远古馆的讲解员，在这一真实性、综合性、实践性的任务中提升语文素养。

▶ **板块三：提炼总结，形成创意性学习成果**

学生活动：

1. 选择一种方式演示琥珀形成的过程或恐龙飞向蓝天的演化过程，如绘制连环画、制作多媒体课件或者制作动画等。

2. 结合课外积累的材料，完成制作恐龙卡片的课外实践作业。

设计意图：通过创设真实情境，将对远古生物化石类文章的学习所得外化为创意学习成果。引导学生调用美术、科学、信息科技学科的知识和能力，实现跨学科学习，同时丰富"科技展览会"的展示形式和内容。

【课时安排建议】

2 课时。

第 1 课时：掌握"推测"的依据和方法，了解琥珀形成的过程和恐龙演化的过程，用语言文字进行讲述，寻找"远古馆讲解员"。

第 2 课时：开展寻找"最佳讲解员"活动，制作恐龙卡片，进一步巩固所学，形成各类创意学习成果。

【持续性学习评价】

展馆	内容安排	评价标准	评价	评价人
远古馆	1. 争当远古馆讲解员 介绍琥珀的形成过程和恐龙飞向蓝天的演化过程	能够清楚地讲述琥珀的形成过程和恐龙飞向蓝天的演化过程	☆☆☆☆☆	
	2. 制作展览会中远古馆的展品 绘制连环画、制作多媒体课件或者制作动画等，呈现琥珀形成的过程和恐龙演化的过程，制作恐龙卡片（实践作业）	信息正确、绘图精美、推测合理	☆☆☆☆☆	

（三）放眼世界：遨游当代馆

【阶段学习目标】

1. 阅读课文《纳米技术就在我们身边》《千年圆梦在今朝》，能理解并说出课文的主要内容。

2. 能结合课文及《十万个为什么》等科普读物，理解并内化内容，为"科技小博士争霸赛"设计问答卡。

【阶段学习活动设计】

▶ **板块一：熟悉课文大意，了解现代科技**

学生活动：对《纳米技术就在我们身边》《千年圆梦在今朝》两篇课文进行对比阅读，形成对现代科技的理解。

设计意图：借助课文学习资源，让学生建立起关于现代科技基本的概念，在了解远古生物的基础上，从古到今，形成对现代科技的了解；同时为《十万个为什么》的阅读推进奠定基础。

▶ **板块二：共读《十万个为什么》，关注科技动态词汇**

学生活动：

1. 填写调查问卷，反馈《十万个为什么》的阅读情况，调整阅读计划。

2. 化身科普词汇通，交流分享自己了解的科技词汇。

设计意图：四年级学生此前已经历过数次"快乐读书吧"阅读活动，对阅读活动已经有一定的认识和实践，这些条件有利于引导学生开展本次阅读教学活动。但由于四年级学生的阅读经验较少，大部分学生都处于自然阅读状态，仅关注故事的内容，没有学会阅读科普读物的方法。同时，一部分学生无法维持阅读科普的兴趣。本设计通过干预学生的阅读过程，重燃孩子的阅读兴趣。

▶ **板块三：根据提出的问题，为"科技小博士争霸赛"设计问答卡**

学生活动：结合课内外知识，为"科技小博士争霸赛"设计问答卡。

设计意图：以设计"争霸赛"问答卡为任务驱动，促使学生将《十万个为什么》的内容进行内化，选择有价值或有趣的问题进行梳理，学以致用。

【课时安排建议】

2 课时。

第 1 课时：学习《纳米技术就在我们身边》《千年圆梦在今朝》，理解并说出课文的主要内容，对现代科技有一定了解。

第 2 课时：《十万个为什么》阅读推进课，检查学生阅读《十万个为什么》的情况；针对不懂的问题，尝试运用各种方法解决问题；结合课内外知识，为"科技小博士争霸赛"设计问答卡。

【持续性学习评价】

展馆	内容安排	评价标准	评价	评价人
当代馆	了解《十万个为什么》中的科技词汇	准确理解，触类旁通	☆☆☆☆☆	
	为"科技小博士争霸赛"设计问答卡	能提出有价值的问题，并进行解决	☆☆☆☆☆	

（四）展望未来：畅想未来馆

【阶段学习目标】

1. 开展"说奇闻"口语交际活动，能说说自己对奇闻的见解。

2. 能通过绘画、手工、信息技术等多种方式展示自己想设计发明的东西，突出"奇思妙想"的特点和作用。大胆展开想象，运用思维导图呈现想法。

3. 能准确介绍事物，完成《奇思妙想》习作，并吸收好的建议进行润色修改。

【阶段学习活动设计】

▶ **板块一：述说自然奥秘，交流科技奇闻**

学生活动：

1. 了解科技奇闻，讨论、梳理出"说奇闻"的评价标准。

2. 依据评价标准完成"科技奇闻展播"任务。

【持续性学习评价】

展馆	内容安排	评价标准	评价	评价人
未来馆	科技奇闻展播	能清楚连贯地讲述科技奇闻，准确传达信息并能说说自己对奇闻的见解	☆☆☆☆☆	

设计意图：通过"科技奇闻展播"这一学习任务，引导学生关注自然奥秘和科技奇闻，并说明奇闻来源，清楚连贯地讲述科技奇闻，准确传达信息并能说说自己对奇闻的见解。落实2022年版语文课程标准中关于"表达与交流"的相关要求：能清楚明白地讲述见闻，说出自己的感受和想法。

▶ **板块二：了解现代科技，展开奇思妙想**

学生活动：

1. 观看智博会宣传视频，交流自己参观智博会的所见、所感。

2. 通过了解智博会上的小发明，关注生活中的问题，引发解决生活问题的愿望。

设计意图：借助现成的学习资源——"智博会"，引导学生进一步了解科技新词，关注现实社会中科技日新月异的发展，树立文化自信，激发学生热爱科学和进行科学创作的兴趣。

▶ **板块三：巧手绘制神奇，技术演绎精彩**

学生活动：

1. 尝试用绘画、手工或动画等方式展示自己想设计发明的东西，谈谈"奇思妙想"的特点和作用。

2. 根据同学的建议补充"奇思妙想"的神奇之处，完善作品。

设计意图：通过绘画、手工、信息技术将自己的想象赋予生命力，实现跨学科融合，培养学生的多元智能。

▶ **板块四：学习例文引路，互评润色提升**

学生活动：

1. 模仿习作《会飞的木屋》的构思导图，构思小发明的功能和样子。

2. 完成习作构思，并进行展示、评价、修改，体会准确地介绍事物的方法。

3. 完成习作练习，并在班级里展示交流。

设计意图：聚焦习作目标，搭建想象支架，帮助学生逐步完善自己的奇思妙想，为习作做好准备。

【**课时安排建议**】

4课时。

第1课时：选择一则"自然奥秘、现代科技奇闻"与同学交流，并能谈谈自己的见解。

第2课时：大胆展开想象，尝试通过图画、手工、动画等方式向同学介绍自己想发明的东西或看到的新奇的发明产品，用思维导图呈现自己或他人的"奇思妙想"，与同学交流。

第3—4课时：学习说明文精确表达的语言特点，在奇思妙想和语言特点学习的基础上，完成以"奇思妙想"为主题的习作练习。通过教师评价、生生互评等多元评价，对习作加以修改润色，实现表达与交流。

【持续性学习评价】

板块	评价标准	评价	评价人
奇思妙想	学习科普说明文准确表达的语言特点，并能照样子写一种自己熟悉的事物	☆☆☆☆☆	
	能用适合的方式将自己或他人的奇思妙想呈现出来，并与同伴交流，感受想象的乐趣	☆☆☆☆☆	
	能运用在本单元学到的恰当的表达方法，将自己或他人的奇思妙想写出来	☆☆☆☆☆	

（五）展示交流：欢聚展览会

【阶段学习目标】

1. 能梳理总结学习成果，通过小组讨论交流对展品进行修改和美化，进行展馆设计。
2. 能根据自己的创作过程，进一步完善评价标准，并对各展馆作出评价。
3. 在参观展览的过程中，能欣赏、学习别人的作品，进行交流、反思。

【阶段学习活动设计】

▶ **板块一：小组分工合作，美化设计展品**

学生活动：

1. 小组合作，整理各阶段学习成果，如恐龙卡片、科技小博士争霸赛问答卡、《奇思妙想》作品与习作等材料，进行美化，写明产品简介、演示内容等，形成展品，并将展品分类到"远古馆""当代馆""未来馆"中。
2. 设计班级科技展览会的宣传海报，设计并制作展览会邀请函。
3. 班级推选各展馆讲解员，模拟演练讲稿内容。

设计意图：落实 2022 年版语文课程标准中提到的"参加跨学科学习活动，乐于观察、提问、交流，能参与简单的活动策划、组织工作；能根据不同学习活动主题搜集、整理信息和资料，提出自己感兴趣的问题；能用照片、图表、视频、文字等展示学习成果，并与他人分享"，充分调动学生的学习主动性，在真实性、综合性、实践性的学习情境中实现素养提升。

▶ **板块二：完善标准，推荐优秀作品参展**

学生活动：

1. 根据自己的学习、创作过程，进一步理解、完善展品评价标准。
2. 依据评价标准和细则评选出优秀作品。
3. 为其他作品提出建议，修改后在班级展览。

设计意图：根据表现性评价理论，依托单元情境任务，坚持评价贯穿全过程。以评价激发学生的学习需求，使其产生内在的学习动机，并在自主建构的学习中深入理解和完善评价标准。

▶ **板块三：展览会交流展示**

学生活动：

1. 布置"远古馆""当代馆""未来馆"，解说展馆的展品。

2. 参观展览会的三个展馆，学习别人的作品，进行交流反思和点评。

3. 推荐优秀作品参加学校展览，总结举办科技展览会的学习体会。

设计意图：2022 年版语文课程标准提倡在参加跨学科学习活动时，学生要乐于观察、提问、交流，创设班级展览会这样的活动，有利于促进学生的交流和反思，创设轻松的学习环境，学生准备展品、参观展览的过程都是自我提升和反思进步的过程。

【课时安排建议】

3 课时。

第 1 课时：小组分工合作，整理各个阶段的作品，分类美化设计展品，设计宣传海报及邀请函。

第 2 课时：推选各展馆讲解员，修改讲稿，加强练习。

第 3 课时：修改完善评价标准，参观各个展馆并进行交流和点评。

【持续性学习评价】

展览会交流展示阶段评价标准

1. 展览会参与度评价表（评价对象：全班同学）

板块	评价标准	评价	评价人
展览会交流展示	能对学习成果进行解说	☆ ☆ ☆ ☆ ☆	
	能欣赏并评价各种展品	☆ ☆ ☆ ☆ ☆	
	能积极参与观众互动活动	☆ ☆ ☆ ☆ ☆	
	能积极参与展览会志愿服务活动	☆ ☆ ☆ ☆ ☆	

2. 展览会小组合作交流展示评价细则（评价对象：合作小组）

评价	评价细则
5＝非常好	小组各成员积极参与、分工合理；前期有充分准备，乐于分享；成果展示美观实效，展示方式富有一定创意，展示仪态落落大方，展示语言具有一定的亲和力和吸引力
4＝很好	小组各成员积极参与、分工合理；前期有充分准备，乐于分享；成果展示美观实效，展示仪态落落大方，展示语言具备一定吸引力
3＝好	小组成员积极参与、分工合理；前期有一定准备，乐于分享；成果展示美观实效，展示仪态落落大方，展示语言流畅连贯
2＝欠缺	小组成员分工欠合理；前期准备不够充分；展示方式有待完善，展示仪态及语言有待提高
1＝差	小组各成员缺乏分工；前期无准备；展示方式单一单调
0	无任何展示交流的尝试

（一）本单元设计特色

1. 情境性与驱动性

本案例设计与学生的现实生活链接，基于科创主题阅读节的真实情境，设计了开展"神奇的力量"科学展览会这一真任务，以展览会的"远古馆""当代馆""未来馆"三大展馆的策划及展览为线索，设计学习活动，搭建跨学科学习任务群，促进学生的课内外学习。

2. 综合性与实践性

本单元的学习活动以语文学科为主，融合科学、艺术、信息科技等学科，实现跨学科学习，具备一定的综合性。学生在对"远古馆""当代馆""未来馆"三大展馆的策划、筹备和展览交流过程中，完成跨学科学习任务，并进一步锻炼了团队协作能力和交际能力，综合素养得到发展。

3. 基础性与开放性

虽然是跨学科学习，但本案例基于统编教材的单元内容进行设计，强化语文基础知识的落实，注重基础知识、语言经验的积累。在此基础上，将课内学习资源进行整合、删改和补充，设计了推选展览会讲解员、为"科技小博士争霸赛"设计问答卡等学习任务，兼具开放性。

（二）本单元设计中的困惑与反思

本案例为跨学科学习，采用项目式学习的方式推进，学习内容丰富，学习活动多样，以语文学科为主，融合科学、艺术、信息科技等多个学科。2022 年版语文课程标准在"跨学科学习"的"教学提示"部分提出："评价主要以学生在各类探究活动中的表现，以及活动过程中完成的方案、海报、调研报告、视频资料等学习成果为依据。教师可以针对主要学习环节和内容制订评价量表，邀请相关学科教师、家长、社会人士参与评价。"学生在完成创意性学习成果时，无形中挤占了夯实语文基础知识及能力的时间和精力。如何权衡基础性与开放性之间的关系，如何把握两者的比重，是后续研究中需要进一步探讨的问题。

（广州市南沙区教育发展研究院　杨美滨

广东第二师范学院附属南沙麒麟小学　周彩霞

广州市南沙区东涌第一小学　林爱芬

华南师范大学附属南沙小学　王燕香

广州市南沙区金隆小学　陈慕桢

广州大学附属中学南沙实验学校　金露）

发现诗歌之美，品味童心之趣
——四年级下册第三单元

一、 学习情境与学习任务

本单元是统编教材四年级下册以现代诗为主题的综合学习单元。教学这一单元时正值学校一年一度的 4 月阅读节，我们结合学校阅读节活动开展"最美朗读者"活动，创设真实的学习情境，组织举办线上线下的诗歌朗诵会。活动设置了"为你读诗，做最美朗读者"的学习任务，具体要求是为朗诵会准备诗文，参加班级举办的诗歌朗诵会，小组合作编辑现代诗歌集，并在线上线下展示。学习任务契合课程标准的要求，即在真实的语言运用情境中发现、感受和表现语言文字的魅力。

本单元教材设计的综合性学习活动以诵读现代诗歌贯穿始终，引导学生在诵读中感受事物的美丽，在诵读中展开想象，在诵读中揣摩诗歌的语言，在诵读中体会诗歌的情感，在诵读中发现诗歌的美好，不断发展学生的想象力。通过图文结合的方式收集编纂诗歌集，仿写创编现代诗，引导学生用文学语言表达自己的独特感受，培养学生热爱自然、珍爱生命的情感。这符合语文课程标准第二学段关于诗歌教学的要求：诵读优秀诗文，注意在诵读过程中体验情感，展开想象，领悟诗文大意。

本单元属于"文学阅读与创意表达"学习任务群，引导学生诵读现代诗，编纂诗歌集，并仿写创编诗歌，通过系列性的现代诗学习活动，让学生的语言能力、审辩思维、审美能力、创新能力、沟通合作能力得到发展。

二、 学习资源与学习目标

（一）学习资源

本单元在教材呈现上，围绕人文主题"轻叩诗歌大门"选编了几首现代诗，分别是中国现代诗人冰心诗集《繁星》中的三首、艾青的《绿》、苏联叶赛宁的《白桦》、戴望舒的《在天晴了的时候》，以及"语文园地"中对现代诗的语言情感和描写等内容。另外还编排了综合性学习活动，即收集现代诗、根据需要收集资料、初步学习整理资料的方法，交流收集的现代诗并合作编小诗集，举办诗歌朗诵会等综合性学习活动。为拓宽学生对现代诗的阅读面，教学资源里还推荐冰心的诗集《繁星·春水》。通过整合单元学习资源，将"最美朗读者"活动贯穿大单元的课堂，并围绕"以读促悟、品析语言、丰富想象和生发情感"等四个方面引导学生去体验情感，展开想象，领悟诗文巧妙之处，从而能更加切实地品味诗歌的美和童心之趣。

三年级上册的现代诗《听听，秋的声音》、下册的《池子与河流》，四年级上册的现代诗《秋晚的江上》《花牛歌》，让学生对现代诗的形式、节奏等特点都有了较为初步的感知，但是这种感知是浅表层次的、碎片化的。随着年级升高，学生读过的诗歌越来越多，对诗歌的语言更加熟悉，加上儿童想象丰富，模仿能力强，乐于表现自我，容易对诗歌独特的语言表达以及诵读、仿写、创编诗歌的语文实践活动产生兴趣。

（二）学习目标

根据单元学习情境和学习任务，制定本单元的学习目标。

1. 能借助预习、交流等方法，独立识字学词，学会本单元生字新词。

2. 能通过反复朗读背诵指定篇目，理解诗歌表达的思想感情，体会诗歌的语言特点和韵味。

3. 能通过交流探究，用多种形式摘抄、编纂诗集，尝试仿写和创编诗歌。在摘抄、编纂、创编诗歌的实践活动中进一步体会诗歌形象、韵律、语言、句式和情感方面的特点，激发对生活的热爱，提高审美情趣。

4. 能通过线上线下展示诗歌集、举行诗歌诵读会等活动，培养对诗歌的喜爱，提升诵读水平。

三、学习活动设计

为指导学生组织并参与班级举办的"最美朗读者"活动，我们依据单元学习目标整合本单元的学习内容，将整个单元的学习流程分为诗文大观园、诗卷小主编、小诗人初长成、"我想为你读诗"朗诵会四个阶段。

第一阶段是诗文大观园。学生借助预习单整体学习本单元诗歌，自学生字新词，反复诵读诗歌，能借助表格读懂诗歌的内容，体会诗歌所抒发的真情实感，初步体会诗歌的韵律、句式特点等。

第二阶段是诗卷小主编。收集课外读过并喜欢的诗歌，规定每个学生提供不少于三首。通过小组合作讨论，整理筛选收集到的诗歌，初步形成分类标准，如按主题分类、按作者分类、按年代分类等。小组合作编辑并进行排版和美化，编成诗歌集。班级间各小组进行诗歌集漂流，鼓励学生对诗歌集或诗歌集中的作品做出评价。

第三阶段是小诗人初长成。诵读单元教材中的诗歌和自己收集编纂的诗歌集中的诗歌，通过交流分享，感受现代诗的优美韵律、丰富想象、独特表达、个人情感等特点。结合自己的生活体验和感悟，进行诗句仿写或诗歌创编；通过小组合作学习，点评修改自己创作的诗歌。

第四阶段是"我想为你读诗"朗诵会。进行诵读会前的朗读演练、诵读会的组织筹备等。诵读会上可以安排小组间点评，会后可进行评奖活动。同时还可以在线上开展"朗读亭"活动，通过音视频录制将诵读活动延伸到班级学习圈。

整个学习任务围绕着学习现代诗展开，学生在诵读、编辑、创编现代诗的实践中了解现代诗的特点，培养喜爱现代诗的情感，激发学写现代诗的兴趣。

四个阶段大致需要 8 课时来完成。

四、各阶段学习目标和学习活动设计

第一阶段：诗文大观园

【阶段学习目标】

1. 能借助预习、交流等方法，独立识字学词，学会本单元生字新词。

2. 能通过反复朗读读懂诗歌，注重有感情地朗读，体会诗歌的韵味。（重点）

3. 能借助表格梳理现代诗的内容、语言、句式和情感抒发的特点，领略诗歌含蓄凝练的语言风格，体会对大自然和生活的热爱之情、对母爱的赞美之情。（难点）

【阶段学习活动设计】

▶ **板块一：寻找共鸣，发布任务**

学生活动：

1. 观看《朗读者》节目，通过角色扮演，交流分享。

提问：如果自己站在舞台上当朗读者是什么感受？

2. 发布"最美朗读者"的任务，揭秘成为"最美朗读者"的各要素评价标准。

3. 讨论落实"最美朗读者"任务的阶段内容：读诗—编诗—写诗—品诗。

设计意图：本环节设计基于学生对舞台上朗读者的真切感受，引出学习任务，并通过自主讨论制定了成为一名"最美朗读者"的评价标准，规划了后续阶段任务，让学生成为综合实践活动的主体。

▶ **板块二：参考资源，梳理要素**

学生活动：

1. 交流预习，小组解决生字词（附预习单）。

2. 进行头脑风暴，探究单元里现代经典诗歌的特点。

设计意图：本环节设计先让学生预习，整体了解和把握课本上的学习资源，并通过讨论得出评价一首诗歌的最重要的要素。

▶ **板块三：朗读品味，揭秘诗语**

学生活动：

1. 明确朗读要求：读出韵味，读出画面，读出自己。

2. 多种朗读方式练习：男女对读、师生对读、小组合作读、个人读等。

3. 研读诗歌，探究语言之美（节奏美、表达美、想象美）。

4. 诵读诗歌，体悟情感之美（对大自然和生活的热爱，对母爱的赞美）。

设计意图：本环节设计在于通过反复朗读诗歌，学习朗读现代诗的技巧，并以读促悟，继而从不同的角度找出诗歌的美。

单元预习单

1. 我会认：结合认字表读课文，不认识的字查字典、注拼音，摘抄在下面的横线上。

_____

2. 我会读：读准字音、读通句子，读出诗歌的节奏与韵律，读懂诗歌的大致内容。

朗读阶段评价标准

描述	评价
读准字音、读通句子，读出诗歌的节奏与韵律，读懂诗歌的大致内容	☆☆☆☆☆
读准字音、读通句子，读出诗歌的节奏与韵律	☆☆☆☆
读准字音、读通句子	☆☆☆

3. 我会写：自学本单元写字表和词语表，圈出容易写错的字，摘抄在下面的横线上。

_____

4. 我会理解：浏览单元文章，填写表格。

文章	诗歌内容	语言特点	最喜欢的诗句	诗的情感	我的感受	表达的情感
《繁星（七一）》						
《繁星（一三一）》						
《繁星（一五九）》						
《绿》						
《白桦》						
《在天晴了的时候》						

5. 我会比较、质疑：

_____

_____

_____

朗读评价表	1. 读准字音、读通句子
	2. 读好停顿、语气、语调
	3. 读懂诗歌的大致内容
	4. 品读，读出诗歌让自己产生想象的画面
	5. 诵读，读出对诗歌情感的体悟和理解

【课时安排建议】

3 课时。

第 1 课时：检查预习情况，发布单元学习任务，明确各阶段学习要求，并讨论如何成为一名最美朗读者，如何评选"最美的诗"。

第 2—3 课时：通过朗读教材中的诗歌，从"语言美"和"情感美"两个角度品味现代诗歌，初步认识现代诗的特点。课后布置作业，收集摘抄自己喜欢的现代诗。

【持续性学习评价】

"诗文大观园"阶段评价标准

类别	描述	评价
学习资源基础梳理	能根据预习单准确地完成练习，在课堂上积极发言，积极讨论交流；能准确地了解现代诗的特点，有自己独特的理解	☆☆☆☆☆
	能根据预习单较好地完成练习，在课堂上发言；能较好地了解现代诗的特点，有自己独特的理解	☆☆☆☆
	能根据预习单完成练习，在课堂上认真听讲，了解现代诗的特点	☆☆☆
参与情况	能积极参与"诗文大观园"活动，主动出谋划策，并善于与人合作、交流	☆☆☆☆☆
	能比较主动地参与"诗文大观园"活动，积极表达自己的看法，并愿意与人合作、交流	☆☆☆☆
	能根据要求参与"诗文大观园"活动，有自己的想法，参与小组合作、交流	☆☆☆

第二阶段：诗卷小主编

【阶段学习目标】

1. 能分类整理课外收集到的诗歌，合作编写小诗集，初步学习分类收集整理资料的方法。

2. 能通过反复朗读体会诗歌的韵味，做到熟读成诵，背诵"短诗三首"和《绿》。

3. 能通过欣赏和评价诗歌，讨论诗歌创作的方法，体会对大自然和生活的热爱之情、对母爱的赞美之情。

【阶段学习活动设计】

▶ **板块一：收集整理诗歌，合作编写诗集**

学生活动：

1. 回顾学习过的《繁星》《绿》《白桦》等现代诗，摘抄现代诗，并展示交流。

2. 尝试给诗歌分类，头脑风暴多种分类方式，合作完成"诗歌分类思维导图"。

3. 选择小组诗集的分类方式，讨论如何个性化完善诗集，补充名字、封面、目录、插图等。

4. 讨论分工，完成诗集。

"诗卷小主编"阶段参与度评价标准

类别	描述	评价
摘抄	能用多种方法收集课外现代诗，摘抄诗文丰富，分类规范，积极交流分享	☆ ☆ ☆ ☆ ☆
	能比较主动地收集课外现代诗，摘抄诗文丰富，分类规范，乐于分享	☆ ☆ ☆ ☆
	能根据要求收集课外现代诗，摘抄诗文	☆ ☆ ☆
编写诗集	能积极参与小组编写诗集活动，主动出谋划策，并善于与人合作、交流	☆ ☆ ☆ ☆ ☆
	能比较主动地参与小组编写诗集活动，积极表达自己的看法，并愿意与人合作、交流	☆ ☆ ☆ ☆
	能根据要求参与小组编写诗集活动，有自己的想法，参与小组合作、交流	☆ ☆ ☆

设计意图：引导学生在初步了解现代诗的一些特点、体会诗歌表达的情感的基础上，根据需要收集资料，初步学习整理资料的方法，合作编写诗歌集；整理资料，在了解资料内容的基础上对资料进行分类、整合、排序；在合作编写诗集的过程中学习整理资料的方法。

▶ **板块二：小组展示诗集，游园交流评价**

学生活动：

1. 小组讨论如何介绍自己编写的诗集，要展示出亮点。

2. 小组发言人介绍小组的作品，并将作品放在游园诗会的展览区展示。

3. 各小组有序交叉翻阅和欣赏展览，进行诗集漂流活动，并写评语及投票。

"诗卷小主编"阶段作品评价标准

类别	描述	评价
作品	能根据要求完成诗集，编排有亮点，插图精彩，诗集精美	☆ ☆ ☆ ☆ ☆
	能根据要求完成诗集，编排合理，插图恰当，外表美观	☆ ☆ ☆ ☆
	能根据要求完成诗集，编排基本合理，有插图，干净整洁	☆ ☆ ☆

设计意图：本次活动先引导学生在学习和理解经典现代诗的基础上初步体会现代诗的特点，然后通过对诗歌的分类整理和诗歌集的编辑，深化对现代诗特点的了解，最后通过展示、欣赏、交流和评价，深入体会诗歌表达的情感，提高学生对诗歌的欣赏能力。

▶ **板块三：分享讨论诗歌创作的方法**

学生活动：

1. 小组讨论，分享自己感动的内容，并记录下自己感兴趣的事物。

2. 恰当运用修辞、思维导图和图画来准备仿写素材，创造氛围，培养兴趣。

3. 欣赏后再有感情地朗读，感受节奏美、想象美、表达美、情感美。

设计意图：本次活动设计让学生在回顾诗歌特点的基础上，明确创作诗歌需要遵循的一些基本原则，通过鉴赏和修改诗歌创作案例，进一步理解创作诗歌的方法，为接下来创编诗歌打好基础。

【**课时安排建议**】

2 课时。

第 1 课时：收集整理诗歌，学习诗歌分类，布置编写诗歌集的任务。

第 2 课时：对完成的诗歌集进行展示和评价，讨论创作诗歌的方法。

第三阶段：小诗人初长成

【**阶段学习目标**】

1. 通过大量、反复朗读单元中的诗歌和搜集的课外优秀诗歌集，感受现代诗的优美韵律、丰富想象、独特表达、真挚情感的特点。

2. 能通过想象法、五官感知法进行诗意仿写、句子仿写、主题仿写等活动。（重、难点）

3. 在同学间交流创作的诗歌，互相点评、修改。

【**阶段学习活动设计**】

▶ **板块一：朗读诗歌，巩固字词**

学生活动：

1. 回顾并朗读《繁星》《绿》《白桦》等现代诗，进行字词接龙，再次夯实字词基础。

2. 小组内展示整理好的优秀诗歌集，组内朗读交流，分享朗读感受。

分类	描述	评价
参与度	能积极参与小组诗歌朗读交流分享活动，正确流利有感情地朗读，积极表达自己的看法，积极与人合作、交流	☆☆☆☆☆
	能比较主动地参与小组诗歌朗读交流分享活动，能正确流利地朗读，积极表达自己的看法，愿意与人合作、交流	☆☆☆☆
	能根据要求参与小组诗歌朗读交流分享活动，能正确地朗读，参与小组合作、交流	☆☆☆

▶ **板块二：落实要点，创编指导**

学生活动：

1. 落实要点，分享讨论。感受现代诗优美韵律、丰富想象、独特表达、真挚情感的特点。

2. 我能仿写。

（1）仿写句子。

任务	仿写要点	仿写方向	文章句子	活动
仿写	优美韵律	句式整齐	刮的风是绿的，下的雨是绿的……	仿写
		句式参差	挤在一起，重叠在一起，静静地交叉在一起……	比较／仿写
	丰富想象	丰富想象	在我的窗前，有一棵白桦，仿佛涂上银霜，披了一身雪花	类比／仿写
	独特表达	表达独特、自由	在朦胧的寂静中／炫耀着新绿的小草／阳光也是绿的	仿写
	真挚情感	表达个人情感和感悟	母亲啊！心中的风雨来了，我只躲到你的怀里	仿写

（2）仿写语段。请仿照《绿》的思维导图和片段，另选一种颜色完成思维导图和写一节诗。

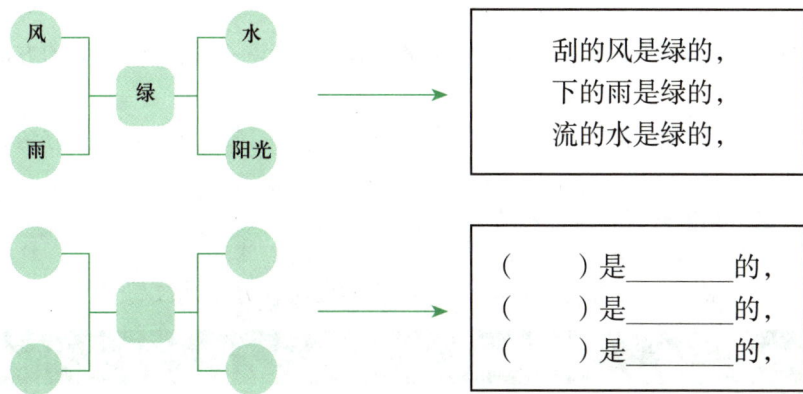

```
风        水
    绿            →    刮的风是绿的，
雨        阳光            下的雨是绿的，
                          流的水是绿的，
```

```
                   →    （    ）是_____的，
                          （    ）是_____的，
                          （    ）是_____的，
```

仿照《在天晴了的时候》的第一节，写写你生活中"不一样的时候"。

在天晴了的时候，
该到小径中去走走：
给雨润过的泥路，
一定是凉爽又温柔；

```
在_____的时候，
该_____：
_____，
一定是_____：
```

3. 综合创编：我手写我心。

设计意图：依据学生在诗歌学习交流中的实际情况，立足现代诗创编这一难点，从教材到生活，先从模仿开始，以课内学习资源为依托，帮助学生建构方法，积累学习经验。

▶ **板块三：修改互评，完善创编作品**

学生活动：

1. 完善评价标准。

2. 学生自评。

3. 小组互评。

4. 将创编好的作品整合到诗歌集里。

现代诗创编的评价标准

现代诗歌创编	描述	评价
评价标准	诗句节奏感清晰、韵律优美	☆☆☆☆☆
	想象力丰富，诗句画面能让人产生联想和想象	☆☆☆☆☆
	表达独特，有自己独特的感受和表达	☆☆☆☆☆
	诗歌能表达自己的情感和感悟	☆☆☆☆☆

设计意图：引导学生自主讨论并完善评价标准，提高学生修改诗歌的动力和效果；引导学生在互评过程中品味他人的诗歌，获得良好的朗读体验。

【课时安排建议】

2课时。

第1课时：学生之间交换摘抄的课外诗歌，运用在第一阶段品读诗歌的方法赏析课外诗歌。

第2课时：在仿写创编中落实诗歌的主要特点，分享讨论仿写创编的方法，并进行仿写创编和修改。

【持续性学习评价】

小诗人初长成的阶段表现评价标准

评价内容	描述	评价	评价等级
诗歌作品完成程度	能根据诗歌朗诵会要求完成作品，主题突出，想象丰富，表达独特，个人情感深刻	☆☆☆☆☆	
	能根据诗歌朗诵会要求完成作品，符合主题，有想象，表达符合要求	☆☆☆☆	
	能根据诗歌朗诵会要求完成作品，符合主题，表达流畅	☆☆☆	

评价内容	描述	评价	评价等级
参与程度	能积极参与"最美朗读者"诗歌朗诵会，创编欲望强，并善于与人合作、交流	☆☆☆☆☆	
	能比较主动地参与"最美朗读者"诗歌朗诵会，积极表达自己的看法，并愿意与人合作、交流	☆☆☆☆	
	能根据要求参与"最美朗读者"诗歌朗诵会，有自己的想法，参与小组合作、交流	☆☆☆	

第四阶段："我想为你读诗"朗诵会

【阶段学习目标】

1. 能用合适的形式以及语气进行朗诵，表情、体态自然大方。（重点）
2. 小组合作筹办班级朗诵会。（难点）

【阶段学习活动设计】

▶ **板块一：朗诵会筹备**

学生活动：

1. 小组内讨论分享朗读方法，选出代表面向全班发言，整合班级朗读贴士（思维导图）。
2. 每组任选一段朗读展示，其他组同学给出修改建议。
3. 赛前热身，进行组内朗读彩排和工作安排：完成节目单制作，邀请评委，讨论评价标准（节目单后附上评价星级和关键词填写），布置会场，安排摄影、分数统计和主持词撰写等。

设计意图：通过小组合作形式，不仅培养了班级凝聚力，也能培养学生独当一面组织活动的能力。语文课程标准在梳理与探究模块中指出：学生应学习组织有趣味的语文实践活动，在活动中学语文、学合作。

▶ **板块二：举办朗诵会**

学生活动：

1. 学生主持开场。
2. 参赛者上台诵读。
3. 每组作品诵读后进行点评（以主题分组，教师评，学生互评）。
4. 根据活动情况评出"最美朗诵者""最佳编排奖""最佳合作奖""最高人气奖""最美插图奖""最佳主编奖""最佳评语奖"等奖项并颁奖，总结活动。

设计意图：本次活动是本单元最主要的展示活动，通过统一主题展示和及时点评，意在最大限度地捕捉学生当下的感受，让学生在认识诗歌、感受诗歌、演绎诗歌的过程中发现诗歌的美好。

▶ **板块三：线上朗读亭，延伸学习群**

学生活动： 在家录制诗歌朗诵音视频，通过班级学习圈、校园广播、校园公众号等进行发布。征集内容包括朗读音视频、朗读内容、诗人简介、朗读者生活照等。平台开放点赞评论通道，选择关键词进行评价。

设计意图：举办线上朗读亭活动，将课堂的诵读会延伸到课后，拓展学生的学习圈。让学生录制音视频，让他们不断挑战自我和反思自我。让学生观摩他人的诵读作品，促使他们对单元整体学习进行回顾和内化。

▶ **板块四：你陪我长大，我为你读诗**

学生活动：为家人读诗，并询问家人的感受和评价。

设计意图：将"我想为你读诗"带到家庭里，带进日常生活中，让学习与生活融合，营造家庭阅读氛围，促进亲子关系融洽。

▶ **板块五："我想为你读诗"活动总结**

学生活动：观摩并评价线上活动，进行大单元整体学习的总体评价（详见附件）。

设计意图：线上活动不仅需要在线上完成，更需要讨论"落地"环节。对单元的整体评价更有利于大单元学习的回顾和总结。

【课时安排建议】

1课时。

朗诵活动筹备及线上"朗读亭"展示主要安排在课外进行。课内进行朗诵活动和点评总结等。

附件：

"发现诗歌之美，品味童心之趣"单元整体学习调查问卷

1. 你喜欢用什么方式来朗读诗歌？（　　　　　）（可多选）
① 自己大声朗读　　② 录音朗读　　　③ 和伙伴合作读
④ 师生互读　　　　⑤ 全班齐读
⑥ 其他：＿＿＿＿＿＿＿＿＿＿

2. 你认为你们的小诗集最值得推广的亮点是哪个？（　　　　　）（可多选）
① 内容独特　　　　② 插图优美　　　③ 分类合理　　　④ 编排清楚
⑤ 其他：＿＿＿＿＿＿＿＿＿＿

3. 你认为你们的朗读在哪方面比较出彩？（　　　　　）（可多选）
① 停顿节奏　　　　② 手势表情　　　③ 语气语调　　　④ 情感丰富
⑤ 其他：＿＿＿＿＿＿＿＿＿＿

4. 你最擅长的仿写创编技巧是什么？（　　　　　）（可多选）
① 丰富的想象　　　② 巧妙的修辞　　③ 多变的句式　　④ 独特的意象（事物）
⑤ 画画　　　　　　⑥ 思维导图　　　⑦ 联系生活　　　⑧ 语言
⑨ 其他：＿＿＿＿＿＿＿＿＿＿

5. 你在本单元的"最美朗读者"任务活动中收获了什么？（可多选）
① 美的熏陶　　　　② 语言表达能力　③ 朗读技巧
④ 创编诗文　　　　⑤ 策划组织能力　⑥ 信息收集能力

⑦ 其他：_____

6. 在本单元的"最美朗读者"任务活动中，你的遗憾是什么？

_____

_____

五、 反思与讨论

（一）本单元设计特色

依托学校阅读节的真实情境，将课文内容与校园活动联动。以语文实践活动——朗诵会为主线，以学习主题为引领，将学习任务与校园特色活动联动起来，让学生在活动中感悟知识点。

线上线下学习全方位融合。不仅能应对课外学习之需，也能满足学生更多分享和展示的愿望。

契合课程标准对审美创造核心素养培养的要求。在以"诵读会"为主线的学习任务中，通过发现诗词语言之美，并结合多种实践活动，能让学生不断提升感受美、发现美、运用文字表现美以及创造美的能力。采用对比、探究阅读等方式有助于丰富课堂思维的深度。

（二）本单元设计中的困惑与反思

在筹备诗歌诵读会时，学生不仅是表演者还是组织者。如果学生全面接手组织筹备，其耗费的心力必然会多，其诵读的水平或许就会受影响。对此，教师应结合班级的具体学情，适当地为学生搭建组织活动的脚手架，不仅可以降低活动组织难度，也能减轻学生的心理压力。

（华南师范大学附属南沙小学　吴蝶　姜勤勤　白帆　朱秀华）

奇思妙想，塑真善美人物形象
——四年级下册第八单元

一、 学习情境与学习任务

本单元以"奇思妙想，塑真善美人物形象"为主题，语文要素是"感受童话的奇妙，体会人物真善美的形象；按自己的想法新编故事"。教学本单元时，正逢学校举办"庆祝六一儿童节"系列活动。其中，"童话故事伴我成长"阅读展演活动为学习本单元创设了真实情境，有利于设计相互关联的语文实践活动，统整课内阅读、整本书阅读、故事创编、展演活动，指向课程标准要求："阅读富有想象力和表现力的儿童文学作品，欣赏富有童趣的语言与形象，感受纯真美好的童心，学习用口头或者图文结合的方式创编儿童诗和有趣的故事，发展想象力。"设计的学习任务是按照自己的想法新编自己喜欢的童话故事，选出自己满意的成果参加"童话故事伴我成长"阅读展演活动。新编童话故事有别于学生独立编写，难度相对较低，更加接近四年级学生的写作水平。

本单元设置了学习主题"创编童话，让真善美流淌心中"，将语言文字学习与创意表达、审美培养有机结合，有利于学生积累阅读和表达经验，形成正确的审美观念，提升核心素养。单元学习任务设计有助于落实语文课程标准中"文学阅读与创意表达"学习任务群的教学目标。

二、 学习资源与学习目标

（一）学习资源

本单元重在体会童话故事人物真善美的形象，整个单元编排了两篇精读课文《宝葫芦的秘密（节选）》《巨人的花园》，一篇略读课文《海的女儿》开头部分；单元习作要求以自己喜欢、熟悉的故事为素材，重新变换故事的结局来创编故事；交流平台提示我们既可以体会其中丰富奇妙的想象，也可以感受人物真善美的形象；语文园地安排了"词句段运用""书写提示""日积月累"，旨在增强语言运用的实践与积累。为拓宽学生的阅读面，丰富学生的写作知识，我们还结合课文《宝葫芦的秘密（节选）》《海的女儿》推荐整本书阅读。通过整合单元学习资源，学习任务明确集中，学生通过阅读与习作实践以及整本书阅读交流，习得通过奇妙的想象塑造真善美人物形象的方法，从而完成单元学习任务。

通过想象塑造人物形象编写故事，在统编教材中有相关的进阶安排。例如，二年级上册要求"展开想象，获得初步的情感体验；借助图画，续编故事"，三年级上册要求"感受童话丰富的想象；试着自己编童话，写童话"，三年级下册要求"了解故事的主要内容，复述故事；根据提示，展开想象，尝试编童话故事"。本单元的想象又有了新的提升点，教学时不仅要引导学生感受童话丰富的想象，还要通过奇妙的想象体会人物真善美的形象，能够按自己的想法新编故事"。

（二）学习目标

根据单元学习情境和学习任务，制定本单元的学习目标。

1. 能在预习的基础上读懂课文，会认 22 个生字，读准 1 个多音字，会写 26 个字和 20 个词语，养成良好的识字、写字习惯。

2. 能运用浏览、略读、精读等不同的阅读方法，配合整本书阅读，感受想象的奇妙，体会真善美人物形象，初步总结梳理童话中塑造真善美人物形象的方法。

3. 能根据生活经验和单元学习任务，在教师指导下初步制定、完善、补充学习评价标准，并根据评价标准完成学习任务。

4. 能发挥想象，选择奇妙的故事情节，运用多种描写人物的方法塑造人物形象，完成"小练笔"和"故事新编"两篇习作，并比照评价标准修改习作。培养创造美的能力，形成正确的审美观念。

5. 能按照展演的要求，通过团队合作完善和美化自己的作品，给习作配插图，在合作学习时积极发表自己的意见和建议，最终以文字稿、讲故事、课本剧等多种形式进行展演。学会合作，呈现所得。

三、 学习活动设计

为使学生积极参加展演活动，结合本单元的学习任务和目标，将整个单元的学习流程分为四个阶段：自学课文，发布任务；阅读练笔，学习方法；完成习作，交流修改；优化作品，展示成果，并且明晰了每一个阶段学生需要完成的具体任务。

第一阶段：自学课文，发布任务。结合课文学习发布"童话故事伴我成长"阅读展演活动任务，让学生在预习课文、自学字词、感知文章内容的基础上，了解本单元学习任务，明确完成任务的基本思路，初步讨论制定评价标准。

第二阶段：阅读练笔，学习方法。结合课文童话故事的学习，体会童话故事奇妙的想象，认识运用多种描写和塑造真善美人物形象的方法。结合学习体会，完成《巨人的花园》小练笔。结合评价标准交流、讨论小练笔的优点和不足，并进行修改。布置课外作业，整本书拓展阅读《宝葫芦的秘密》《海的女儿》，可选择其中一本，进一步体会童话编写方法。

第三阶段：完成习作，交流修改。整本书拓展阅读交流，进一步体会在奇妙想象中塑造真善美人物形象的方法，讨论完善评价标准。选择熟悉的故事，改变故事结局，运用课内外阅读中习得的表达方法完成"故事新编"习作。进行班内习作审阅，让学生彼此写下阅读感受和建议，并对照评价标准进行修改。

第四阶段：优化作品，展示成果。整理学习成果，配上插图，形成作品；在班级内交流推荐，以文字稿、讲故事、课本剧形式在学校进行展演，并交流感受。

本单元学习依托真实情境，设计前后连贯的语文实践活动，综合课文阅读、整本书阅读和小练笔及交流修改，循序渐进，最后达成学习目标，完成预定的学习任务，助力学生核心素养提升。

四个阶段大致需要 9 课时来完成。

四、各阶段学习目标和学习活动设计

第一阶段：自学课文，发布任务

【阶段学习目标】

1. 能结合课前预习，交流讨论，学习本单元的生字新词，初步读懂文章，感知内容。（重点）

2. 能借助表格梳理课文中的主人公、奇妙之处、人物形象，初步感受童话的奇妙，感受人物真善美的形象。（重、难点）

3. 了解单元学习任务和完成任务的基本思路，初步形成评价标准，产生参与学习活动的兴趣，积累解决问题的经验。（重点）

【阶段学习活动设计】

▶ **板块一：整体读文，交流识字**

学生活动：

1. 课前结合"预习单"进行自主预习。

单元预习单

1. 我会认：结合认字表读课文，不认识的字查字典、注拼音，摘抄在下面的横线上。

_____

2. 我会写：自学本单元写字表和词语表，圈出容易写错的字，摘抄在下面的横线上。

_____

3. 我会理解：浏览单元文章，填写表格。

课文	主人公	奇妙之处	人物形象
《宝葫芦的秘密（节选）》			
《巨人的花园》			
《海的女儿》			

4. 我会质疑：

_____
_____
_____

2. 交流预习，并通过借助工具书、请教同学等方法自主识字。

3. 全班交流，识记新字、新词，练习容易写错的字，并进行评价。

评价维度	评价标准	评价	自评	互评
内容完整 书写正确	1. 正确书写 18 个词语，笔画清楚	☆☆☆		
	2. 词语表中的内容有遗漏，或有错别字 1~3 个	☆☆		
	3. 词语表中遗漏 1~3 个词语，或者有错别字 3 个以上	☆		
书写规范 作品整洁	1. 姿势正确，结构合理，占位适当，大小一致，无涂改	☆☆☆		
	2. 姿势较正确，结构较合理，占位较适当，大小较一致，涂改 3 处及以内	☆☆		
	3. 姿势不太正确，结构不太合理，占位不太适当，大小不太一致，涂改 3 处以上	☆		

4. 试着做几个书签，并在上面写上一句你喜欢的有关"勤学"的名言。

书签制作评价量表

评价标准	评价
1. 能用正楷字自右向左竖着书写，字距均匀，上下对齐，格式美观	☆☆☆
2. 能用正楷字自右向左竖着书写，字距不太均匀，上下对齐，格式不太美观	☆☆
3. 能用正楷字自右向左竖着书写，字距不均匀，上下对齐，格式不美观	☆

设计意图：本环节设计源自学生真实的学习需求，即通过阅读别人的作品习得方法来写好自己的文章。在这样的学习情境中，鼓励学生运用以前学过的方法进行自主识字，并通过评价充分发挥学生的主观能动性。

▶ **板块二：梳理文本，了解内容**

学生活动：

1. 借助表格梳理每篇课文的主人公、奇妙之处和人物形象。

2. 重点感受《宝葫芦的秘密（节选）》中奶奶讲的故事，《巨人的花园》中，花园里发生的变化和巨人的转变，体会巨人并不是一个自私、冷酷的人，只是由于自己长时间独处的原因，而不懂得与人分享。发现童话不仅有奇妙的想象，还有真善美的人物形象。借助"交流平台"形成理性认识。

3. 以点带面，对单元中的几篇文章进行横向、纵向比较，感悟新编童话应该发挥想象，选择奇妙的故事情节，塑造真善美的人物形象。

课文	主人公	奇妙之处	人物形象
《宝葫芦的秘密（节选）》	王葆	奶奶讲的故事	童真
《巨人的花园》	巨人	花园的变化	善良
《海的女儿》	最小的公主	奇异的海底世界	美丽

设计意图：学生的学习是不断建构的，本环节从学生对文本的初步理解入手，引导学生通过梳理、品读、体会等方法感受童话的奇妙，体会真善美的人物形象，为下一步进行任务发布创造条件。

▶ **板块三：创设情境，发布任务**
学生活动：

1. 读《龟兔赛跑》故事，讨论如果再比一次，结局如何，感受故事新编的新意。

2. 阅读"童话故事伴我成长"阅读展演活动的通知，明确单元学习任务。

3. 思考和讨论完成学习任务的好方法，如写哪些熟悉的故事，写完后要修改、要给习作配图等，可以用文字稿、讲故事、课本剧等形式进行展演。基本形成文稿的设计思路，如习作时要发挥想象，突出表现人物形象。进而归纳出这一单元要评价的三个方面：文稿、作品、参与，并围绕三个方面形成初步的评价标准。

"童话故事伴我成长"阅读展演活动发布阶段评价标准

分类	描述	评价
作品	能根据展演要求完成作品，主题突出，构思独特，选择恰当的形式展演	☆☆☆☆☆
	能根据展演要求完成作品，符合主题，能选择展演形式	☆☆☆☆
	能根据展演要求完成作品，符合主题，进行展演	☆☆☆
参与	能积极参与"故事伴我成长"阅读展演，主动出谋划策，并善于与人合作、交流	☆☆☆☆☆
	能比较主动地参与"故事伴我成长"阅读展演，积极表达自己的看法，并愿意与人合作、交流	☆☆☆☆
	能根据要求参与"故事伴我成长"阅读展演，有自己的想法，参与小组合作、交流	☆☆☆

4. 初步讨论得出新编故事选材标准。

分类	描述	评价
文稿	能发挥想象，选择奇妙的故事情节	☆☆☆☆☆
	能发挥想象，选择比较奇妙的故事情节	☆☆☆☆
	能发挥想象	☆☆☆

设计意图：情境任务的设置能够激发学生的学习兴趣，让他们在任务驱动下，充分挖掘学习潜力，产生学习的主动性；同时可以在完成作品的过程中发展语言和思维，不断积累生活经验和学习经验，发现身边的美，滋养心灵，锤炼品格。

▶ **板块四：拓展延伸，深入文本**

学生活动：

1. 选一个奶奶给王葆讲的故事，根据已有内容创编故事，并讲给家人听。

2. 阅读整本书，随时记录自己的思考和收获。

设计意图：本次作业既是对课上学习的拓展和延伸，又是在明确单元任务后，以创编故事讲给家人听的方式，使学生在明确任务之后，通过学习别人创编故事的方法，为自己新编故事打下基础。

【课时安排建议】

2 课时。

第 1 课时：交流预习，学习生字新词；初读课文，梳理文章内容。

第 2 课时：了解单元学习任务，明确解决任务的思路，制定评价标准。

第二阶段：阅读练笔，学习方法

【阶段学习目标】

1. 能通过读《宝葫芦的秘密（节选）》《巨人的花园》《海的女儿》，感受奇妙的想象，体会真善美的人物形象，比较、梳理出描写人物的方法，运用方法完成小练笔。

2. 能在语言描写的基础上，尝试着根据表达需要，恰当运用动作、心理、神态描写等多种方法来具体表现人物特点，制定表达方面的评价标准，结合标准，修改练笔。（重、难点）

【阶段学习活动设计】

▶ **板块一：细读文本，习得方法**

学生活动：

1. 回顾并梳理课文内容，发现只通过奇妙的故事情节塑造真善美的人物形象是不够的，还需要用上人物描写的方法。

2. 细读文本中的人物描写，梳理归纳人物描写方法：外貌、语言、动作、心理、神态描写，表现人物特点，塑造人物形象。

3. 试着运用描写人物的方法，完成《巨人的花园》小练笔。

设计意图：依据学生在创作表达中的真实需求，立足表达这一难点，从教材到生活，再到自己的习作，帮助学生习得方法，并积累学习经验。

▶ **板块二：运用，修改练笔**

学生活动：

1. 运用所学方法，完成《巨人的花园》小练笔。交流练笔，聚焦问题——方法用得多，表达不生动。

2. 继续交流课文中人物描写的片段，并结合《宝葫芦的秘密（节选）》《巨人的花园》，学习通过语言描写来表现人物的特点。

3. 比较几篇课文，发现写人方法不是用得越多越好，既要综合运用，力求写具体，又要用得恰到好处，生动表达。

4. 结合课文，讨论、梳理出表达方面的评价标准。

分类	描述	评价
文稿	能恰当运用多种方法塑造真善美的人物形象	☆☆☆☆☆
	能运用多种方法塑造真善美的人物形象	☆☆☆☆
	能运用一两种方法塑造真善美的人物形象	☆☆☆

5. 依据标准，修改练笔。

设计意图：在本单元童话阅读中，学生对于奇妙的想象并不陌生，语言、动作、心理等表现人物的方法对于学生来说也不陌生，他们写作的难点在于如何用得好、用得巧。上一节课学生知道运用人物描写的方法将巨人与孩子们在花园中玩耍的情景写下来，塑造巨人的形象。这节课将通过引导学生发现练笔中的问题，以语言描写为突破点，提升写作能力。

▶ **板块三：课外阅读，体悟方法**
学生活动：

1. 结合创编标准，给同学读一读你的习作，请他们评价你的作品，并记录他们的建议和想法。

2. 继续阅读《宝葫芦的秘密》《海的女儿》整本书，选择奇妙的故事情节和人物描写片段与大家交流。

设计意图：本次作业是对课上学习的迁移运用，生生之间的评价、修改有助于学生兴趣的提升，并成为学生进一步运用方法的平台。课外阅读拓宽了学生视野，又与本次习作联系紧密，为学生提供了更为丰富的学习资源。

【课时安排建议】
2课时。
第1课时：阅读、比较梳理课文中描写人物的方法，并运用方法完成练笔。
第2课时：继续深入阅读课文，以语言描写为例，学习恰当运用描写人物的方法来表现人物特点。完成表达方面的评价标准，并依据评价标准修改小练笔。

━━━━━━━━━━━ 第三阶段：完成习作，交流修改 ━━━━━

【阶段学习目标】
1. 能结合自己阅读整本书《宝葫芦的秘密》《海的女儿》的体会进行交流，深入体会奇妙的故事情节和多种表现人物的方法，完善标准。（重、难点）
2. 能结合选材、表达方面的评价标准，以及学到的塑造人物形象的方法，围绕熟悉的故事，运用方法自主表达，完成"故事新编"的文稿。（重、难点）

3. 能运用课内、课外阅读中积累的语言和方法，依标对文，修改自己的习作；能与同学互相提出修改建议，修改并完善自己的习作。（重点）

【阶段学习活动设计】

▶ **板块一：拓展阅读，完善标准**

学生活动：

1. 交流"作品奇妙的故事情节和塑造的人物形象"，深入感受故事奇妙的想象，体会真善美的人物形象。

2. 交流熟悉的故事，体会人物形象。

3. 阅读《海的女儿》中自己喜欢的片段，多角度体会塑造人物形象的方法。

4. 结合课内、课外文本中习得的方法，完善标准。

分类	描述	评价
文稿	能发挥想象，选择奇妙的故事情节，并恰当运用多种方法塑造真善美的人物形象	☆☆☆☆☆
	能发挥想象，选择比较奇妙的故事情节，并运用多种方法塑造真善美的人物形象	☆☆☆☆
	能发挥想象，并运用方法塑造真善美的人物形象	☆☆☆

设计意图：本单元选文有两篇均为节选，激发了学生阅读整本书的欲望，而塑造人物形象单在选文中是不够丰满的，因此，从课内阅读到课外阅读，从选文到整本书阅读的延伸在这里是十分必要的，同时也为修改习作提供了标准，帮助学生积累了阅读整本书的经验，丰富了精神世界。在课内学习与课外整本书阅读后，多元化、多角度地认识在奇妙想象中塑造人物形象的方法，不断完善文稿标准，是学生积极思考、发现问题、解决问题的过程。

▶ **板块二：内外结合，依标习作**

学生活动：

1. 结合"交流平台"深入理解评价标准，结合完成小练笔的方法和体会，以及"词句段运用"的理解，构思"故事新编"的习作。

2. 结合课本提供的习作素材，依据对评价标准的理解，运用学到的方法，展开奇妙想象，运用多种方法塑造真善美的人物形象，完成"故事新编"习作。

设计意图：写作是运用语言文字进行表达和交流的重要方式。学生依据已有的学习经验，根据对标准的理解，迁移运用方法进行表达，完成习作，在学习、内化、积累的基础上发展和形成自己的言语体系。

▶ **板块三：对照标准，修改习作**

学生活动：

1. 依据评价标准，对照《巨人的花园》自主修改习作，让情节更奇妙，让人物形象更鲜明。

2. 6人小组，依次传递习作，每人至少阅读三篇习作，以批注形式发现优点，互相提出修改建议。

3. 依据同学的建议再次修改、完善自己的习作。

设计意图：对照评价标准自主修改、互相修改，层层搭设台阶、降低难度，让学生在读中悟法，在写中用法，在交流中完善和修改，真正提升表达能力。

▶ **板块四：作业与拓展学习设计**

学生活动：

1. 给文稿配插图；给家人讲一讲；小组准备演一演。

2. 想一想用哪种形式参加展演。

设计意图：在整本书阅读中，多样的语文实践活动是必不可少的，不同形式的语文展示活动，满足了学生的需求，不仅能让学生的创作得以展示，还能提升学生创作的自信心。

【课时安排建议】

3 课时。

第 1 课时：《宝葫芦的秘密》《海的女儿》整本书阅读交流，多角度体会塑造人物形象的方法，完善评价标准。

第 2 课时：借助评价标准以及创作小练笔的方法和经验，完成"故事新编"习作。

第 3 课时：依据评价标准，交流习作，并进行评价和修改。

第四阶段：优化作品，展示成果

【阶段学习目标】

1. 能依据作品评价标准整理学习成果，配上插图，形成作品；以文字稿、讲故事、课本剧形式进行分类准备。

2. 在学校展演，并交流感受。

【阶段学习活动设计】

▶ **板块一：配上插图，优化作品**

学生活动：交流作品，依据特长互相帮忙美化作品。

设计意图：让学生在交流美化作品的过程中接触更多的作品，提升学生的欣赏能力和参与度。

▶ **板块二：班级交流，推荐作品**

学生活动：

1. 班级交流作品，进一步理解、完善作品评价标准。

2. 依据评价标准进行各种形式的展演推荐。

分类	描述	评价
作品	能根据展演要求完成作品，作品主题突出，构思独特，能选择恰当的展演形式	☆☆☆☆☆
	能根据展演要求完成作品，作品符合主题，能选择展演形式	☆☆☆☆
	能根据展演要求完成作品，作品符合主题，能进行展演	☆☆☆

班级推荐表

展演形式	文字稿	讲一讲	演一演
推荐作品			

设计意图：推荐作品的同时，增强学生的合作意识，使学生在合作和交流中对好的作品有更深刻的体会，同时充分发挥了学生的特长，使不同特点的学生面对作品时有了不同的展演机会。

▶ **板块三：参观展演，交流感受**

学生活动：

1. 参观"童话故事伴我成长"阅读展演活动。

2. 请为其他观众推荐阅读展演活动中你最喜欢的展品或展演，并写出三条推荐理由。

我推荐的作品或展演是：_____

我的推荐理由：

① _____

② _____

③ _____

设计意图：在真实的活动情境中提升学生的语文能力，激发学生学习语文的兴趣。本单元根据表现性评价理论，依托单元情境任务，坚持评价贯穿全过程，以评价激发学生的学习需求，使其产生内在的学习动机，并在自主建构的学习中深入理解和完善评价标准。学生参与展演活动可以获得正向激励。

【**课时安排建议**】

2 课时。

第 1 课时：给作品配上插图，完成作品，班级交流，推荐作品。

第 2 课时：在学校展演，交流感受。

【**持续性学习评价**】

"童话故事伴我成长"展演活动评价标准

分类	描述	评价
文稿	能发挥想象，选择奇妙的故事情节；能恰当运用多种方法塑造真善美的人物形象	☆☆☆☆☆
	能发挥想象，选择比较奇妙的故事情节；能运用多种方法塑造真善美的人物形象	☆☆☆☆
	能发挥想象，运用方法塑造真善美的人物形象	☆☆☆
作品	能根据展演要求完成作品，作品主题突出，构思独特，能选择恰当的展演形式	☆☆☆☆☆
	能根据展演要求完成作品，作品符合主题，能选择展演形式	☆☆☆☆
	能根据展演要求完成作品，符合主题，能进行展演	☆☆☆

分类	描述	评价
参与	能积极参与"童话故事伴我成长"阅读展演活动，主动出谋划策，并善于与人合作、交流	☆☆☆☆☆
	能比较主动地参与"童话故事伴我成长"阅读展演活动，积极表达自己的看法，并愿意与人合作、交流	☆☆☆☆
	能根据要求参与"童话故事伴我成长"阅读展演活动，有自己的想法，参与小组合作、交流	☆☆☆

五、反思与讨论

（一）本单元设计特色

1. 创设真实情境，用任务驱动学习，综合提升学生语文素养。

本单元通过"童话故事伴我成长"阅读展演活动，激发学生阅读经典童话、新编经典故事的兴趣，从而探寻解决问题的具体路径。在活动过程中通过自主阅读、同伴共读、探究合作、品析鉴赏不断提高学生的审美与鉴赏能力。同时，读写实践活动融为一体，有读必有写，读写结合，既是表达的需要，更是创作的提升，在整个学习过程中，学生的语文素养在不断提升。

2. 课内课外阅读有机结合，整本书阅读贯穿始终。

阅读本单元课文《宝葫芦的秘密（节选）》和《海的女儿》开头部分，虽然能够完成本单元目标，从中感受童话的奇妙以及真善美的人物形象，但单从节选来赏析童话的奇妙，体会真善美的人物形象还是稍显单薄，不符合学生的认知规律。课后进行整本书阅读既是对课上的补充，也是必要的实践活动，可以不断丰富学生的整本书阅读经验。

3. 整合内容，精讲精练，循序渐进。

本单元设计突出学练结合，采用了阅读梳理——阅读学法——练笔修改——完成新编——整本书阅读——精讲修改——阅读分享——修改作品，学生在阅读过程中学习、实践，再阅读，建构过程循序渐进，使学生真正学有所得。

（二）本单元设计中的困惑与反思

本单元学习任务是"故事新编"，单从学习任务看偏重写。整本书阅读属于拓展型学习任务群，其第二学段的要求为：阅读儿童文学名著，如《稻草人》《爱的教育》等，感受作品传达的真善美，用自己喜欢的方式讲述故事大意。这样看来，我们的这个真实任务情境放在这里略有欠缺。

在进行单元整体设计时，整本书阅读是较为关键的内容，而课文的节选内容比较适合整本书的导读课，那么与之相对的整本书分享课需要有相应的课时，新课程标准也提出：

兼顾教师指导和学生自主阅读，保证学生在课堂上有时间阅读整本书。但这样一来，我们这个单元的课时就会比较多。

（河南省郑州中学附属小学　田甜）

第三学段学习任务群设计案例

跟随我的笔尖，认识缤纷世界
——五年级上册第五单元

一、 学习情境与学习任务

　　本单元是统编教材五年级上册的说明文习作单元，编选的都是介绍缤纷世界中各种事物的说明文，习作是"用恰当的说明方法，把某一种事物介绍清楚"，两次小练笔也要求运用说明方法写事物。根据单元教材提供的学习资源，我们结合学生生活创设了一个真实的学习情境：在班级公众号开辟一个专栏"我笔下的缤纷世界"，要求学生为专栏投稿。对每个学生提出的挑战性学习任务是写一篇介绍缤纷世界中某种新鲜或有趣的事物的文章。

　　学生要完成这个学习任务，先要通过广泛阅读和整理自己已有的认识，发现某个新鲜或有趣的事物；然后通过伙伴交流，确定写作对象；再有针对性地对生活进行观察、搜集整理资料等，丰富写作素材，提高认识；最后通过阅读各种类型的范文，学习表达方法，获得借鉴，完成习作并向班级公众号投稿。文章在班级公众号平台上发表之后，学生适时运用大数据资料，以点赞、投票、回帖等方式获得即时的个性化反馈。综合评价结果，评选出班级"妙笔小先生"，汇编成《我眼中的缤纷世界》精品集，让入选文集的学生获得学习语文、运用语文的成就感。在线下线上相互关联任务的完成过程中，将阅读、写作、口语交际、搜集处理信息等融为一体，满足学生在生活中表达和传递信息的沟通需要。

　　本单元教学设计可归属于"实用性阅读与交流"学习任务群，侧重于有价值的信息获取、整合和交流传递，以满足学生生活中沟通交流的需要。利用互联网技术，将学习成果通过公众号向学生、教师和家长展示，可以更大地激发学生的学习动力和兴趣，提高学生学习语文的成就感。

二、 学习资源与学习目标

（一）学习资源

　　本单元教材的导语是叶圣陶先生的"说明文以'说明白了'为成功"。语文要素有两点：一是阅读简单的说明性文章，了解基本的说明方法；二是搜集资料，用恰当的说明方法，把某一种事物介绍清楚。整个单元编排了两篇精读课文《太阳》《松鼠》和两篇习作例文《鲸》《风向袋的制作》。"交流平台"总结了说明性文章的作用及其在表达上的一些特点。"初试身手"共有两道题：第一题以电视塔为例，引导学生观察周围事物或者搜集资料，运用多种说明方法，抓住特征来介绍事物；第二题让学生将本学期学过的课文《白鹭》中的部分段落改写成说明性文字，通过与原文的比较体会说明性表达的特点。

统编教材编选的第一篇说明文是二年级第二学期的《太空生活趣事多》，学生在三、四年级学过《纸的发明》《赵州桥》《飞向蓝天的恐龙》《纳米技术就在我们身边》等说明文，对说明性文章并不陌生，在阅读理解方面也不会有太大的障碍；在实际生活中，学生在各种场合都能接触说明文，如参观游览时会阅读景区简介，读书时会阅读内容简介，平时生活中经常会阅读产品说明、营养食谱、操作指南等。但第三学段学生的文体意识不强，一般不会主动辨识说明文，不会主动去发现说明文与实际生活的关系，对说明文的交际功能也缺乏明晰的认识。因此，认识说明文，结合自己说明事物的需要了解常用的说明事物的方法，增强学生的文体意识，是本单元的学习目标之一。此外，第三学段的学生已经学习了如何搜集资料，知道从书报、网络、影音等途径获取信息，但对确认信息的准确性，在海量信息中筛选、整理、转化等方面还需要一定的指导。

（二）学习目标

根据本单元学习情境和学习任务，制定本单元的学习目标。

1. 读懂课文，会认 22 个生字，会写 20 个生字和 22 个词语。

2. 能根据挑战性学习任务，通过自主阅读、读者调查、梳理信息、搜集资料、交流讨论等方式，在缤纷世界中选出某种新鲜或有趣的事物。

3. 能通过默读思考、批注交流等方式认识说明文，通过比较阅读认识《太阳》《松鼠》《风向袋的制作》几篇说明文不同的表达方式，了解作者运用不同的语言风格来介绍事物的方法，吸引读者。

4. 能合理搜集、整理资料，结合自己介绍的事物，尝试迁移运用恰当的方法将它写清楚，让读者产生兴趣。

5. 能依据评价标准，小组交流点评习作，经过认真修改后将其发表在班级公众号上，并主动参与各类线上交流，对同学的习作做出评价。

三、学习活动设计

依据单元学习主题和目标，本次学习任务划分为四个阶段。

第一阶段：发布投稿任务。结合单元学习准备单自主预习课文，完成字词积累，读懂课文内容；通过梳理学过的说明文，交流生活中的说明文，认识说明文，体会说明文的交际功能；发布单元学习任务，班级公众号新增"我笔下的缤纷世界"栏目，大家通过习作《介绍一种事物》介绍缤纷世界中自己了解的新鲜或有趣的事物，根据线上点赞、投票和其他各类反馈，评选优秀作品，汇编成《我眼中的缤纷世界》精品集；课后思考自己的习作素材，在同学间进行读者调查，调查后根据自己选定的事物搜集资料。

第二阶段：学表达，试身手。结合自己介绍的事物学习课文，联系三、四年级学过的说明文，比较发现几种不同的介绍、说明事物的表达方法，做好批注并与伙伴交流。

通过阅读、批注、交流，了解、感受不同说明方法以及语言表达的效果。结合教材中"初试身手"小练笔题目《电视塔》和《白鹭》，初步尝试运用资料，选择一种或几种合适的方法介绍一种禽鸟，体会不同说明方法的表达效果。在表达实践中获得启发，确定自己介绍的事物适合采用的说明方法。

第三阶段：介绍事物我会写。交流搜集到的资料，结合写作目的和对象对资料进行筛选、排序、整合、重组，将资料中所需的信息结合学到的表达方法，完成习作。接着通过班级讨论制定评价标准，然后小组内结合评价标准交流评价习作，完成初步修改。

第四阶段：线上发布和评选。借助班级公众号平台在班级范围内交流习作，结合评价标准互动点评，然后参照同学意见对自己的习作进行第二次修改。修改后将习作正式发布在班级公众号"我笔下的缤纷世界"专栏中。运用平台资源完成线上评价和其他互动回帖，综合师生和家长代表的反馈情况评选出三分之一优秀作品，汇编成精品集。对获奖者和学习过程中有突出表现的同学进行访谈，交流收获。

整个学习任务充分运用了习作单元的学习资源，围绕说明文"认识事物，激发兴趣"的交际功能展开各项学习，让学生在一系列的语文实践活动中发展语言运用的基本能力。

四个阶段大致需要 9 课时来完成。

四、各阶段学习目标和学习活动设计

第一阶段：发布投稿任务

【阶段学习目标】

1. 能根据习作准备单采访同学，收集整理素材，激发学习热情。

2. 能通过调查、收集资料等方法确定习作意向，进一步搜集相关资料。

3. 能结合学习准备单预习单元课文，初步读懂文章，感知内容。

【阶段学习活动设计】

▶ 板块一：发布任务，思考素材

学生活动：

1. 学习单元导语，梳理以往学过的说明文，围绕说明文能够帮助我们"认识事物，激发兴趣"的作用进行交流。

2. 明确本次单元学习任务——为班级公众号新增的"我笔下的缤纷世界"专栏投稿，完成习作《介绍一种事物》。选择一种自己熟悉的事物介绍给他人，让他人也产生兴趣，获得知识。

3. 思考习作素材，调查访谈同学，完成习作准备单（一）。

4. 结合教材中习作部分的表格打开思路，结合素材和调查结果确定选材，着手搜集资料。

设计意图：在习作起点引导学生从说明文交流的语境出发，通过习作准备单梳理写作目的，确定写作对象，调查读者需求，使学生在学习活动过程中始终伴随强烈的任务意识。

《介绍一种事物》习作准备单（一）

我的素材整理。

习作的读者：班级同学。

习作的目的：帮助同学认识事物，获得知识，产生兴趣。

想一想，哪些是我可以介绍的事物？选择或者补充我进一步的思考。

事物名称	写给谁看	写作目的	思考内容
	① 爱好相同的同学 ② 可能感兴趣的同学 ③ 吸引其他同学	分享	① 喜欢同类事物，但了解的信息不同 ② 对熟悉事物有新的认识或研究发现 ③ 把喜欢的事物介绍给感兴趣的同学
	① 有特殊需要的同学 ② 爱好相似的同学	提供信息或方法	① 提供准确的信息 ② 提供习作的方法和步骤
	对事物认识片面甚至不正确的同学	纠正不正确的认识或做法	① 分析误区 ② 补充不同角度的认识

我的读者调查。

调查示范：介绍多肉植物——玉露。

调查内容：

我们班有哪些同学有种植经验？他们是怎么种植的？

他们对玉露有哪些知识是已经知道的？哪些知识不知道？对哪些知识的认识不正确？

有多少同学对玉露这类多肉有兴趣？

同学们最想了解有关玉露的哪些知识？（如：为什么我种的玉露枯了？）……

我的调查摘要：

结合素材梳理和读者调查，我选定介绍的事物是：＿＿＿＿＿＿＿＿＿＿

▶ **板块二：自主预习，整体感知，向课文学表达**

学生活动：

1. 结合单元学习准备单完成预习。

第五单元学习准备单

积累打卡：结合识字表认读字词，结合写字表摘抄你认为需要辨析字音或字形的字词。

◎我能读得准的字词：

_____

◎我能写得对的字词：

_____

◎我朗读了（　　　）遍课文。

◎朗读完成后，你能出一份检查字词积累的小练习（不少于五题）吗？请将思考后的题目写在反面，找一位同学来完成，并对他的字词积累质量进行反馈。

阅读初探——像写作者一样阅读。

结合交流平台的提示，围绕下列问题进行预习：

◎阅读课文和例文后，你被作者说明事物的哪些语言所吸引，把这些内容用直线画出来，批注上你阅读时的感受和想法。

◎和同学交流这些精彩的部分，在分享中你发现作者用了哪些特别的表达方法来帮助自己把事物说明白、说得吸引读者？

例如，列数字、举例子、做比较、打比方等。体会用这些方法表达的好处。将你与同学交流后的发现补充在批注里。

◎多读几遍课文，再比较课后《中国大百科全书》中的语言，你能感受到它们不同的风格吗？

◎结合课外读过的说明文，体会一下这些文章在表达上有什么精彩之处。

习作驿站：以上发现对我介绍事物有哪些启发和借鉴？

---

2. 交流预习，自主积累，正确认读并理解"摄氏度""驯良""蛰伏""勉强"等词语。

3. 全班交流，梳理作者是分几个方面将事物介绍清楚的。

4. 明确本单元主要的学习方法，能在学习说明文表达时用这样的方法展开思考。主要学习比较法。

比较
- 阅读
  - 课文和课文：《太阳》《松鼠》
  - 课文和例文：《松鼠》《鲸》 —— 作者怎样"说明"
  - 课内和课外：《松鼠》《中国大百科全书》
- 写作
  - 改写课文《白鹭》片段
  - 试写一种禽鸟的某一方面 —— 我怎样"介绍"

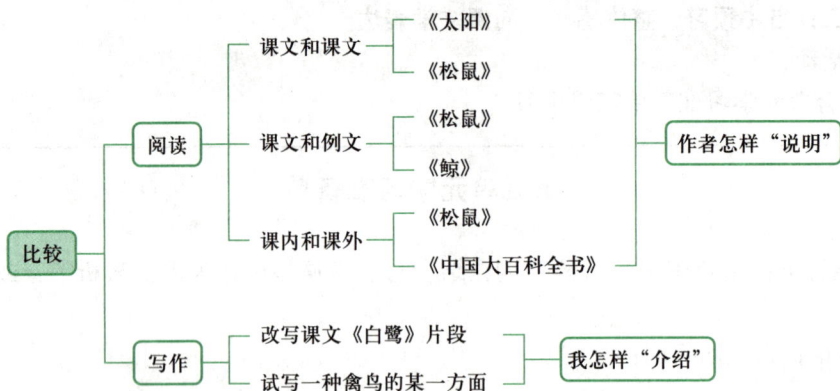

通过比较，让学生在积累语言、学习方法和运用语言的实践中了解说明文为了实现"认识事物，获取知识"的目的，该怎样将事物"说明白"和激发读者兴趣。

设计意图：本环节主要发挥学生自主学习的能力，解决字词积累、整体感知的问题，明确学习说明文表达的方法，推进下一阶段的学习任务。

▶ **板块三：作业与拓展学习设计**

学生活动：

1. 结合学习准备单的内容用批注法默读课文，体会作者是怎样把事物介绍清楚，帮助读者"认识事物，获取知识"并激发兴趣的。

2. 尝试在熟读的基础上，比较思考相关内容，结合在生活中阅读说明文的体验，感受不同语言风格的写作效果。

【**课时安排建议**】

2 课时。

第 1 课时：明确单元学习任务，结合教材习作部分的表格启发学生思考写作素材，进行写作前调查的指导。

第 2 课时：交流预习，学习生字新词，梳理课文内容。

【**持续性学习评价**】

表现	评价
明确任务，投入准备	👍👍👍👍
预习时能自主积累字词，正确流利地朗读课文	👍👍👍👍
能深入思考"阅读初探"的问题，积极参与课堂交流	👍👍👍👍
对习作素材做了梳理，调查了同学的想法，确定了自己要介绍的事物，准备开始搜集资料	👍👍👍👍
我的附加（自己陈述个性化表现）：	

【阶段学习目标】

1. 能通过比较课文和例文，了解说明文不同的说明方法和语言风格在实现"认识事物，激发兴趣"作用时的表达效果。

2. 能改写课文片段，在写作片段的过程中学习搜集资料和运用资料。

3. 能交流和修改两次小练笔，对怎样"介绍清楚""吸引读者"和如何评价写作片段形成初步的认识。

4. 能运用课堂上整理资料的方法，对自己搜集的资料进行初步整理。

【阶段学习活动设计】

► 板块一：交流批注，了解不同的说明方法，通过比较学习作者是怎样将事物"说明白"的

学生活动：

1. 交流对课文表达精彩之处的批注，发现介绍事物的基本说明方法。

2. 再读相关句子，通过比较学习作者是怎样将事物"说明白"，并且激发读者兴趣的。

3. 聚焦课文中运用多种说明方法的相关语句，学习作者怎样一步步把事物介绍清楚。

4. 积累课文中吸引你的表达内容，在课外阅读中再找找类似的文章或者片段，和大家分享你对作者表达方法或语言风格的发现。例如，可群文阅读的材料《月亮的自述》《什么是太阳黑子》等；可整本书阅读的书籍《动物素描》等。

设计意图：引导学生发现作者说明事物并且让读者产生兴趣的表达方法，将课文中运用多种说明方法的表达特点作为学生表达能力的生长点，充分积累说明文表达的语言经验。

► 板块二：比较课文和例文，学习作者是怎样根据事物特点来"说明白"的

学生活动：

1. 比较课文《太阳》和《松鼠》，体会说明文表达平实、活泼的不同风格。

2. 比较课外读物《中国大百科全书》中的句子和课文《松鼠》中的相应内容，体会说明性语言简洁、活泼的不同风格。

读下面的句子，找出课文中相应的内容，体会表达上的不同。

◇ 松鼠体形细长，体长 17~26 厘米，尾长 15~21 厘米、体重 300~400 克。

◇ 松鼠在树上筑巢或利用树洞栖居，巢以树的干枝条及杂物构成，直径约 50 厘米。

◇ 松鼠每年春、秋季换毛。年产仔 2~3 次，一般在 4、6 月产仔较多。

——选自《中国大百科全书》（第二版）

---

3. 比较课文《松鼠》和例文《鲸》，体会作者是如何介绍动物特点的。

从说明内容、说明方法、语言风格方面交流阅读后的发现。

> 松鼠是一种漂亮的小动物，乖巧，驯(xùn)良，很讨人喜欢。它们面容清秀，眼睛闪闪发光，身体矫(jiǎo)健，四肢轻快。玲珑的小面孔，衬上一条帽缨(yīng)形的美丽尾巴，显得格外漂亮。它们的尾巴老是翘(qiào)起来，一直翘到头上，自己就躲在尾巴底下歇(xiē)凉。它们常常直竖着身子坐着，像人们用手一样，用前爪往嘴里送东西吃。可以说，松鼠最不像四足兽了。

> 不少人看到过象，都说象是很大的动物。其实还有比象大得多的动物，那就是鲸。目前已知最大的鲸约有一百六十吨重。我国发现过一头近四十吨重的鲸，约十八米长，一条舌头就有十几头大肥猪那么重。它要是张开嘴，人站在它嘴里，举起手来还摸不到它的上腭(è)，四个人围着桌子坐在它的嘴里看书，还显得很宽敞。

（1）同样介绍外形，作者是怎样说明松鼠的"小巧"和鲸的"庞大"的？

（2）如果你也准备介绍一种动物，你在阅读以上片段后收获了哪些写作启示？

4. 比较例文《风向袋的制作》和本单元其他三篇文章，与同学交流这篇例文选材类型的不同，讨论作者是怎么"说明白"制作过程的。

5. 梳理总结，明白写作时要根据事物的特点和读者的需求来选择恰当的说明方法。

设计意图：将单元教材资源进行整合，让学生通过多次比较，学习说明方法和表达风格对"说明白""激兴趣"的作用。引导学生思考语言深层的"为什么"，建立"我也要这样去写"的表达意识。

▶ **板块三：练笔实践，试试自己来介绍**

学生活动：

1. 改写课文片段：完成初试身手《白鹭》的改写练习，在比较中深入思考，积累用说明性语言表达的经验。

> 如果将一篇散文改写成说明性文章，会变得怎样呢？查找资料，试着将课文《白鹭》第2~5自然段改写成一段说明性文字，体会它们的不同。

2. 通过改写练习，知道介绍事物时如果对其了解不够清楚可以搜集资料来补充。结合教师提供的《白鹭》资料和自己改写时查找的资料，学习搜集可靠的资料和合理运用资料。

3. 尝试独立写片段：选择一种感兴趣的禽鸟，介绍它的某一方面。围绕自己的习作目的独立搜集并运用资料，完成小练笔。

4. 交流修改，结合小练笔的交流效果形成对习作评价的初步认识。

设计意图：通过两次片段的写作实践，在语言运用中积累说明文表达的直接写作经验，为整篇习作奠定更加扎实的基础。

► **板块四：作业与拓展学习设计**

学生活动：

1. 修改自己的小练笔

2. 整理搜集的资料，完成习作准备单（二）

《介绍一种事物》习作准备单（二）

根据介绍需要搜集相关资料：

◎图文、影像资料均可，可打印附页或携带相关书籍、U 盘。

◎查找资料时注意信息的来源，注明资料的出处。

◎把资料中需要的信息圈画出来并进行分类，理清主次。

◎思考如何恰当运用这些资料，需要转化的信息可以先试着改写成"我的介绍"。

我准备这样介绍：

分以下几个方面	运用到的资料或说明方法

题目：

请在介绍内容的主要方面标出记号。

请把资料中需要转化的信息标示出来，结合习作准备单（一）的内容，想想这些信息该怎样转化成"我的介绍"，可以先选两处用恰当的说明方法写一写。

【**课时安排建议**】

3 课时。

第 1 课时：结合课文语言了解基本的说明方法，学习作者怎样说明事物、激发兴趣。

第 2 课时：比较课文、习作例文、《中国大百科全书》的语言，学习作者如何根据不同介绍对象、不同读者恰当运用说明方法和语言风格。

第 3 课时：进行片段写作练习，学习运用资料，获得说明文的初步写作经验。

【**持续性学习评价**】

表现	评价
认真批注，能用比较的方法交流作者是怎样运用不同说明方法和语言风格来"说明白""激兴趣"的	👍👍👍👍
能根据介绍需要搜集和整理资料，为习作做好准备	👍👍👍👍

表现	评价
能选择恰当的说明方法，尝试用多种说明方法来"说明白"，使人产生兴趣	👍👍👍👍
完成两次小练笔，课堂上踊跃交流，耐心修改	👍👍👍👍
能结合自己的实践对评价方向发表初步的想法	👍👍👍👍
我的附加（自己陈述个性化表现）：	

第三阶段：介绍事物我会写

【阶段学习目标】

1. 能结合习作准备单与同学分享交流资料的分类和筛选。

2. 能结合运用资料独立完成习作初稿。

3. 能分组讨论制定评价标准，并依据评价标准独立完成习作修改。

【阶段学习活动设计】

▶ **板块一：交流习作准备单中整理的资料及其相关内容。**

学生活动：

1. 交流资料的来源。

2. 结合自己介绍事物的需要，交流资料的分类和资料信息主次的筛选。

3. 分享资料中需要运用的信息，结合帮助读者"认识事物，激发兴趣"的习作目的举例交流自己对有关信息的语言转化。

4. 交流习作准备单中其他相关的内容。

设计意图："实用性阅读与交流"学习任务群要求引导学生获取、整合有价值的信息。本次学习任务的进程中有助于学生根据交际情境和交流对象处理信息。

▶ **板块二：组内交流习作，思考评价标准。**

学生活动：

1. 合理运用搜集的资料独立完成习作。

2. 组内交流，围绕"是否介绍清楚""是否让人认识事物，产生兴趣"的要求进行自评和互评。

3. 结合交流效果修改习作，思考评价标准。

设计意图：对照组内的交流效果，让学生从读者和作者两个角度对习作进行检验和思考，将写作和评价相结合，推动学生在不断追问和修改习作的过程中自我发展。

▶ **板块三：作业与学习拓展设计**

学生活动：结合交流和修改的经验，初拟评价标准。

【课时安排建议】

2 课时。

第 1 课时：交流习作准备单。

第 2 课时：交流修改习作，思考评价标准。

【持续性学习评价】

表现	评价
自主完成资料搜集，做好资料整理	👍👍👍👍
交流时用心倾听他人，得体表达自己	👍👍👍👍👍
交流时表达的看法或建议被认同或采纳	👍👍👍👍👍
在完成习作过程中勤于思考，乐于修改	👍👍👍👍
结合交流效果，对评价说明文有初步的标准	👍👍👍👍
我的附加（自己陈述个性化表现）：	

第四阶段：线上发布和评选

【阶段学习目标】

1. 能与同学交流分享自己的习作，深入思考，进行二次修改。

2. 能讨论完善评价标准，利用网络平台相互点评习作。

3. 能归纳习作和活动心得体会，总结思考和收获。

【阶段学习活动设计】

▶ **板块一：修改习作，正式发布**

学生活动：

1. 根据选材的类别在班级内进行习作交流。

2. 完善评价表，结合交流效果对自己的习作进行评价。

3. 结合同类材料的交流效果，对自己的习作进行二次修改，确认后上传到班级公众号平台上。

4. 将规则和评价标准输入班级公众号平台，做好线上评价的技术支持。

设计意图：修改习作是学生思维不断发展的过程。在两次评价修改以后，将习作成果发布在班级公众号平台上，以线上评价互动的方式继续推进学生深入思考，可持续发展学生的语言运用能力。

▶ **板块二：完成评选，分享体验**

学生活动：

1. 进行点赞、投票等线上互动和评价。

2. 根据师生和家长代表的评价，出示平台统计结果，评选"妙笔小先生"，将三分之一的优秀作品汇编成《我眼中的缤纷世界》精品集。

3. 总结过程性表现，访谈有典型素材的同学，分享经验。

访谈对象	访谈主题	访谈内容
"妙笔小先生"	"得意之笔"这样来	交流习作的"幕后花絮",分享成功经验
① 评价标准被小组或班级采纳的同学 ② 与最终评选结果高度吻合的同学	"火眼金睛"看我评	① 交流习作评价设计和实施中的思考 ② 交流"投票理由"和发现的亮点
其他人	"进步配方"我会开	交流获得的启发

设计意图:利用活动后的访谈及时捕捉学生学习经历中的真实体验,引导学生反思整个学习过程,对本次语文实践的经验进行总结和提炼。

▶ **板块三:作业和学习拓展设计**

学生活动:

1. 结合活动体会,总结思考收获。

2. 整理习作,有意愿的同学可以结合访谈收获再次修改。

【课时安排建议】

2 课时。

第 1 课时:在班级内进行习作交流,交流后再次修改习作,课后完成上传和评价。

第 2 课时:公布线上互动评价结果,评选出"妙笔小先生",根据评价结果进行访谈。

【持续性学习评价】

表现	评价
结合交流效果再次修改,按时上传	👍👍👍👍
上传的习作内容准确,格式规范	👍👍👍👍
按照规则参与线上评价,客观做出反馈	👍👍👍👍
在访谈中提出让大家有收获的问题,学到了经验	👍👍👍👍
我的附加(自己陈述个性化表现):	

五、 反思与讨论

(一)本单元设计特色

1. 充分整合教材资源,将阅读、写作和搜集处理信息的实践融为一体。

本单元学习任务立足教材习作单元的原有资源,努力整合教材中的课文和例文、学生的阅读写作经验和当下的学习要求,激活学习任务与真实生活、经验世界之间的联系。

学生在丰富的语文实践经历中，各种语文能力的发展互惠互利，"教—学—做"实现了一体化。

2. 确保学生主体地位，以评价促进学生实现可持续的深度学习。

在任务情境的驱动下，学生始终处于一线的主体地位。尤其是在整个评价过程中，由学生结合自己的实践体验讨论实施评价内容。将评价的主权交给学生，学生在讨论如何评价的过程中收获各种完善读和写的"自我反思"，为深度学习和高阶思维的发生提供了更多的可能。评价贯穿学习过程的始终，包含着引领、指导、监控等多元的价值，升华为学生自我成长的源泉。

3. 关注互联网时代的语文生活，探索线上线下相结合的混合式语文学习方式。

在互联网时代的生活背景下，学生会接触各种媒介的阅读方式。对于线上学习的技能，五年级学生已具备相应的操作能力。这些都为本单元学习任务的实施提供了保障。在此基础上，本单元的学习尝试将线上线下相结合，探索了混合式语文学习方式，运用现代信息技术的优势拓展了学生的学习空间，弥补了传统语文教学中学生参与度不够、体验感不足、反馈不及时等缺憾。

（二）本单元设计中的困惑和反思

学生在搜集资料的过程中，大多会首选最为便捷的网络资源，容易忽视搜集途径相对复杂、携带较为不便的权威书籍和专业文献。如何优化或避免这样的情况，是本单元学习任务实施中的困惑。

（上海市日新实验小学　毛煦静）

舐犊之情在场景描写和细节描写中流淌
——五年级上册第六单元

一、学习情境与学习任务

本单元以"舐犊情深"为人文主题，语文要素是"体会作者描写的场景、细节蕴含的感情""用恰当的语言表达自己的看法和感受"。教学这一单元时恰逢学校举行"书信手稿征集活动"。于是我们依托这一真实情境，结合学生的生活提出了学习任务，即见字如面，提笔由心，给父亲或母亲（也可以给祖父母、外祖父母等）写一封书信。这样的基于真实生活情境创设的学习任务，有利于激发学生学习的主动性和积极性。让学生回忆父母（祖父母、外祖父母等）在自己的成长过程中无微不至的关爱，寻找一件或几件有代表性的事例，通过书信的方式表达自己对父母（祖父母、外祖父母等）的感激之情。完成这样的学习任务可以丰富学生的思想情感，培养学生的孝心，帮助学生树立正确的人生观和价值观，符合语文课程标准提出的课程理念。结合本单元语文要素，要求学生写信时有意识地迁移运用场景描写和细节描写，叙事时能够运用恰当的语言表达自己的看法和感受，能够将自己爱亲人长辈的思想感情表达得更加生动，更加充分，使学生在表达实践中获得写作知识，提高语言运用能力。

本单元编排的课文都是虚构的文学作品，但学生要完成的学习任务是给长辈写一封信，写出长辈对自己的关怀，信的内容要求写实，不能虚构。此单元教学设计综合了"文学阅读与创意表达"和"实用性阅读与表达"两个学习任务群。

二、学习资源与学习目标

（一）学习资源

本单元的导语是：舐犊之情，流淌在血液里的爱和温暖。本单元编排了两篇精读课文《慈母情深》《父爱之舟》和一篇略读课文《"精彩极了"和"糟糕透了"》，口语交际是辨析父母（祖父母、外祖父母等）之爱，习作题目是《我想对您说》。两篇精读课文的课后练习设计意图比较鲜明，主要是围绕"体会场景和细节描写对表达人物情感的作用"来设计的，有利于阅读要素的落实。仔细研究本单元的两个语文要素可以发现，阅读要素与习作要素较难形成关联。为此，我们将习作要素整合为"恰当运用场景描写和细节描写表达自己的真情实感"。为拓宽学生的阅读面，丰富学生的写作知识，我们还推荐作家梁晓声的《母亲》作为学生扩展阅读材料。通过学习资源整合，统一读与写的教学目标，学习任务明确集中，更有利于突出单元教学重点，充分发挥教材价值，提高学生的人文素养和语言表达能力。

五年级学生能基本读懂课文，能理解课文的主要内容，能初步体会课文的思想感情。因此，阅读教学重点应该从四年级的读懂课文思想内容，进一步深入到认识体会思想感情是如何表达的，也就是透过文章的表达方法进一步加深理解作者表达的思想感情，从而提高学生的阅读质量。用场景描写和细节描写表达自己的真情实感的方法，大多数学生的认识基本是空白的，学生在理解上有一定的难度，特别是通过具体事例中的细节描写来表情达意，对于不少学生来说难度很大。因此，本单元学习目标除了让学生认识"场景描写和细节描写"的方法，体会这些描写方法在表情达意方面的作用，还可以鼓励学生在习作中有意识地迁移运用。这样的目标定位更加有利于提高学生的人文素养和语言文字运用能力。

（二）学习目标

根据单元学习情境和学习任务，制定本单元的学习目标。

1. 通过课前自学、全班交流、课堂检测等形式，掌握本单元的生字新词；能正确、流利地朗读课文，感受三篇课文中流淌的"舐犊之情"。

2. 认识场景描写和细节描写，能找出课文中场景描写和细节描写的关键语段，并拓展阅读《母亲》，体会场景描写和细节描写在表情达意方面的作用。

3. 根据单元学习任务和课文初步制定学习评价标准，并通过梳理信息、交流讨论等方式，完善、补充评价标准，根据评价标准完成学习任务。

4. 运用场景描写和细节描写的方法，完成习作"小练笔"和"写一封书信"，以恰当的语言表达真实的想法和感受，并比照评价标准修改完善。

5. 按照参加展览的要求，通过团队合作完善和美化自己的作品，在合作学习时积极发表自己的意见和建议。

三、学习活动设计

依据单元学习目标整合本单元的学习内容，将整个单元的学习流程划分为四个阶段，提出每位学生为完成单元学习任务在各阶段需要参与哪些具体的实践活动。

第一阶段：预习交流，发布任务。在学生课前预习本单元课文的基础上，交流检查学生生字新词自学情况，检查学生是否能正确朗读课文，以及是否读懂课文内容等。结合单元导语"舐犊之情，流淌在血液里的爱和温暖"发布单元学习任务，配合学校的书信手稿征集活动，每个学生给父亲或母亲（也可以是祖父母、外祖父母等）写一封书信，回忆长辈们在生活中关爱自己的具体事例，感谢他们在自己成长路上无微不至的照顾。小组成员口头交流回忆生活中的具体事例，相互启发，集思广益，初步确定选材意向。明确完成任务的基本思路，初步讨论制定评价标准。

第二阶段：阅读课文，体会方法。朗读课文，在读熟三篇课文的基础上，找出课文中场景描写和细节描写的关键语段，体会课文在场景描写和细节描写方面的异同，并体会场景描写和细节描写在表情达意方面的作用。迁移运用学过的写作方法，完成《慈母情深》课后小练笔"鼻子一酸"。结合评价标准交流、讨论小练笔的优点和不足，重点评价是否有场景描写或细节描写，在写作实践中体会认识写作方法。布置学生课外阅读梁晓声的《母亲》，体会作品中的场景描写和细节描写在表情达意方面的作用。

第三阶段：运用方法，学写书信。交流整本书阅读的感悟和体会，品悟语言，进一步感悟场景描写和细节描写的方法。结合阅读中获得的表达方法，选择和完善写作素材，给长辈写一封信。围绕评价标准自己修改习作，然后进行小组习作漂流，请伙伴写下阅读感受和建议。

第四阶段：修改习作，推荐展示。根据伙伴意见，围绕评价标准，继续修改完善自己的习作。在全班交流的基础上，推荐优秀作品先在班级内展示，然后参加学校的书信征集活动。

整个学习过程围绕着单元学习任务渐进展开，前后连贯，将阅读课文、整本书阅读、小作文、交流讨论等学习活动有机融为一体，最后达成学习目标，助力学生核心素养提升。

四个阶段大致需要 11 课时来完成。

四、各阶段学习目标和学习活动设计

第一阶段：预习交流，发布任务

【阶段学习目标】

1. 通过课前自学、全班交流、课堂检测等形式，初步掌握本组的生字新词；能正确、流利地朗读课文，感受三篇课文中流淌的"舐犊之情"。（重点）

2. 了解单元学习任务和完成任务的基本思路，初步形成评价标准，产生参与兴趣，积累解决问题的经验。（重点）

3. 能借助表格梳理文章中的人物、事件以及作者要表达的情感，初步体会场景描写和细节描写的方法，补充和修改表达方面的评价标准。（重点、难点）

4. 能结合口语交际回忆生活中具体的事例，口头表达自己感受到的父母（祖父母、外祖父母等）之爱，完善选材方面的标准，并确定书信内容。

【阶段学习活动设计】

▶ **板块一：依据需求，初步读懂文本**

学生活动：

1. 课前结合预习单进行自主预习。

预 习 单

亲爱的同学们，请认真阅读本单元的课文，完成预习单。

1. 我会读写：读了三篇课文，你觉得最容易读错的字有哪些？最容易写错的字有哪些？

最容易读错的字： _____

最容易写错的字：＿＿＿＿＿＿＿＿＿＿＿＿＿＿＿＿＿＿＿

2. 我会质疑：在阅读过程中，你最想提出的一个问题是什么？

＿＿＿＿＿＿＿＿＿＿＿＿＿＿＿＿＿＿＿＿＿＿＿＿＿＿＿

3. 我会理解：浏览课文，填写表格。

文章	人物	事件	表达的情感
《慈母情深》			
《父爱之舟》			
《"精彩极了"和"糟糕透了"》			

2. 交流预习，并通过借助工具书、请教同学等方法自主识字。

3. 全班交流，识记生字新词，练习容易写错的字。

设计意图：本环节设计符合五年级学生的学习特点，旨在引导学生自主识字、理解课文，为后续活动的开展做好铺垫。

▶ **板块二：读懂课文，深化理解**

学生活动：

1. 继续交流预习单，明确每篇课文的人物、事件以及作者要表达的情感。

2. 重点体会《慈母情深》中"我鼻子一酸"的感受，借助"交流平台"形成理性的认识。

3. 以点带面，对单元的几篇文章进行比较，感悟父母之爱的不同表达形式。

文章	人物	事件	表达的情感
《慈母情深》	母亲	母亲在家境极度贫困的情况下，毫不犹豫地给"我"买《青年近卫军》的事情	无私的母爱，"我"对母亲的爱和感激
《父爱之舟》	父亲	以梦的形式呈现往事，描写了作者和父亲在一起的一个个生活场景	深沉的父爱，"我"对父亲的无限思念
《"精彩极了"和"糟糕透了"》	父亲和母亲	父亲和母亲对巴迪写的第一首小诗的不同评价，以及评价对巴迪的成长产生的深远影响	父母爱孩子的不同方式

▶ **板块三：明确任务，构思内容**
学生活动：

1. 明确活动的背景，感知书信交流的独特价值，表达对家人的感恩与思念，用笔尖流露心底的温柔。

2. 播放爸爸妈妈（祖父母、外祖父母等）关爱孩子的故事、歌曲和电影片段等，营造舐犊之情的环境，明确学习任务。

3. 思考和讨论完成任务的好方法，明确写什么，什么样的内容更切合主题，怎样进行构思，选材是否新颖，布局、结构是否严谨、清晰等，基本形成书信征集活动的设计思路，进而归纳出这一单元任务要评价的三个方面——主题内容、题材结构、语言表达，形成初步的评价标准。

设计意图：学生的学习能力是不断建构的，情境任务的设置能够激发学生的学习兴趣，让他们在任务驱动下充分挖掘学习潜力，产生学习主动性；同时可以在书信征集活动的过程中发展语言和思维，不断积累生活经验和学习经验，发现身边的美，滋养心灵，锤炼品格。本环节主要是发布任务，并讨论制定选材的评价标准，为下一步进行自主学习提供条件。

▶ **板块四：初步实践，根据标准确定书信内容**
学生活动：

1. 小组合作学习：先个人回忆，再在伙伴交流生活中体现父母（祖父母、外祖父母等）关爱自己的具体事例，填写亲子交流卡。

2. 全班交流展示：由小组选出代表，以叙述或情景表演的方式表述父母（祖父母、外祖父母等）对孩子的关爱。

3. 在展评交流中体会父母（祖父母、外祖父母等）对自己的关爱之情，构思"见字如面，提笔由心"书信征集活动的内容。

4. 结合选材标准，确定书信征集活动的内容。

亲子交流卡

姓名		日期	
我想对（爸爸　妈妈　祖父母　外祖父母等）说的一句话			
典型事件介绍			
发生的时间		发生的地点	
在场的人物			
具体事例			
（爸爸　妈妈　祖父母　外祖父母等）的话			

评价内容	评价标准	评价结果
具体事例	语句通顺，表述规范，没有语病	☆☆☆☆☆
	语言得体，符合身份，感情真挚	☆☆☆☆☆
	场景描写和细节描写选取得当，刻画细致，触动人心	☆☆☆☆☆

▶ **板块五：拓展延伸，作业中再次体悟选材标准**

学生活动：

1. 结合选材标准，给同伴、老师读一读书信征集活动确定的内容，并记录他们的建议和想法。

2. 再读本单元的课文，把自己的收获和思考随时记录下来。

设计意图：本次作业既是对课上学习的拓展和延伸，又在明确单元任务后，为学生提供运用写作方法自主表达的平台。同时，也为下一阶段指导做准备。

【课时安排建议】

3 课时。

第 1 课时：明确单元任务，整体感知单元内容，初步制定评价标准，初读文章。

第 2 课时：交流预习内容，学习生字新词，梳理文章内容，确定习作主题内容方面的评价标准。

第 3 课时：结合口语交际，表达交流父母（祖父母、外祖父母等）关爱自己的具体事例，确定本次书信活动稿件内容。

【持续性学习评价】

书信征集活动发布阶段的评价标准

项目	描述	评价
作品	能根据书信征集令要求完成书信，主题突出，图文并茂，构思独特	☆☆☆☆☆
	能根据书信征集令要求完成书信，符合主题，图文相符，布局工整	☆☆☆☆
	能根据书信征集令要求完成作品，符合主题，有图片装饰，干净整洁	☆☆☆
参与	能积极参与学校书信征集活动，主动出谋划策，并善于与人合作、交流	☆☆☆☆☆
	能比较主动地参与学校书信征集活动，积极表达自己的看法，并愿意与人合作、交流	☆☆☆☆
	能根据要求参与学校书信征集活动，有自己的想法，参与小组合作、交流	☆☆☆
主题内容	主题鲜明，内容符合书信征集活动的要求，整体表现力较强	☆☆☆☆☆
	主题较为鲜明，内容基本符合书信征集活动的要求，整体表现力不错	☆☆☆☆
	内容符合书信征集活动的主题，整体表现力一般	☆☆☆

【阶段学习目标】

1. 在教师的指导下，精读课文《慈母情深》，抓住课文中"我"到母亲上班的地方问母亲要钱时的关键场景，认识场景描写和细节描写。

2. 合作学习《父爱之舟》，自学《"精彩极了"和"糟糕透了"》，能找出课文中场景描写和细节描写的关键语段，说出本单元三篇课文在场景描写和细节描写方面的异同，并能体会场景描写和细节描写在表情达意方面的作用。

3. 能根据《慈母情深》的课文内容创设情境写话，尝试运用场景描写和细节描写的方法，以恰当的语言表达真实的想法和感受，丰富学生情感。

4. 阅读《母亲》，再度体会作品中的场景描写和细节描写在表情达意方面的作用。

【阶段学习活动设计】

▶ **板块一：认识场景描写和细节描写，体会《慈母情深》表达的思想感情**

学生活动：

1. 复习课文，回忆内容，用简练的语言概括出课文描写的内容。

2. 借助自测单，师生共同学习什么是场景描写，并通读课文，圈画出文中的场景描写。

3. 抓住文中打动自己的语句，认识细节描写，分析细节描写在表情达意方面的作用。

4. 小组交流时，说出细节描写在表情达意方面的作用，语言流畅，表达准确，体会母亲的"舐犊之情"。

5. 尝试进行小练笔，扩写母亲第二次为"我"凑足钱的场景描写和细节描写。小组合作讨论扩写点，学生自主练笔。

6. 全班交流分享，教师总结提升。

设计意图：通过指导学生学习精读课文《慈母情深》，使学生清晰地知道什么是场景描写和细节描写，再比较体会场景描写和细节描写在表情达意方面的作用，并结合课文内容进行练笔，帮助学生学会迁移运用，积累学习经验。

▶ **板块二：同伴合作学习或学生自主学习，迁移运用学习方法**

学生活动：

1. 通过小组合作学习，找出《父爱之舟》中的几个场景描写和细节描写，感受其在表情达意方面的作用。

2. 个人自学《"精彩极了"和"糟糕透了"》，找出课文中的场景描写和细节描写，感受其在表情达意方面的作用。

学习方式	学习内容	学习任务	评价标准
同伴合作学习	《父爱之舟》	1. 合作找出场景描写及其在表情达意方面的作用。 2. 合作找出细节描写及其在表情达意方面的作用	1. 能准确找出1处场景描写或细节描写，并说出其在表情达意方面的作用，得2颗星。 2. 能准确找出2处场景描写或细节描写，并说出其在表情达意方面的作用，得3颗星。 3. 能完整找出3处场景描写或细节描写，并说出其在表情达意方面的作用，得4颗星。 4. 未正确找出场景描写或细节描写，不得星

学习方式	学习内容	学习任务	评价标准
学生自主学习	《"精彩极了"和"糟糕透了"》	1. 自主找出场景描写及其在表情达意方面的作用。 2. 自主找出场景描写中的细节描写及其在表情达意方面的作用	1. 能准确找出1处场景描写，并说出其在表情达意方面的作用，得2颗星。 2. 能准确找出2处场景描写，并说出其在表情达意方面的作用，得3颗星。 3. 能完整找出3处场景描写和细节描写，并说出其在表情达意方面的作用，得4颗星。 4. 未正确找出场景描写，不得星

设计意图：在前一阶段学习的基础上，引导学生开展合作学习和自主学习，让学生更好地掌握场景描写和细节描写在表情达意方面的作用，为完成本单元最终的学习目标服务。

▶ **板块三：对比分析，确定书信征集活动的表达方法**

学生活动：

1. 比较本单元三篇课文在场景描写和细节描写方面的异同，体会场景描写和细节描写在表情达意方面的作用。

文章	场景描写和细节描写	表达效果	异同
《慈母情深》			
《父爱之舟》			
《"精彩极了"和"糟糕透了"》			

2. 结合对课文的学习，明确书信征集活动的表达方法，制定评价标准。

书信征集活动的评价标准

项目	描述	评价
语言表达	语言通顺流畅，真挚感人，行文中有真实动人的描写，能较好地运用场景描写和细节描写	☆☆☆☆☆
	语言较为通顺，有真实的具体事例的描写，能运用场景描写和细节描写	☆☆☆☆
	语言基本上通顺，有事例描写，场景描写和细节描写较少	☆☆☆

▶ **板块四：归纳总结，自主撰写习作**

学生活动：

1. 总结、回顾主题内容选材和语言表达两方面的标准，形成本次习作完整的评价标准。

2. 结合"交流平台"深入理解评价标准，构思"见字如面，提笔由心，给父母（祖父母、外祖父母等）写一封书信活动"。

3. 结合搜集到的素材，依据对评价标准的理解，运用学到的方法，发挥场景描写和细节描写在表情达意方面的作用，完成一封书信的书写活动。

设计意图：写作是运用语言文字进行表达和交流的重要方式。本环节设计旨在引导学生依据已有的学习经验，根据对评价标准的理解，迁移运用写作方法进行表达，完成习作，在学习、内化、积累的基础上发展和形成自己的言语体系。

▶ **板块五：作业与拓展学习设计**

学生活动：

1. 与好朋友彼此读一读习作，依据评价标准进行评价，并提出修改意见。

2. 继续阅读《母亲》，选择自己最喜欢的人物和片段在下节课交流。

设计意图：本次作业是对课上学习的迁移运用，生生之间的习作评价与修改有助于激发学生的习作兴趣，有助于学生进一步运用写作方法。课外阅读拓宽了学生视野，又与本次习作联系紧密，为学生提供了更为丰富的学习资源。

【**课时安排建议**】

4 课时。

第 1 课时：初步认识场景描写和细节描写，体会场景描写和细节描写在表情达意方面的作用，感受母爱的伟大，丰富思想情感。

第 2 课时：学习《父爱之舟》《"精彩极了"和"糟糕透了"》，认识和体会课文中的场景描写和细节描写，体会场景描写和细节描写在表达方面的作用，感悟"舐犊之情"。

第 3 课时：对比三篇课文，梳理总结场景描写和细节描写的表达方法，加深认识，并确定书信征集活动的评价标准。

第 4 课时：完成习作，与同伴相互交流，依据评价标准进行评价，并提出修改意见。

【**持续性学习评价**】

项目	描述	评价
主题内容	主题鲜明，内容符合书信征集活动的要求，整体表现力较强	☆ ☆ ☆ ☆ ☆
	主题较为鲜明，内容基本符合书信征集活动的要求，整体表现力不错	☆ ☆ ☆ ☆
	内容符合书信征集活动的主题，整体表现力一般	☆ ☆ ☆
语言表达	语言通顺流畅，真挚感人，行文中有真实动人的描写，能较好地运用场景描写和细节描写	☆ ☆ ☆ ☆ ☆
	语言较为通顺，有真实的具体事例的描写，能运用场景描写和细节描写	☆ ☆ ☆ ☆
	语言基本上通顺，有事例描写，场景描写和细节描写较少	☆ ☆ ☆

项目	描述	评价
作品	能根据书信征集活动要求完成书信，主题突出，图文并茂，构思独特	☆ ☆ ☆ ☆ ☆
	能根据书信征集活动要求完成书信，符合主题，图文相符，布局工整	☆ ☆ ☆ ☆
	能根据书信征集活动要求完成作品，符合主题，有图片装饰，干净整洁	☆ ☆ ☆
参与	能积极参与学校书信征集活动，主动出谋划策，并善于与人合作、交流	☆ ☆ ☆ ☆ ☆
	能比较主动地参与学校书信征集活动，积极表达自己的看法，并愿意与人合作、交流	☆ ☆ ☆ ☆
	能根据要求参与学校书信征集活动，有自己的想法，参与小组合作、交流	☆ ☆ ☆

第三阶段：运用方法，学写书信

【阶段学习目标】

1. 能结合自己阅读《母亲》的体会进行交流，了解书中运用场景描写和细节描写表情达意的写法。

2. 能结合自己对《慈母情深》的学习，交流《母亲》中喜欢的片段描写，深入体会场景描写和细节描写的表达效果。（重点、难点）

3. 能运用课内、课外阅读中积累的语言和方法，对照习作例文修改自己的习作，并开展"习作漂流"，与同学互相提出修改建议，然后再次修改并完善自己的习作。（重点）

【阶段性学习活动设计】

► **板块一：读书交流，体会表达效果**

学生活动：

1. 交流"我最喜欢的片段"，并说明理由，感受场景描写和细节描写在表情达意方面的作用。

2. 交流父母（祖父母、外祖父母等）之爱的片段，感悟舐犊之情。

3. 阅读自己喜欢的文章片段，感悟刻画人物的方法。

书目	题目	片段	表达效果
《母亲》			

设计意图：本单元任务为"见字如面，提笔由心，给父母（祖父母、外祖父母等）写一封书信"，意在唤醒学生自己的生活经验，引导他们发现和感受生活中的父母（祖父母、

外祖父母等）之爱。通过拓展课外阅读，帮助学生对场景描写和细节描写产生更加深刻的认识，并且《母亲》很好地体现了本单元的训练要点，也成为修改、完善习作的学本。

▶ **板块二：迁移方法，整体修改习作**

学生活动：

1. 结合从课内、课外文本中习得的方法，自主修改习作，让场景描写和细节描写更具体，更富有表达效果。

2. 修改习作。先在四人小组内进行交流，听取另外三个同学对自己习作的建议，随后在全班至少找三位比自己习作水平高的同学进行交流，用便利贴或者批注的方式发现习作中的优点和不足，互相学习，提出修改意见。

3. 依据同学们的建议，再次修改和完善习作。

设计意图：本次活动的目的是为学生搭建支架，降低习作难度。先引导学生学习课文，确定选材和表达方法，再围绕课外阅读丰富写作方法和语言，最后对照评价标准引导学生修改习作，由小组扩展到全班，层层搭设台阶，降低习作难度，让学生在彼此的交流中修改和完善习作，真正提升表达能力。

▶ **板块三：作业与拓展学习设计**

学生活动：

1. 将习作读给写作对象和自己熟悉的人听，听取评价和建议，看看是否真正体现了人物特点。

2. 誊抄习作，初步设计美化，构思展品方案。

设计意图：2022 年版语文课程标准认为五、六年级的学生应懂得习作是为了自我表达和与人交流，因而要有作者意识。本次作业设计让学生感受写作的快乐和成就感，进一步激发兴趣。

【 **课时安排建议** 】

2 课时。

第 1 课时：交流阅读《母亲》的感受，积累习作方法和语言。

第 2 课时：围绕评价标准，对照习作例文自主修改习作，进行习作漂流，根据同学们的建议第二次修改习作。

✒ ──────────────────────────── **第四阶段：修改习作，推荐展示** ─────

【 **阶段学习目标** 】

1. 能设计、美化作品，加入人物照片、画像、简介等内容，整体排版，形成展品。（重点）

2. 能根据学习所得进一步完善评价标准，并且依据评价标准评选出班级优秀作品，推荐到学校展览。（难点）

3. 能在参观展览的过程中阅读、学习别人的作品，交流感受。（重点）

【 **阶段学习活动设计** 】

▶ **板块一：小组合作，美化设计展品**

学生活动： 自由结组，讨论设计方案，根据特长互相美化作品。

设计意图：通过小组合作的形式降低活动难度，给不同爱好的同学提供实践平台。

▶ **板块二：完善标准，推荐优秀作品参展**

学生活动：

1. 根据自己学习、创作的过程，进一步理解、完善和修改书信征集活动的评价标准。
2. 依据评价标准评选出优秀作品，推荐到学校展览。
3. 为其他作品提出建议，修改后在班级展览。
4. 参观学校展览，学习并交流。

设计意图：本次习作重点之一是引导学生表达真情实感，无论学生的习作最后能否被选上，只要能表达真情实感和父母（祖父母、外祖父母等）之爱，都值得肯定。同时在学习的过程中，关于本次书信征集活动的最终评选标准，学生会有新的理解，也会更明晰学习任务。

▶ **板块三：拓展学习设计**

学生活动：在参观校级书信展览的过程中学习别人的作品，并进行交流反思。

设计意图：准备展品、参观展览的过程是让学生自我提升和反思进步的过程，同时学生在学习他人作品的同时，也是对单元整体学习的总结。

【**课时安排建议**】

2 课时。

第 1 课时：在小组内根据组员的特长美化作品。

第 2 课时：进一步完善修和改评价标准，依据评价标准推荐优秀作品，准备班级和学校的展览，并交流感受。

【**持续性学习评价**】

项目	描述	评价
主题内容	主题鲜明，内容符合书信征集活动的要求，整体表现力较强	☆☆☆☆☆
	主题较为鲜明，内容基本符合书信征集活动的要求，整体表现力不错	☆☆☆☆
	内容符合书信征集活动的主题，整体表现力一般	☆☆☆
语言表达	语言通顺流畅，真挚感人，行文中有真实动人的描写，能较好地运用场景描写和细节描写	☆☆☆☆☆
	语言较为通顺，有真实的具体事例的描写，能运用场景描写和细节描写	☆☆☆☆
	语言基本上通顺，有事例描写，场景描写和细节描写较少	☆☆☆
作品	能根据书信征集活动要求完成书信，主题突出，图文并茂，构思独特	☆☆☆☆☆
	能根据书信征集活动要求完成书信，符合主题，图文相符，布局工整	☆☆☆☆
	能根据书信征集活动要求完成作品，符合主题，有图片装饰，干净整洁	☆☆☆

项目	描述	评价
参与	能积极参与学校书信征集活动，主动出谋划策，并善于与人合作、交流	☆☆☆☆☆
	能比较主动地参与学校书信征集活动，积极表达自己的看法，并愿意与人合作、交流	☆☆☆☆
	能根据要求参与学校书信征集活动，有自己的想法，参与小组合作、交流	☆☆☆

五、 反思与讨论

（一）学习目标的达成

在本单元的设计中，通过读写整合，我们共设置了五个学习目标，从教师指导到学生合作学习，再到学生理解运用，逐步达成学习目标。该主题学习既关注了学生语言积累和阅读方法的提升，也关注了语言积累后的内化与运用，紧凑、螺旋上升的教学设计符合学生的认知规律，有利于学生思维的深度发生。

（二）本单元设计中的困惑与反思

1. 时间分配稍欠合理。根据单元主题，学生需要理解通过场景描写和细节描写表达情感的方法并尝试运用。因此，在讲授课文《慈母情深》时，教师结合第二次给作者钱这件事创设情境进行小练笔，但这个时间的分配只有三分钟，部分孩子因为书写缓慢或者思维暂时未组织好，导致练笔未能完成。

2. 细节把握不准确。场景描写和细节描写对于大多数学生来说基本是空白，有一定的学习难度。虽然师生通过课文《慈母情深》进行了较为细致的学习，但由懂得内化为能力还需要一个过程，部分学生并没有深入理解这个概念，在练笔中未能抓住母亲的神态、动作、语言等进行细致的刻画，仍需要在后面的学习中进一步巩固和强化。

（三）改进设想

教学项目的实施关键在于教师，而学生的成长主要在课堂。在课堂中，教师指导学生完成任务的过程，就是探索解决问题方法的过程。例如，如何真正实现学生的主体地位，如何拓展和灵活使用教材等，都需要我们进一步思考。在以后的教学活动中，我们将以更好的教学活动，更精准的语言，更扎实的语文素养，推动学生对所学知识的迁移和运用，让理解和深度学习真正发生。

（河南省郑州大学实验小学　王欣）

真情实感话童年
——五年级下册第一单元

一、 学习情境与学习任务

　　本单元的人文主题是童年往事。编排的三篇课文《祖父的园子》《月是故乡明》《梅花魂》都是作者回忆童年生活的文学作品。生活在 21 世纪的这一代少年儿童,如果能够对父辈们生活的年代有更多的了解,就会更加珍惜今天的幸福生活。为此我们结合本单元人文主题和教材提供的资源,准备召开"走进父辈们的童年生活"主题班会,依托这一真实的学习情境,布置学生完成一个具有挑战性的学习任务:了解父辈们的童年生活,记录他们成长过程中的一件事,为参加主题班会做好充分的准备。学生在完成这个学习任务的过程中,需要借助访谈了解父辈的童年生活;通过阅读、对比,感受不同时代人物的童年往事,领会课文不同的表达方法。为更好地与学习任务衔接,我们将本单元习作改为记父辈们童年生活中的一件事,引导学生选择典型事例,记录父辈们成长过程中经历的事情,然后在主题班会中分享交流。为激发学生学习的积极性,我们还准备邀请学生家长参加本次主题班会,使学习情境更加真实,学习成效也会非常显著。

　　学生在完成学习任务的过程中可以成为主动的阅读者、探究者和有创意的表达者。本学习任务群大致可以归属"文学阅读与创意表达"学习任务群。

二、 学习资源与学习目标

（一）学习资源

　　本单元教材编排四篇课文:《古诗三首》《祖父的园子》和略读课文《月是故乡明》《梅花魂》;口语交际是走进大人们的童年生活;习作是"那一刻,我长大了"。三篇课文都是作者回忆自己的童年生活,但是写法各不相同,表达的思想感情也不相同。《祖父的园子》是一篇记事散文,记叙了作者童年在祖父园子里发生的几件事情,表达了作者对无忧无虑的童年生活的向往;《月是故乡明》是一篇散文,记叙了作者在不同年龄、不同地方看到月亮都会想起童年时代故乡看到的那个小月亮,偏重写景,表达了作者对故乡的思念之情。《梅花魂》是一篇记叙文,记叙了外祖父教我背诵唐诗宋词、外祖父发火、离别外祖父几件事,刻画了一位身在异国却有一颗赤子之心的爱国老人,表达了作者对外祖父的怀念之情。

　　教学本单元,需要对单元学习资源进行必要的整合和补充,适度提供拓展阅读资料,让学生通过课文阅读和整本书阅读与交流,了解更多的父辈们童年生活的故事,领会如何把一件事写具体的方法,进而助力学生将阅读中体会到的写作方法迁移运用到自己的写作实践中。"文学阅读与创意表达"第三学段指向阅读反映少年成长的故事、小说、传记等，交流自己获得的启示；学习运用细节描写等文学表现手法，描述自己成长中的故事。单元习作题目"那一刻，我长大了"，宜改为记父辈们童年生活中的一件事，从而更好地与单元学习任务相匹配。

（二）学习目标

根据单元学习情境和学习任务，制定本单元的学习目标。

1. 通过课前预习、全班交流、课堂检测等形式认识 41 个生字，读准 2 个多音字，会写 19 个字和 10 个词语，能通过自主阅读、借助学习单读懂课文内容。

2. 能通过对比阅读发现课文（包括整本书阅读）中记叙童年生活不同的表达方法，体会渗透在字里行间的思想感情，认识如何表达真情实感。

3. 能从对父辈的访谈中筛选典型事例，记录父辈们的童年生活故事，把重点部分写具体，表达真情实感，并对照课文中的表达方式对发言稿进行修改。

4. 通过"走进父辈们的童年生活"主题班会，能围绕评价标准，完善修改作品，择优在主题班会上展示。

三、学习活动设计

为引导学生积极参加"走进父辈们的童年生活"主题班会，依据单元学习目标，我们将整个单元的学习流程设计为五个阶段。

第一阶段：发布任务，访谈准备。依据单元导读页发布本单元学习任务——召开"走进父辈们的童年生活"主题班会，每个同学的任务都是了解父辈的童年生活，记录他们成长过程中的一件事，为参加主题班会准备作品，并明确完成这项任务的基本思路，随后梳理、列出具体的问题清单，学会列提纲，为家庭访谈做准备。

第二阶段：学习课文，扩展阅读。要求学生借助预习单完成本单元课文生字新词学习，正确朗读课文，读懂课文内容，初步体会课文表达的思想感情。扩展阅读《呼兰河传》，深化自己的认识。《古诗三首》拟单独学习。

第三阶段：学习写法，交流访谈。学生通过阅读三篇课文，找出课文体现思想感情的地方，了解课文中不同时代、不同年龄的人的童年生活，并体会文本表达的思想感情，梳理不同文本的表达方法。通过对家庭中大人们的访谈，了解父辈们的童年生活，利用采访记录单，选择确定写作材料。

第四阶段：完成习作，交流修改。记叙父辈成长历程中的一件事（也可以是几件事），把事情的重点部分写具体。交流阅读《呼兰河传》时印象深刻的情节，深刻感悟作者如何把一件事重点部分写具体的方法。结合评价标准，修改自己的文稿，然后进行班级内习作漂流，请同学们写下阅读感受和建议，整体修改习作。

第五阶段：主题展示，推优评选。学生先在小组交流，择优在主题班会中交流发表。其他作品可以用板报方式进行书面展示。小组伙伴合作设计、布局、美化、编辑，助力班会上交流的学生试讲，让主题班会开得更有质量，同时提升学生的策划能力、审美鉴赏能力和创造力。

整个活动依托真实情境，以任务为驱动，引导学生成为主动的阅读者、积极的分享者和有创意的表达者。助力学生核心素养提升。

五个阶段大致需要 11 课时来完成。

四、各阶段学习目标和学习活动

第一阶段：发布任务，访谈准备

【阶段学习目标】

1. 能了解本单元学习任务，讨论明确完成学习任务的流程和各个子任务的要求。

2. 能准备家庭访谈提纲，并了解父辈的童年故事。

【阶段学习活动设计】

▶ 板块一：明确任务，讨论流程

学生活动：

1. 阅读"走进父辈们的童年生活"主题班会的通知，明确单元学习任务。

2. 经过思考说出自己对单元任务的理解。

设计意图：真实情境的设置既能激发学生学习本单元的兴趣，让他们在任务驱动下充分挖掘学习的积极性、主动性，成为学习的主体，又能发展学生语言能力、思维能力，增强审美创造能力。

▶ 板块二：分解任务，明确要求

学生活动：

1. 思考和讨论完成任务的方法。

2. 梳理出初步完成任务的设计思路，如习作时要抓住典型事例写父辈的童年生活，要把事情的重点部分写具体等。

设计意图：知晓任务后，目标清晰了，但是如何达成目标，需要通过哪些路径达成目标，学生还不够明确，本环节旨在帮助学生理清学习本单元的思路。

▶ 板块三：列出访谈提纲，准备家庭访谈

学生活动：

1. 明确访谈要求，设计家庭访谈提纲，提出问题。

访谈对象	问题一	问题二	问题三

访谈对象	问题一	问题二	问题三

2. 运用方法，模拟交际，梳理问题，研讨策略。

3. 课后完成对父辈的采访。

设计意图：本环节从学生的难点出发，通过学生感兴趣的评选活动来渗透提问的方法，为下一步进行模拟交际创造条件。在习得方法后，不断创设情境，给学生提供实践运用的机会，激活学生思维，随后梳理在模拟采访时出现的问题，帮助学生寻找解决方法。

【课时安排建议】

2课时。

第1课时：了解单元任务，明确解决任务思路，制定评价标准。

第2课时：根据需要列出提纲，对父辈们进行访谈。

【持续性学习评价】

家庭访谈提纲评价标准			
描述	十分符合	基本符合	不符合
能根据目的选好访谈对象			
能根据不同对象从不同角度提出不同的问题			
认真倾听别人回答，做好记录			

第二阶段：学习课文，扩展阅读

【阶段学习目标】

1. 通过课前预习、全班交流和课堂检测等形式认识本单元的生字新词。

2. 通过自主阅读、借助学习单读懂课文内容，体会课文表达的思想感情。

3. 扩展阅读《呼兰河传》，边读边记录，梳理自己的思考。

【阶段学习活动设计】

▶ **板块一：交流预习，读懂内容**

学生活动：

1. 课前结合"预习单"进行自主预习。

2. 交流预习成果，并通过借助工具书、请教同学等方法自主识字。

3. 全班交流，整体感知文章的主要内容和表达的思想感情。

单元预习单

我会认：结合识字表读课文，不认识的字查字典、注拼音，摘抄在下面的横线上。

_____

我会写：自学本单元写字表和词语表，圈出容易写错的字，摘抄在下面的横线上。

_____

我会理解：浏览本单元课文，填写表格。

文章	主要人物	做了什么事	课文表达的思想感情
《祖父的园子》			
《月是故乡明》			
《梅花魂》			

我会质疑：

_____

设计意图：本环节设计体现了五年级学生的特点，借助预习单引导学生自主识字、感知课文，充分发挥学生学习的积极性和主动性。

▶ **板块二：推荐课外阅读，深化认识**

学生活动：

1. 推荐阅读《呼兰河传》，重点阅读自己感兴趣的一个章节，边读边记录自己的阅读感悟，并及时梳理自己的思考。

2. 品析自己感兴趣的章节，抓住一件或两件事，体会作者是怎样把重点部分（添加）写具体的。

设计意图：课外阅读既拓宽了学生视野，又与单元联系紧密，为学生提供了更为丰富的学习资源。

▶ **板块三：借助学习单，学习《古诗三首》**

《古诗三首》学习单

1. 我会自学：自读三首古诗，填写表格。

课文	什么季节？从哪可以看出？	儿童做了什么活动？	诗中儿童被称为什么？有什么特点？	作者有何感情？
《四时田园杂兴（其三十一）》				
《稚子弄冰》				
《村晚》				

2. 我能将诗中的感情朗读出来。

3. 我能想象：

童孙未解供耕织，也傍桑阴学种瓜。

稚子金盆脱晓冰，彩丝穿取当银钲。

牧童归去横牛背，短笛无腔信口吹。

读以上诗句，我仿佛看到了……听到了……想到了……

设计意图：借助学习单这个支架，引导学生自主梳理三首古诗的内容，体会古诗表达的感情，想象诗中的画面，体会乡村童年生活的乐趣。

【课时安排建议】

3 课时。

第1—2课时：熟读课文，感知单元内容，体会其表达的思想感情。

第3课时：学习《古诗三首》。

第三阶段：学习写法，交流访谈

【阶段学习目标】

1. 通过比较发现课文中哪些事情写得具体，体会写具体的方法。

2. 交流讲述自己收集的父辈的童年故事。

3. 根据阅读材料，选择情境，记录父辈的故事。

【阶段学习活动设计】

▶ 板块一：借助阅读单，学习《祖父的园子》

学生活动：

1. 默读《祖父的园子》，梳理我和祖父做了哪些事。

2. 找到《祖父的园子》中表达思想感情的语句，说出其中蕴含的感情，并能通过朗读表达自己的感受。

3. 在不同的情境中仿照课文表达思想感情的写法，用多种形式表达自己的真实情感。

写了我和祖父的哪些事情?	哪件事写的最具体?	写具体的方法	表达了什么情感?
栽花、拔草、种白菜、铲地、浇水	铲地除草	写了我铲地的动作,写祖父教我辨识谷子和草的对话	祖父对我的关爱,我对祖父的依恋

设计意图:本次活动由第一次的初步体会课文的思想感情到具体品味表达感情的语句,抽丝剥茧,一步步引导学生深入理解文本,体会课本表达的思想感情。根据教材梳理,本单元的"体会课文表达的思想感情"重在运用,在本课的学习中,首先引导学生梳理课文内容,随后帮助学生梳理出本课寄情于景、事、物的方法,最后将学到的方法迁移运用到自己的情境描写中。

▶ **板块二:自主阅读,继续领会把一件事写具体的方法**
学生活动:

1. 借助学习单,自主学习《梅花魂》,梳理把课文写具体的写法。

写了外祖父的哪些事情?	哪件事写得最具体?	写具体的方法	表达了什么情感?

2. 朗读体会课文表达的情感。

3. 交流《呼兰河传》中自己感兴趣的一个章节,体会作者怎样把事情写具体的。

设计意图:这个阶段的学习由体会文章的思想感情,深入到理解课文是怎样把事情写具体的。通过课文比较阅读,在教师指导下学习《祖父的园子》,领会把一件事情写具体的表达方法。接着学生自主或与伙伴一起阅读,梳理总结课文《梅花魂》的表达方法。最后通过《呼兰河传》中的一个章节阅读交流,加深认识把事情写具体的方法,为之后的习作做好准备。

▶ **板块三:阅读《月是故乡明》**
学生活动:

1. 朗读体会课文表达的情感。

2. 比较这篇课文与《祖父的园子》和《梅花魂》的不同之处。

设计意图:《月是故乡明》是一篇写景文章,所以采用朗读的方法简化处理,主要体会文章写法与前两篇课文的不同,不做深入讨论。

► **板块四：交流访谈内容，讲述父辈的童年故事**

学生活动：

1. 交流自己的访谈列表，介绍自己从哪些方面进行访谈。

2. 讲述自己父辈的童年故事，说说自己最感兴趣的事。

3. 能选择一个情境，记录父辈的童年故事。

设计意图：引导学生交流他们最感兴趣的父辈的童年故事，帮助学生筛选材料，随后让学生从给出的情境中任选一个，选择恰当的方法，写一个片段表达自己的情感，为习作做准备。

【课时安排建议】

3 课时。

第 1 课时：阅读《祖父的园子》，体会课文把事情写具体的方法。

第 2 课时：体会《梅花魂》和《呼兰河传》一个章节中把事情写具体的方法。朗读体会《月是故乡明》的思想感情。

第 3 课时：交流访谈的父辈的童年故事，小练笔。

第四阶段：**完成习作，交流修改**

【阶段学习目标】

1. 能从父辈访谈记录中选择一件印象深刻的事，并把事情的重点部分写具体。

2. 课内外联动，迁移运用表达方法，依据方法修改习作。

【阶段学习活动设计】

► **板块一：讨论完善习作评价标准**

学生活动：

1. 能自主回顾习作要求，梳理评价标准。

2. 全班交流完善评价标准。

习作评价标准

描述	评价
能筛选父辈童年生活中的生动故事，能把事情的起因、经过和结果写清楚，重点部分写具体，能表达真情实感	☆☆☆☆☆
能筛选父辈童年生活中的故事，事情写得比较清楚，重点部分写得比较具体	☆☆☆☆
选择的是父辈童年的生活故事，但事情经过不够清楚，重点部分不够具体	☆☆☆

设计意图：通过梳理和交流讨论，使学生明晰习作要求和评价标准，给学生习作提供方向，以便学生评价其他同学的习作，完善修改自己的习作。

► **板块二：筛选事例，自主习作**

学生活动：

1. 回顾父辈的成长记忆，并进行筛选、甄别，选取典型事例。

2. 按照事情发展的先后顺序，把事情的经过说清楚，突出事情的重点，回忆父辈的见闻感受。

3. 回顾梳理在课文学习中习得的把事情写具体的方法。

4. 列提纲，理思路，对照评价标准，自主写发言稿。

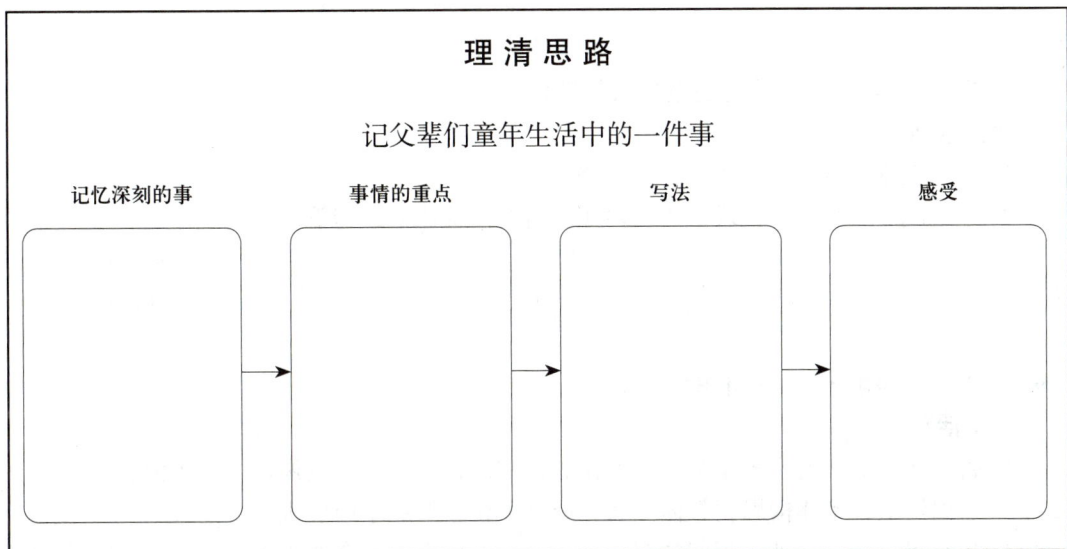

理 清 思 路

记父辈们童年生活中的一件事

记忆深刻的事	事情的重点	写法	感受

设计意图：首先回顾成长时刻，用思维导图的形式帮助学生理清思路。把事情的重点部分写具体是教学的重点，引导学生从自己所见、所闻、所感等方面打开思路，仔细回顾，细致描写。

▶ **板块三：课内外联动，学习表达，修改习作**

学生活动：

1. 对照《梅花魂》《呼兰河传》，抓住人物的语言、动作、神态等描写，学习将重点部分写具体的方法，修改自己的发言稿，把事情的重点部分写具体。

2. 习作漂流，互相交流。

3. 依据同学的建议再次修改、完善自己的发言稿，誊抄发言稿。

设计意图：好文章是改出来的，聚焦学生修改习作时的难点，提供方法支架，有效提高他们的写作水平。这是学生再次学习的过程，也是学生自我感悟、互相提高的重要途径。

【课时安排建议】

2 课时。

第 1 课时：选取父辈成长经历中的典型事例，自主习作。

第 2 课时：对照课文的写法，自主修改，习作漂流，互相交流和修改。

第五阶段：主题展示，推优评选

【阶段学习目标】

1. 分小组依据评价标准评选优秀作品，选出主题班会发言代表。

2. 小组合作，设计书面展板，展出学生的作品。

3. 参加主题班会，参观其他小组展板，交流学习感受。

【阶段学习活动设计】

▶ **板块一：讨论完善展示活动评价标准**

设计意图：师生共同讨论制定习作作品、优秀发言者和优秀展板三个评价标准，以评价激发学生的学习动力，通过评价标准提高学生的学习质量。

▶ **板块二：小组交流，评选主题班会发言代表**

学生活动：

1. 小组交流发言稿，选出优秀发言稿。

2. 小组成员倾听发言代表试讲，对照评价标准提出修改建议。

设计意图：学生参与的过程就是相互学习过程。本设计引导学生在小组交流过程中欣赏他人的发言稿，交流意见，吸取经验，修改完善自己的文字，在真实的学习情境中增强运用语文的能力。

▶ **板块三：小组合作，设计书面展板**

学生活动：

1. 誊抄演讲稿，初步美化个人展示作品，加入人物照片、画像、简介等内容。

2. 自由结组，集体构思，整体排版，修饰美化，形成小组展板。

3. 各小组布置"走进父辈们的童年"展板，派代表准备介绍小组展板。

设计意图：引导学生主动参与主题班会发言和小组展板的各项准备工作，准备展品、参观展览的过程也是让学生自我提升和反思进步的过程。小组合作的形式降低了难度，给不同爱好的同学提供了实践平台，在学习别人展品的同时，也是对单元整体学习的总结。

▶ **板块四：召开"走进父辈们的童年生活"主题班会**

学生活动：

1. 邀请家长参加"走进父辈们的童年生活"主题班会。

2. 认真倾听各小组代表发言。

3. 邀请家长参观各小组的展板，小组代表介绍自己小组的展板。

4. 同学和家长共同推荐优秀演讲者和优秀展板。

展示推荐表

相信在分享过程中，你一定会发现令你印象深刻的作品和故事，请为其他观众推荐你最喜欢的作品和故事，并写出三条推荐理由。

我推荐的作品 / 故事是：

我的推荐理由：

① _____

② _____

③ _____

设计意图：本单元根据表现性评价原理，依托单元情境任务，让评价贯穿始终。以评价激发学生的学习需求，使其产生内在的学习动机，并在自主建构的学习中深入理解和完善评价标准。展演可以给每位学生正向激励。

【课时安排建议】

1 课时。

主要用于讨论完善展示活动的评价标准，评选主题班会发言者。展板制作布置和主题班会主要安排在课外以及班会课，不占用语文课教学时间。

【持续性学习评价】

分类	优秀作品要求	评价
优秀展板	能根据展示要求美化作品，图文并茂，构思独特，版面工整美观	☆☆☆☆☆
	能根据展示要求布置作品，符合主题，排版合理，有图片装饰	☆☆☆☆
	能根据展示要求布置作品，符合主题，干净整洁	☆☆☆
优秀发言者	讲述父辈的童年生活故事，声音响亮，态度大方，生动感人，给听众留下深刻印象	☆☆☆☆☆
	讲述父辈的童年生活故事，声音响亮，态度大方，有吸引力	☆☆☆☆
	讲述父辈的童年生活故事，声音比较响亮，态度比较大方	☆☆☆

五、 反思与讨论

（一）本单元设计特色

1. 设计真实的任务情境，综合的实践活动。

本单元以开展一次"走进父辈们的童年生活"主题班会的真实情境为依托，既激发了学生的学习兴趣，增强了学生学习的内驱力，又让学生在准备展品的过程中积累了解决问题的经验。

2. 依据单元特点，围绕目标展开。

本单元以童年往事为人文主题，童年往事既是单元学习需要理解的一个概念，又是单元学习活动展开的一个生活经验。毫无疑问，从人文主题上看，这是一个与学生的心理距离最贴近的主题单元，这个单元属于典型的"文学阅读与创意表达"学习任务群。因此，我们融入了《呼兰河传》，引领学生在阅读中比较、思考、提升，并且把学到的体会思想感情的方法运用其中。

3. 有整体设计，各阶段环环相扣。

对于童年往事的理解，学生并不陌生，本单元的设计依托"走进父辈们的童年生活"主题班会活动情境，围绕单元主题，依托教材，从走进作者的童年生活，了解他们对童年的不同感情，梳理不同的写法，到利用访谈走进父辈们的童年生活，选取典型事例记录父辈的成长时刻，再到召开"走进父辈们童年生活"主题班会，学生成为主动的阅读者、积极的分享者和有创意的表达者。

（二）本单元设计中的困惑与反思

本次活动以"真情实感话童年"为主题，召开"走进父辈们的童年生活"主题班会。整个学习任务群活动的设计依托教材文本，梳理方法，最后为了更好地与大任务衔接，将习作题目修改为《记父辈们童年生活中的一件事》。

本单元的教材安排应该是在引导学生了解他人童年往事后，由人及己，聚焦自我，关注自己的成长历程。但本次设计为更好地达成学习任务群目标进行了修改，合理性待考虑。

（河南省郑州市创新实验学校　张全令）

遨游汉字王国，学写研究报告
——五年级下册第三单元

一、 学习情境与学习任务

2022 年版语文课程标准提出了"跨学科学习"学习任务群，旨在引导学生在语文实践活动中，联结课堂内外、学校内外，拓宽语文学习和运用领域；围绕学科学习、社会生活中有意义的话题，开展阅读、梳理、探究、交流等活动，在综合运用多学科知识发现问题、分析问题、解决问题的过程中，提高语言文字运用能力。

"遨游汉字王国，学写研究报告"这一学习主题的设计，依托五年级下册综合性学习"遨游汉字王国"的学习要求，结合学校语文周开展的"为学校'汉字文化'宣传栏投稿，争当小小汉字研究员"的活动情境，联结课内外学习资源、学习方法，引导学生走近汉字文化、了解汉字文化、交流汉字文化，激发对祖国语言文字的传承与热爱。引导学生在搜集汉字相关资料与合作探究汉字底蕴的过程中，经历一次完整的问题研究过程，从而产生研究兴趣，学习研究方法，提升研究能力，习得规范、典型、简单地撰写研究报告的一般方法与格式。本单元学习任务群设计紧扣"跨学科学习"要求，以提高学生的语言文字运用能力为本，注重真实情境中的活动与体验、问题与探究、设计与表达。

二、 学习资源与学习目标

（一）学习资源

五年级下册"遨游汉字王国"分为"汉字真有趣"和"我爱你，汉字"两个部分。两部分活动循序渐进："汉字真有趣"以字谜、谐音等阅读材料为引子，引导学生运用不同的方式搜集资料，从不同的方面了解汉字，激发对汉字文化的兴趣，感受汉字文化的"博大精深"，产生自己感兴趣的汉字话题；"我爱你，汉字"重点通过让学生阅读不同时代、不同角度、不同形式的汉字阅读材料，引导学生根据之前感兴趣的话题，搜集丰富的资料，开展简单的研究。同时，提供《关于"李"姓的历史和现状的研究报告》《甲骨文的发现》等不同形式的研究报告，供学生仿写、学写。

另外，单元中的活动建议提示了研究的思路和方法。"汉字真有趣"旨在让学生运用不同的方式搜集资料，考查学生围绕相关主题搜集资料的能力。"我爱你，汉字"旨在引导学生围绕主题搜集各种资料，并对资料进行筛选、整理、分析、总结，为完成研究报告提供理论依据和事实基础。

由此可见，整个综合性学习任务群都在引导学生围绕"汉字"，确定研究主题，制订活动计划，开展研究活动，撰写研究报告，展示研究成果。

为使学生更好地经历一次完整的问题研究过程，我们要关注以下三点：一是呵护学生的研究热情，激发学生对汉字文化的热情，寻找自己感兴趣的主题，展开可持续性研究。二是强调实事求是的研究态度，倡导学生利用身边可以利用的资源搜集大量真实、准确的资料，为研究服务。三是习得撰写研究报告的方法。对于五年级的小学生来说，他们撰写的研究报告可能是较为稚嫩的，如观点不够集中、表述不够完整，甚至意思表述不够清晰等。因此，教师在教学中要让学生认真学习研究报告的范例，初步认识研究报告的撰写方法，并且尝试仿写研究报告。

（二）学习目标

> **根据单元学习情境和学习任务，制定本单元的学习目标。**
>
> 1. 通过阅读单元内容，感受汉字文化，产生研究兴趣，提出自己感兴趣的问题，学习制订研究计划。
>
> 2. 学习搜集资料的基本方法，筛选、提炼有价值的信息，并能运用文字、表格或图式等多种形式呈现研究过程。
>
> 3. 学写简单的研究报告。经历边交流、边写作、边评改的习作过程，了解简单研究报告的基本要求与撰写方法。
>
> 4. 在实践中体验研究的快乐，激发持续研究的热情，在生活中主动发现问题，展开持续研究。

三、学习活动设计

根据本单元"遨游汉字王国，学写研究报告"这一主题，指导学生参与学校语文周举办的"为学校'汉字文化'宣传栏投稿，争当小小汉字研究员"活动，将整个单元的学习流程划分为"研究主题我来定""研究过程我参与""研究报告我来写""研究成果我展示"四个阶段。并通过课内外的学习，细化了解、准备、撰写、发布研究报告的具体任务，逐层推进学生的研究活动，使学生从助学、互学到乐学、会学，再到展学、持续学。

第一阶段：研究主题我来定。根据教材内容，运用微视频导学，了解汉字知识与文化，明确单元学习任务，激发研究兴趣；从学习和生活中提出自己感兴趣的与汉字相关的话题，并根据自己感兴趣的话题选择研究方向，组建研究团队，制订研究计划。

第二阶段：研究过程我参与。

课外研学：研究团队根据研究方向，课外自主阅读，搜集、整理资料，或联系生活展开调查研究。教师分散指导，学生以团队为单位进行学习资料、学习方法的分享与优化。

课内优学：交流搜集资料的方法，围绕自己感兴趣的汉字研究主题搜集更丰富的关于"汉字"与"汉字文化"的故事、传说、诗句以及数字化资料；学习教材中整理资料的方式；协同信息科技、数学等学科，拓宽搜集资料的思路，在活动中体验研究的快乐。

第三阶段：研究报告我来写。学习《关于"李"姓的历史和现状的研究报告》《汉字字形演变》《甲骨文的发现》《有趣的形声字》等研究报告，了解几种研究报告的基本写法。依照主题和材料，选择合适的形式，学写简单的研究报告。

第四阶段：研究成果我展示。交流、分享、修改、完善自己撰写的研究报告，感悟研究心得，并在"汉字专栏"的展览和评选中检验研究成果的价值。

整个学习任务群的展开依托真实情境，融汇知识、综合方法、跨界学科、共享资源，助力学生一步一步地在自主实践中明确研究方向、经历研究过程、形成研究成果，达成"跨学科学习"的目标。

四个阶段大致需要 6 课时来完成。

四、各阶段学习目标和学习活动设计

第一阶段：研究主题我来定

【阶段学习目标】

1. 了解汉字源远流长的文化，激发对汉字的兴趣，产生研究汉字的欲望。
2. 能根据自己的兴趣选择与汉字相关的研究话题。
3. 在交流中，明确研究方向，组建研究团队，制订研究计划。

【阶段学习活动设计】

▶ **板块一：视频导入，激发学习兴趣**

学生活动：

1. 观看微视频，了解汉字文化的源远流长与博大精深。
2. 在班级内交流自己感兴趣的汉字文化话题，或提出与汉字相关的问题。

设计意图：教材是最基础的学习资源，教师整合单元中的教材资源，通过单元的"导入课"，让学生在不同阅读材料的碰撞中，在积极主动的学习活动中产生研究兴趣。

▶ **板块二：开展"汉字游园会"活动**

学生活动：

1. 开展"汉字游园会"活动，了解丰富的汉字知识与文化，开阔学生的视野，激发学生的研究兴趣。

（1）"趣味汉字答一答"：通过平板电脑当堂检测，并渗透字谜、谐音等汉字知识。

（2）"漂亮汉字写一写"：展示书写作品，学习书法艺术。

（3）"博大汉字探一探"：说一说自己感兴趣的主题。

2. 兴趣相同的学生组成团队，分享学习收获。

设计意图：引导学生进一步了解丰富多元的汉字，开阔视野，为下一步确定自己感兴趣的研究方向做准备。

▶ **板块三：组建研究团队，明确研究方向**

学生活动：

1. 研究团队集思广益，在教师的引导下，各小组选择一个适合研究的主题。

（1）议主题：团队分享自己感兴趣的话题，教师引导学生从历史、现状等角度展开研究。

（2）定主题：教师引导学生讨论选题的适切性，学生修正、完善主题，再次分享。

2. 研究小组根据研究主题，确定每个成员的岗位及任务，制订清晰有效的研究计划。

研究课题		研究时间	
组长		职责	
小组成员及分工			
获取资料的途径	网上搜寻（　　） 翻阅书籍（　　） 实地考察（　　） 寻找实物（　　） 其他（　　）		
活动步骤			
成果展示形式	文字资料（　　） 图片资料（　　） 现场表演（　　） 演示文稿（　　） 其他（　　）		

设计意图：引导学生深入了解自己感兴趣的主题，明确选题方向与方法；指导学生组建研究团队，制订研究计划，为学生开展调查研究提供路径和保障，提高整个研究过程的实效性。

【课时安排建议】

1 课时。

整体感知单元内容，明确单元任务，激发汉字研究兴趣。结合对汉字文化的了解，在教师的引导下提出具有研究可行性的问题，组建研究团队，制订研究计划，明确研究方向。

【持续性学习评价】

描述	自评	组评	教师评
能从不同角度学习、了解汉字文化及相关知识。能与同伴分享自己感兴趣的汉字知识或文化	☆☆☆	☆☆☆	☆☆☆
能提出有探究价值，并且角度新颖的问题	☆☆☆	☆☆☆	☆☆☆
组内分工明确，能制订合理的研究计划，运用合理的研究方法	☆☆☆	☆☆☆	☆☆☆
对研究汉字文化感兴趣	☆☆☆	☆☆☆	☆☆☆
总评	（　　）颗星	（　　）颗星	（　　）颗星

【阶段学习目标】

1. 学习资料搜集的方法，团队协作确定感兴趣的汉字研究主题，依据专题搜集资料。

2. 小组交流、整理收集的资料，尝试从不同角度、用各种形式呈现收集到的资料。

3. 通过研究深入了解汉字文化，感受汉字的趣味，体验研究的快乐。

【阶段学习活动设计】

课前准备：根据各小组主题，分工搜集资料；联系生活，调查研究。

▶ **板块一：小小研究员，初显身手**

学生活动：

1. 你说我说，细聊资料。分享搜集到的资料，交流自己搜集资料的方法，学习通过不同的方式搜集资料。

2. 多种多样，巧寻资料。

（1）小组讨论，明确现有资料与方法的不足。

（2）根据已有学习成果，利用网络对研究主题进行二次搜集，对资料进行丰富和补充。

设计意图：引导学生根据研究问题的不同，合理运用文献资料法、问卷调查法、实地观察法等研究方法，使研究更科学；也可以建议学生使用多种研究方法，丰富体验，使研究更立体，从而提升研究的广度与深度。

▶ **板块二：小小研究员，提升考核**

学生活动：

1. 阅读材料《关于"李"姓的历史和现状的研究报告》，学习处理信息。

（1）阅读图表，交流信息内容及来源。

（2）结合图文对比阅读，学习筛选、整理信息的方法。

（3）拓展相应阅读材料，尝试在图表上完善、补充内容。

2. "信息时代的小小研究员"再学习。

（1）交流日常生活中所看到的不同类型的图表。

（2）研究如何利用信息科技、数学等学科的知识处理信息。

（3）小组整理资料，制作不同类型的图表。

设计意图：指导学生掌握信息处理的一般方法。以学生《关于"李"姓的历史和现状的研究报告》的"资料整理"为范例，引发思考：为什么要用表格记录？优化学生处理信息的能力。协同信息科技等学科，在电子文档中绘制不同形式的表格，或在电子表格中选择不同的统计方法整理信息，使数据的呈现更加清晰。

【课时安排建议】

2 课时。

第 1 课时：引导学生在课外围绕自己感兴趣的与汉字有关的主题，多方式、多角度、多类型地查阅、搜集资料。

第 2 课时：引导学生学习对资料进行筛选、整理、分析、总结，并尝试运用多种方式呈现资料整理的成果。

描述	自评	组评	教师评
能利用网络、书籍等不同方式搜集自己感兴趣的资料	☆☆☆	☆☆☆	☆☆☆
能根据主题筛选、整理自己需要的信息	☆☆☆	☆☆☆	☆☆☆
能利用信息技术，用自己喜欢的方式呈现资料	☆☆☆	☆☆☆	☆☆☆
感受汉字文化的博大精深，体验研究的快乐	☆☆☆	☆☆☆	☆☆☆
总评	（　　）颗星	（　　）颗星	（　　）颗星

第三阶段：研究报告我来写

【阶段学习目标】

1. 阅读《关于"李"姓的历史和现状的研究报告》《汉字字形演变》《甲骨文的发现》三篇研究报告，通过同伴交流，比较异同，了解研究报告的基本要素，认识研究报告的不同撰写方法。

2. 小组合作，能根据不同的研究主题和搜集的材料，选择合适的形式，学写简单的研究报告。

【阶段学习活动设计】

▶ **板块一：预学分享，初识报告**

学生活动：

交流《关于"李"姓的历史和现状的研究报告》《汉字字形演变》《甲骨文的发现》，比较异同。

设计意图：通过群文阅读，比较异同，初识研究报告的特点，了解研究报告的基本要素：标题要体现研究的问题；运用不同的研究方法搜集资料；将研究过程陈述清楚；呈现研究结论。感受研究报告多样化的表达方式，明确采用哪种研究报告撰写方法应该根据搜集到的材料和研究目的来决定。

▶ **板块二：小组合作，构思报告**

学生活动：

1. 小组合作，设计报告框架。

2. 小组内交流，明确优点与不足，教师点拨。

（1）形式选择是否得当。

（2）图表设计是否合理。

（3）研究报告的基本要素是否完善。

3. 小组移位重组，分享研究报告框架。

（1）组内分享。

（2）同伴交流发现：同一种研究主题可以采用不同的报告形式。

设计意图："跨学科学习"学习任务群提倡学生自主的实践活动，因此引导学生根据自身情况自主设计、自由撰写研究报告；在实践中关注学生的突出问题，加以点拨，优化学生的研究报告。同时，引导学生之间互动点评，让学生了解同一种研究主题可以采用不同的报告形式。

▶ **板块三：拓展延伸，大显身手**

学生活动：

根据主题和材料，采用不同的形式撰写研究报告。

【**课时安排建议**】

2 课时。

第 1 课时：阅读范例，比较异同，了解研究报告的基本要素与撰写规范。

第 2 课时：尝试根据主题与资料，撰写简单的研究报告。

【**持续性学习评价**】

描述	自评	组评	教师评
选题明确，妙趣横生	☆ ☆ ☆	☆ ☆ ☆	☆ ☆ ☆
结构规范，表达清晰	☆ ☆ ☆	☆ ☆ ☆	☆ ☆ ☆
图文结合，研究有理	☆ ☆ ☆	☆ ☆ ☆	☆ ☆ ☆
传承文化，富有创意	☆ ☆ ☆	☆ ☆ ☆	☆ ☆ ☆
总评	（　　）颗星	（　　）颗星	（　　）颗星

第四阶段：研究成果我展示

【**阶段学习目标**】

1. 整理研究过程中的资料、照片等，形成更具过程性、真实性的研究成果。

2. 参与"汉字专栏"展览和评选，检验自己研究成果的价值，修改、完善研究报告，激发持续研究汉字文化的兴趣。

【**阶段学习活动设计**】

近期学校的"汉字专栏"展出了我班同学的汉字研究报告，请你票选出"我最喜欢的研究报告"。根据专栏的反馈，与同学交流，进一步修改、完善研究报告。

设计意图：通过读者与作者之间的相互交流，引导学生反思研究的价值，激发学生持续研究的兴趣，体现研究报告作为应用文的实用性。

1课时。
参与学校的展览和评选，并交流感受。
【持续性学习评价】

我最喜欢的研究报告	
篇名	
理由	

五、反思与讨论

（一）学习目标的达成度

"遨游汉字王国，学写研究报告"这一主题单元，我们从语文课程标准、单元学习主题与核心内容、单元所承载的核心素养的进阶发展、学生的学习基础和发展需求四个维度综合考量，以任务驱动，以阶梯递进，让学生在汉字文化的引领下，在研究报告任务的驱动下，激发研究兴趣，习得研究范例，亲历研究过程，提升研究能力。以成果展示"简单的研究报告"为例，在目标的完成上，学生的整体达成度比较高，90.5%的学生能够按照格式学写简单的研究报告。通过研读范文、勾连课文、学科协同、交流评改，76.8%的学生能够用不同方式搜集资料，尝试利用图表整理资料，并用简洁的语言得出结论。

（二）教学设计的落实度

创设情境，激活学习活动。"跨学科学习"学习任务群讲究学生的新理解、新知识是在解决具体情境中的问题的过程中构建出来的。因此，教师要为学生的学习提供丰富的情境素材。本单元设计是在"争当小小汉字研究员"的情境下展开的，通过"小小研究员招募""小小研究员集训""小小研究员实战"这三个学习活动的推进，巧妙地将本单元需要习得的知识内容转化成学习任务，从而引导学生有滋有味地学习，使得学写简单的研究报告从课内学延伸到课外学，从学范例拓展到巧创新，从学语文放大到学生活。

（三）反思精进，优化单元设计

其一，深度学习讲求单元整合设计。本单元基于"如何学写简单的研究报告"这一疑难问题，尝试围绕"简单的研究报告"开展结构化的学习。如何使"研究报告"与本单元的主题、本单元的材料更好的有机结合，使本单元的材料被"研究报告"所用，值得设计者进一步思考。其二，"学写简单的研究报告"这一内容，在几次试教过程中，执教者虽然努力创设学习情境，激发学生的学习热情，但是课堂均较为理性，缺乏一定的趣味性和人文性。如何在学写简单的研究报告的同时，让学生感受本单元浓浓的文字情，也值得设计者思考与探究。

（浙江省宁波市鄞州区东吴镇中心小学　张路）

聚焦闪光之处，学习塑造人物
——五年级下册第五单元

一、 学习情境与学习任务

本单元是统编教材五年级下册以写人为主题的习作单元。教学这一单元时恰逢建党百年，学校要举办"闪闪发光的我们"人物展活动。于是，我们依托学校安排的活动，结合学生的生活设计真实的学习任务：观察身边的先进榜样，写一个感动自己的人物，为学校"闪闪发光的我们"人物展准备展品。为让更多学生展示自己的作品，先在班级里举办主题为"聚焦闪光之处，学习塑造人物"的展示活动，再选择推荐优秀作品参加学校的人物展。语文课程要在真实的语言运用情境中，通过积极的语言实践积累语言经验，体会语言文字的特点和运用规律，形成并发展学生的核心素养。结合学校活动创设真实的学习情境和设计富有挑战性的学习任务，有利于激发学生学习的主动性和积极性，也符合语文课程标准提出的课程理念。

"聚焦闪光之处，学习塑造人物"这一班级主题展示活动，重在鼓励学生能在日常生活中仔细观察，发现生活中的榜样人物，潜移默化地接受优良品德熏陶，形成积极向上的生活态度。在完成学习任务的过程中，学生需要主动观察，发现大千世界中各种人物的特点和身边人的闪光点，提高观察能力，培养探究精神；需要深入阅读大量文章，发现作者如何选材、组材，如何表现人物特点等，从而习得更多的写作方法；需要主动梳理、迁移运用学过的描写人物的方法，综合运用多种表达方法来表现人物特点，表达自己的敬佩、喜爱之情；完成习作后还要通过相互点评和修改完善进行自我反思、同伴互助，选择推荐优秀作品参加班级和学校的展示活动。上述设计体现了语文学科工具性与人文性相统一的特点，有利于提高学生的核心素养。

这一单元教学设计可以归属于"文学阅读与创意表达"学习任务群。本学习任务群旨在引导学生在语文实践活动中，通过整体感知、联想想象感受文学语言和形象的独特魅力，学习运用文学表现手法进行有创意的表达，提高学生的阅读品位和表达能力。

二、 学习资源与学习目标

（一）学习资源

习作单元重在习作方法指导和习作能力培养。本单元的导语是"字里行间众生相，大千世界你我他"。本单元设计安排了两个语文要素：学习描写人物的基本方法；初步运用描写人物的基本方法，具体地表现一个人的特点。整个单元编排了两篇精读课文《人物描写一组》《刷子李》；两篇习作例文《我的朋友容容》《小守门员和他的观众们》；"交流平台"提示了写好一个人物的基本方法;"初试身手"要求观察并写一位同学在课间十分钟时的表现;单元习作要求以《形形色色的人》为题观察生活中不同的人,表现人物的特点。为拓宽视野,丰富学生的写作素材与方法,推荐阅读冯骥才的《俗世奇人》。整个单元的学习资源与学生的学习任务相匹配,学生通过课文阅读和整本书阅读与交流,学习描写人物的方法,通过观察与习作实践,迁移运用方法写身边人物的特点,从而更好地完成单元学习任务。

学生在三、四年级和五年级第一学期习作中,已经多次学习过如何写一个人,并且反复接触过动作、语言、神态等描写人物的方法。因此,本单元语文要素提出的"学习描写人物的基本方法"并非新授知识,而是对已知习作方法的梳理和综合运用。

(二)学习目标

根据单元学习情境和学习任务,制定本单元的学习目标。

1. 能借助预习、交流等方法,独立识字学词,学会本单元的生字新词。

2. 能围绕为人物展准备展品这一核心任务,借助精读课文和习作例文,感受人物特点、典型事例、多种描写方法之间的关系,逐步形成评价标准,为完成单元习作做好准备。

3. 能根据人物特点,运用典型事例和多种描写人物的方法具体写一个"闪闪发光的人",完成单元学习任务,并依据写好一个人的评价标准进行评价。

4. 能从习作方法、任务完成等不同角度,借助自己喜欢的方法,反思和梳理完成任务的过程,丰富解决问题的经验,提升综合能力。

三、学习活动设计

为鼓励学生主动参与学校举办的"闪闪发光的我们"人物展,依据单元学习目标,整合本单元的学习内容,我们将整个单元的学习流程设计为发布学习任务、准备学习任务、完成学习任务、深化学习任务四个阶段。

第一阶段:发布学习任务。在课上发布学习任务——为参加学校举办的"闪闪发光的我们"人物展准备展品。和学生一起讨论,大致了解完成学习任务的基本步骤,并初步制定评价标准。然后依据学习需求,借助预习,掌握生字新词,初步感知单元课文,做到读正确、读流利,大体把握课文内容。同时布置两项课外学习任务:开启阅读整本书《俗世奇人》活动;留意观察身边人物,选择确定自己的写作对象。

第二阶段:准备学习任务。引导学生结合课文的学习,领会通过典型事例表现人物特点的写作方法;接着迁移运用方法完成"初试身手"小练笔;然后依据评价标准,与伙伴合作交流、评价"初试身手"小练笔的优点和不足并进行修改,同时针对共性问题,以动作描写为例,学习综合运用多种方法具体表现人物特点,进一步修改完善评价标准。

第三阶段:完成学习任务。首先,交流阅读整本书《俗世奇人》的感受,品悟语言,进一步感悟表现人物特点的方法;其次,根据自己选择的素材,运用习得的表达方法完成

"写一个感动自己的人物"的文稿；最后，对照习作例文，综合课内外阅读中获得的表达经验，结合评价标准，修改文稿。还可以在小组范围内进行习作漂流，请伙伴写下阅读感受，提出修改建议，进行习作修改。

第四阶段：深化学习任务。先运用评价标准评选优秀作品，参加班级的人物展；再通过小组合作共同完成参展作品的编辑、美化工作，形成小组优秀作品展示版面，在班级人物展中展示；最后推荐最佳作品参加学校举办的人物展。

整个教学过程依托真实的学习情境，借助教科书、读整本书、小练笔、大作文以及互评修改，展开语文综合实践活动。通过环环紧扣的渐进式学习活动，完成预设的单元学习任务。

四个阶段大致需要 10 课时来完成。

四、各阶段学习目标和学习活动设计

第一阶段：发布学习任务

【阶段学习目标】

1. 了解单元学习任务，初步形成解决问题的思路和单元任务的评价标准，产生参与兴趣。

2. 能结合课前预习交流讨论，学习本单元的生字新词，读准字音，正确书写生字并理解重点词句的意思。

3. 能准确、通顺地朗读课文，并借助表格初步梳理课文中的人物、特点、事件，初步读懂课文，感知内容。

【阶段学习活动设计】

▶ **板块一：明确任务，体会闪光之处**

学生活动：

1. 读带"人"的成语，联系身边的人谈感受，体会每个人都有自己的优点，都能"闪闪发光"。

2. 观看发布"闪闪发光的我们"人物展活动任务的校园电视台视频，明确单元学习任务。

3. 思考和讨论完成任务的方法，如写哪些人的什么特点，写完后要修改、美化展品、贴人物照片等。基本形成展品的设计思路，并围绕"作品""文稿""参与"完成单元任务的评价标准初稿。其中，"文稿"部分是重点，需要在学习过程中不断补充、完善。

单元任务评价标准（初稿）

分类	描述	评价
作品	能根据人物展要求完成作品，主题突出，图文并茂，构思独特	☆ ☆ ☆ ☆ ☆
	能根据人物展要求完成作品，符合主题，图文相符，布局工整	☆ ☆ ☆ ☆
	能根据人物展要求完成作品，符合主题，有图片装饰，干净整洁	☆ ☆ ☆

分类	描述	评价
文稿	能具体表现人物特点	☆☆☆☆☆
	能基本表现人物特点	☆☆☆☆
	能写出人物特点	☆☆☆
参与	能积极参与"闪闪发光的我们"人物展，主动出谋划策，并善于与人合作、交流	☆☆☆☆☆
	能比较主动地参与"闪闪发光的我们"人物展，积极表达自己的看法，并愿意与人合作、交流	☆☆☆☆
	能根据要求参与"闪闪发光的我们"人物展，有自己的想法，参与小组合作、交流	☆☆☆

4. 明确完成学习任务的重要途径是从课文中学习、借鉴方法。

设计意图：情境任务的设置能够激发学生学习兴趣，让他们在任务驱动下充分挖掘学习潜力，产生学习的主动性；同时可以在制作展品的过程中，发展语言和思维，不断积累生活经验和学习经验，发现身边的美，滋养心灵，锤炼品格。

▶ **板块二：借助预习，学习字词**

学生活动：

1. 课前结合预习单进行自主预习。

单元预习单

1. 我能认：结合认字表读课文，不认识的字查字典、注拼音，摘抄在下面的横线上。

_____

2. 我能写：自学本单元写字表和词语表，圈出容易写错的字，摘抄在下面的横线上。

_____

3. 我能理解：浏览单元文章，填写表格。

文章		主要人物	特点	事件	描写人物的基本方法
《人物描写一组》	《摔跤》				
	《他像一棵挺脱的树》				
	《两茎灯草》				
《刷子李》					
《我的朋友容容》					
《小守门员和他的观众们》					

---

4. 我能质疑：

_____

_____

_____

2. 交流预习单"我能认""我能写"部分，并通过借助工具书、请教同学等方法自主识字。

3. 练习准确、流利地朗读课文。

设计意图：小学高年级的学生已经具有较为丰富的学习经验，能够独立识字，并初步感知课文内容。鼓励他们通过自读、预习等方式进行自主学习探究，充分发挥学生的主观能动性。

▶ **板块三：交流讨论，感知内容**

学生活动：

1. 继续交流预习单"我能理解"部分，明确每篇课文中的人物特点和具体事例。

2. 借助表格说说每篇课文讲了什么内容；小组交流，说说自己印象深刻的部分。

文章		主要人物	特点	事件
《人物描写一组》	《摔跤》	嘎子	机灵、争强好胜	摔跤
	《他像一棵挺脱的树》	祥子	健壮结实	
	《两茎灯草》	严监生	爱财如命	临死前看到灯盏里点的两茎灯草而无法咽气
《刷子李》		刷子李	技艺高超	刷墙
《我的朋友容容》		容容	尽职尽责天真可爱	取报纸、寄信
《小守门员和他的观众们》		小守门员	尽职尽责	守门
		观众们	各有特点	看比赛

设计意图：概括是一项重要的阅读能力。预习单上的表格为学生提供了感知内容、建立读写关联、形成结构化思维的脚手架。学生在充分自读自悟的基础上，小组交流，互相补充，为下一阶段深入阅读、习得表达方法奠定基础。

▶ **板块四：作业与拓展学习设计**

学生活动：

1. 留意观察身边人物，寻找并确定自己的写作对象以及能反映人物特点的事件。

2. 阅读《俗世奇人》，重点关注人物特点、事件、表现人物的方法等内容，建议把自己的收获和思考随时记录下来。

设计意图：在学生明确单元任务之后，鼓励他们将目光投向身边感动自己的人物，去寻找、观察、发现，既为完成单元学习任务积累习作素材，又能获得情感熏陶。在课外阅读《刷子李》的基础上，打开整本书阅读的学习路径，延伸课上学习，补充更多的写人范例。

【课时安排建议】

2 课时。

第 1 课时：明确单元学习任务，整体感知单元内容，初步制定评价标准，初读文章。

第 2 课时：在课下预习的基础上，交流预习，学习生字新词，梳理人物和事件，感知课文内容。

第二阶段：准备学习任务

【阶段学习目标】

1. 能借助表格整体感受人物特点和事件的关系，深入阅读课文，结合具体人物体会通过典型事例表现人物特点的方法，补充和修改文稿的评价标准。

2. 能依据评价标准，运用方法，构思并完成"初试身手"，并在同伴互读的过程中发现优点和不足，结合评价标准进行修改。

3. 能针对表达不具体等共性问题，在群文阅读中，比较、梳理出表现人物特点的方法。以动作描写为例具体学习，并尝试根据表达需要，综合运用语言、心理、神态描写等多种方法来具体表现人物特点，继续补充文稿的评价标准。

【阶段学习活动设计】

▶ **板块一：回顾内容，学习典型事例**

学生活动：

1. 回顾课文内容，结合预习单上的表格说说作者是如何表现人物特点的。

2. 重点体会《两茎灯草》中严监生临死前因为多点了一茎灯草而无法咽气，感受人物爱财如命的特点，发现这个事例在刻画人物时的典型性，借助"交流平台"形成理性认识。

3. 以点带面，对单元中的课文章进行横向和纵向比较，在体会中围绕人物特点选取典型事例。

4. 根据理解，在老师的指导下讨论并丰富文稿的评价标准。

单元任务评价标准

分类	描述	评价
文稿	能根据表达需要，选择典型事例，具体表现人物特点	☆☆☆☆☆
	能根据表达需要，选择与表达目的较为贴切的事例，表现人物特点	☆☆☆☆
	能根据表达需要，选择与表达目的相关的事例，写出人物特点	☆☆☆

5. 回顾、交流以前学过的《军神》《梅兰芳蓄须》等课文中的典型事例，理解评价标准。

设计意图：学生的学习是不断建构的，本环节从学生对文本的初步理解入手，引导学生通过梳理、比较、体会等方法学习典型事例，并从已经学过的文本中再次实践，层层剥笋，让学生对运用典型事例的方法有深入理解。

▶ **板块二：理解评价标准，完成"初试身手"**

学生活动：

1. 结合教材习作指导中"叔叔记忆力超群"的选材，利用评价标准进行判断，重在说明理由，再次理解评价标准。

2. 阅读"初试身手"中的任务，思考同学或家人的特点，构思他们有什么典型事例。

3. 围绕评价标准，完成"初试身手"的片段练笔。

设计意图：本环节从教材人物到身边人物，再到自己的习作，层层搭设台阶，让学生对典型事例有了深入的感受和认识。

▶ **板块三：交流"初试身手"，初步修改**

学生活动：

1. 同伴间互相读"初试身手"文稿，依据评价标准看选材是否鲜明地突出了人物特点。

2. 班级交流，聚焦写作难点——表达不够具体，特点不够突出。

3. 根据习作中动作描写不理想的问题，交流、梳理课文和习作例文的写法，重点解决动作描写的问题。细读文本中的几处动作描写，总结归纳动作描写要关注具体情境、符合人物特点、表达人物情感。例如，《摔跤》里小嘎子和小胖墩儿性格不同，动作也不同，一个是"猴似的蹦来蹦去"，一个是"塌着腰，合了裆，鼓着眼珠子"；《两茎灯草》中的严监生生命垂危，意识不清，"伸着两个指头""把头摇了两三摇"等动作特别符合当时的情境。

4. 运用动作描写的方法，修改自己的"初试身手"。

设计意图：依据学生在习作表达中的真实需求，立足动作描写这一难点，帮助学生建构方法，积累学习经验。

▶ **板块四：以点带面，综合运用方法**

学生活动：

1. 回顾动作描写，体会写作方法要根据表达人物特点的需要来恰当选取。

2. 继续交流课文中写人的片段，并结合《刷子李》学习通过侧面描写来衬托人物的特点。

3. 比较几篇课文，交流预习单上"写人方法"部分，感受写作方法可以更凸显人物的特点，发现写人方法不是用得越多越好，既要综合运用，力求写具体，又要用得恰到好处，生动表达。

	文章	主要人物	特点	事件	描写人物的主要方法
《人物描写一组》	《摔跤》	嘎子	机灵、争强好胜	摔跤	动作、语言描写
	《他像一棵挺脱的树》	祥子	健壮结实		外貌、心理描写
	《两茎灯草》	严监生	爱财如命	临死前看到灯盏里点的两茎灯草而无法咽气	动作、神态描写

文章	主要人物	特点	事件	描写人物的主要方法
《刷子李》	刷子李	技艺高超	刷墙	外貌、动作、语言描写，侧面描写
《我的朋友容容》	容容	尽职尽责、天真	取报纸寄信	动作、语言、神态描写
《小守门员和他的观众们》	小守门员	尽职尽责	守门	外貌、神态、动作描写
	观众们	各有特点	看比赛	

4. 结合课文讨论、补充，形成文稿部分最终的评价标准。

单元任务评价标准

分类	描述	评价
作品	能根据人物展要求完成作品，主题突出，图文并茂，构思独特	☆☆☆☆☆
	能根据人物展要求完成作品，符合主题，图文相符，布局工整	☆☆☆☆
	能根据人物展要求完成作品，符合主题，有图片装饰，干净整洁	☆☆☆
文稿	能根据表达需要选择典型事例，恰当运用动作、神态等多种描写人物的方法具体表现人物特点	☆☆☆☆☆
	能根据表达需要选择与表达目的较为贴切的事例，运用动作、神态等多种描写人物的方法表现人物特点	☆☆☆☆
	能根据表达需要选择与表达目的相关的事例，运用动作、神态等描写人物的方法写出人物特点	☆☆☆
参与	能积极参与"闪闪发光的我们"人物展，主动出谋划策，并善于与人合作、交流	☆☆☆☆☆
	能比较主动地参与"闪闪发光的我们"人物展，积极表达自己的看法，并愿意与人合作、交流	☆☆☆☆
	能根据要求参与"闪闪发光的我们"人物展，有自己的想法，参与小组合作、交流	☆☆☆

5. 依据评价标准，运用多种描写人物的方法再次修改"初试身手"，具体表现人物特点。

设计意图：运用语言、动作、心理等描写人物的方法对于学生来说并不陌生，他们写作的难点在于如何用得好、用得恰当。在指导动作描写的基础上，本环节继续走进文本，引导学生深入感受综合运用多种方法来写人，提升写作能力。

► **板块五：作业与拓展学习设计**

学生活动：

1. 与好朋友彼此读读"初试身手"，结合评价标准进行评价。

2. 继续阅读《俗世奇人》，选择自己最喜欢的人物和片段进行批注或摘录，准备下节课交流。

设计意图：本次作业是对课上学习的迁移运用，生生之间的评价有助于提升学生的兴趣，并成为学生进一步运用方法的平台。课外阅读可以拓宽学生视野，又与本次习作联系紧密，为学生提供更为丰富的学习资源。

【**课时安排建议**】

3课时。

第1课时：课上学习、体会通过典型事例表现人物特点的方法，课后完成"初试身手"。

第2课时：交流"初试身手"，确立修改目标，学习通过动作描写具体表现人物特点的方法。

第3课时：学习通过多种描写人物的方法来表现人物特点，形成完整的习作文稿评价标准，依据评价标准完善"初试身手"。

_____ **第三阶段：完成学习任务**

【**阶段学习目标**】

1. 能结合自己阅读《俗世奇人》的体会进行交流，了解这些性格迥异，但是身怀绝技的"奇人"，交流体会作家表现人物特点的方法。

2. 能结合课内外学到的表现人物特点的方法，围绕文稿的评价标准，结合生活中的素材，完成"写一个感动自己的人"的写人文章。

3. 能对照习作例文，修改自己的习作。开展习作漂流，与同学互相提出修改建议，之后再次修改并完善自己的习作。

【**阶段学习活动设计**】

► **板块一：读书交流，体会形形色色的人**

学生活动：

1. 交流"我最喜欢的奇人"，感受不同身份的人都有对高超技艺的追求，对正义、公平、尊重的渴望。

2. 交流身边的奇人、奇事，感受不同人物的美好品德。

3. 阅读自己喜欢的文章片段，感悟其刻画人物的方法。

设计意图：拓展课外阅读，帮助学生对人物有更加多元的解读。《俗世奇人》的每一篇文章都很好地体现了人物的特点，可以成为修改、完善习作的学本。

► **板块二：回顾总结，自主撰写习作**

学生活动：

1. 回顾单元学习任务，总结、梳理本单元学到的写人方法，明确本次文稿的评价标准。

2. 结合完成"初试身手"的方法和体会，构思习作。

3. 结合搜集到的习作素材，依据对评价标准的理解，运用学到的方法，抓住人物的典型事例，运用多种表现人物的方法，完成"写一个感动自己的人"习作文稿。

设计意图：本设计旨在引导学生依据已有的学习经验，根据对评价标准的理解，迁移运用方法进行表达，完成习作，在学习、内化、积累的基础上发展和形成自己的言语体系。

▶ **板块三：迁移方法，整体修改习作**

学生活动：

1. 阅读习作例文，借助文旁注释，进一步体会表现人物特点的方法。

2. 结合从课内、课外文本中习得的方法，围绕上一阶段形成的文稿评价标准，自主修改习作，让人物特点更鲜明、人物形象更具体。

3. 习作漂流，小组内、组与组之间按照学号传递习作，阅读至少三篇习作，以批注或便利贴的形式发现优点，互相提出修改建议。

4. 依据同学的建议再次修改、完善自己的习作。

设计意图：本次习作先借助"初试身手"边学边改，然后围绕课内外阅读感受多元写法，之后自主表达，完成习作，再对标例文进行修改，层层搭设台阶、降低难度，让学生在读中悟法，写中用法，交流中完善和修改，真正提升表达能力。

▶ **板块四：作业与拓展学习设计**

学生活动：

1. 将习作读给写作对象或他熟悉的人听，倾听评价和建议，看看是否具体体现了人物特点。

2. 誊抄习作，初步设计美化，构思展品方案。

设计意图：五六年级的学生应懂得习作是为了自我表达和与人交流，因而要有作者意识。本次作业设计旨在让学生感受写作的快乐和成就感，进一步激发兴趣。

【**课时安排建议**】

3 课时。

第 1 课时：交流《俗世奇人》的阅读感受，积累方法和语言。

第 2 课时：回顾总结学到的方法，自主完成"写一个感动自己的人"的习作。

第 3 课时：围绕文稿评价标准，开展习作漂流，和同学一起修改习作。

━━━━━━━━━━━━━━━━━━━━━━ 第四阶段：深化学习任务 ━━━

【**阶段学习目标**】

1. 能设计、美化作品，加入人物照片、画像、简介等内容，整体排版，形成展品。

2. 能在参观班级举办的"聚焦闪光之处，学习塑造人物"展示活动中阅读、学习别人的作品，交流感受。

3. 能依据学习所得深入理解评价标准，并且依据评价标准评选出班级优秀作品，推荐到学校展览。

【阶段学习活动设计】

▶ **板块一：依据"作品"评价标准，美化、设计展品**

学生活动：自由结组，依据作品评价标准讨论设计方案，发挥特长，互相帮忙美化作品。

单元任务评价标准

分类	描述	评价
作品	能根据人物展要求完成作品，主题突出，图文并茂，构思独特	☆ ☆ ☆ ☆ ☆
	能根据人物展要求完成作品，符合主题，图文相符，布局工整	☆ ☆ ☆ ☆
	能根据人物展要求完成作品，符合主题，有图片装饰，干净整洁	☆ ☆ ☆

设计意图：用小组合作的形式降低难度，给拥有不同认知特点的学生提供实践平台。

▶ **板块二：班级展览，参观学习提升**

学生活动：

1. 在班级里举办"聚焦闪光之处，学习塑造人物"展示活动，将同学们的作品进行展示。

2. 参观时，在贴纸上写下对同学习作的评价，学习别人的作品，并回顾自己的学习和创作过程，积累解决问题的经验。

设计意图：用班级展示活动扩大参与范围，为每个同学提供展示自己的平台，促使学生之间相互学习，在交流中提升能力。

▶ **板块三：根据评价标准，推荐优秀作品参展**

学生活动：

1. 在班级展览中，围绕评价标准对自己喜欢的展品进行评价，评分最高的作品推荐到学校进行展览。

2. 参与学校展览的同学介绍经验。

设计意图：本单元根据表现性评价理论，依托单元情境任务，坚持评价贯穿全过程，以评价激发学习需求，使学生产生内在的学习动机，并在自主建构的学习中深入理解和完善评价标准。

▶ **板块四：作业与拓展学习设计**

学生活动：在参观学校"闪闪发光的我们"人物展览的过程中学习别人的作品，并进行交流反思。

设计意图：校级展览汇聚了各班的优秀作品，参观的过程也是学生学习和提升能力的过程。

【课时安排建议】

2课时。

第1课时：小组借助评价标准对习作进行美化、设计，形成图文并茂的展品。

第2课时：举办班级展示活动，并评选出优秀作品推荐到学校参展。

（一）本单元设计特色

1. 依托真实情境，发展认知，综合提升语文素养。

本单元以学校庆祝建党百年，开展"闪闪发光的我们"人物展的真实情境为依托，既激发了学生的学习兴趣，提升了学生的学习内驱力，又引导学生在真实学习任务驱动下主动观察、阅读、写作，融合了识字与写字、阅读与鉴赏、表达与交流、梳理与探究四个语文实践活动，学生在准备展品的过程中进行自主、合作、探究式学习，提升核心素养。

2. 依据单元特点，整合资源，围绕目标重组学习单元。

本单元是习作单元，根据学习目标、具体情境和学生学习所需，整合了阅读、"初试身手"等课内资源，并且融入了《俗世奇人》的课外阅读，层层搭设台阶，引领学生在阅读中比较、思考、提升，将积累的语言和方法呈现在习作表达之中，体现了学习的全过程。

3. 尊重学习规律，以评促学，展现进阶式学习过程。

本单元设计从学生真实学习需求出发，遵循学习规律，围绕单元学习任务，带领学生经历了"精准选材—'初试身手'练笔—学方法修改练笔—读小说进一步丰富方法和语言—完成写人习作—对标例文修改—邀请写作对象评价"的整个过程，还依托表现性评价，让学生在自主建构评价标准、修改完善评价标准的过程中逐步掌握和运用知识，发展核心素养。

（二）本单元设计中的困惑与反思

人物展以"闪闪发光的我们"为主题，重在引导学生发现别人的优点和长处，尤其是品质、性格方面，旨在发挥榜样的激励作用。但单元教材要求的习作是写"形形色色的人"，说的是种类多样，如教材课文中的嘎子、祥子、严监生、刷子李，习作例文中的容容、小守门员和观众们，他们各有特点，各不相同。

本单元的设计与教材的编排意图有所区别，具体表现在习作对象的范围上，如淘气的、粗心的、懒惰的人就不能成为"闪闪发光的我们"。这种依据学生学习需求对教材进行的个性化解读和修改，是学习任务群设计中会碰到的比较普遍的问题，还需要根据情境任务的不同设计及研究目的进行适当选择，实现"用教材教"这一目的。

（北京市海淀区培星小学　田晶晶　窦飞
北京市海淀区教师进修学校　柏春庆）

书写大千世界之美，介绍文化遗产之最
——五年级下册第七单元

一、 学习情境与学习任务

　　本单元以介绍世界各地风光为人文主题。小学生对外面的世界充满好奇，大部分学生在生活中都喜欢旅游，不少学生都游览过一些著名的世界文化遗产。为此，我们结合学生生活和本单元课文创设真实的学习情境，在班级里开展"世界文化遗产展览，争当最佳讲解员"活动，将单元学习主题确定为"书写大千世界之美，介绍文化遗产之最"，并根据单元语文要素和习作题目设计了一个具有挑战性的学习任务——"借助资料介绍一处中国的世界文化遗产"，请学生以讲解员身份在展览活动中介绍这处文化遗产，参加"最佳讲解员"评选活动。引导学生在真实的语言运用情境中，通过积极的语言实践，积累语言经验，体会语言文字的特点和运用规律，培养对中华文化生命力的坚定信心。

　　这一教学设计围绕"拥抱大千世界"这一主题开展阅读与探究活动，引导学生关注社会，表达和交流自己在生活中的发现和感受，体现了"实用性阅读与交流"学习任务群的目标。

二、 学习资源与学习目标

（一）学习资源

　　本单元的导语是"足下万里，移步换景，寰宇纷呈万花筒"。指向阅读的要素为"体会静态描写和动态描写的表达效果"，指向习作的要素为"搜集资料，介绍一个地方"。整个单元编排了两篇精读课文——《威尼斯的小艇》《牧场之国》，一篇略读课文——《金字塔》。三篇课文均为介绍世界文化遗产的典型文章。《威尼斯的小艇》借助威尼斯的主要交通工具"小艇"，展现威尼斯这座水上城市独特的风光；《牧场之国》通过描写荷兰的牧场，写出了牧场的和谐、宁静、悠然之美；《金字塔》通过两篇不同体裁的文章向读者展示了著名的世界文化遗产金字塔的风采，其中《不可思议的金字塔》是资料汇集，属于非连续性文本。本单元"口语交际"题目是"我是小小讲解员"，习作要求以《中国的世界文化遗产》为题搜集相关资料，围绕重点，清楚地介绍我国的一处世界文化遗产，与单元学习任务完全匹配。学生可以联系自己选择的中国世界文化遗产，先在班级里作口头介绍，再写介绍文章；也可以先写好书面文稿，将口语交际安排在展览活动中，让学生以讲解员身份进行讲解。

（二）学习目标

根据单元学习情境和学习任务，制定本单元的学习目标。

1. 能结合预习，通过多种方法识记生字，认识 26 个生字，读准 1 个多音字，会写 29 个字和 28 个词语；能正确、流利地朗读课文，读懂课文内容。初步制定评价标准。

2. 通过课文阅读和拓展阅读，拓展对世界各地文化遗产的了解，增强文化自信；学习介绍文化遗产的多种表达方式，初步了解非连续性文本的特点。

3. 通过阅读，搜集、整理、运用资料，确定文章选材；运用合适的写作方法完成小练笔和"介绍一处中国的世界文化遗产"习作；讨论制定习作评价标准，并根据评价标准修改习作。

4. 通过小组合作美化自己的作品并参加班级展览，能流利地介绍一处中国的世界文化遗产，角逐"最佳讲解员"。

三、 学习活动设计

为引导学生积极参与班级举办的展览活动和"最佳讲解员"评选，我们依据单元学习目标整合本单元学习内容，将学习流程分为四个阶段，并明确了各阶段的具体任务，引导学生在完成任务的过程中学习方法，自主表达，提升能力。

第一阶段：自学课文，任务发布。通过预习整体学习字词，读懂课文内容，明确本单元学习任务；基于文本，师生共同制定班级"最佳讲解员"评选标准，明确努力方向。

第二阶段：习得方法，任务筹备。学生借助文本领会课文中介绍景观的不同表达方法，初步了解非连续性文本的特点；借助"美文书写"初试身手；结合课内外阅读，搜集资料，进一步领会介绍文化景观的不同表达方法。

第三阶段：整理资料，书面写作。交流课外拓展阅读《中国儿童地图百科全书·世界遗产》的体会和收获；借助资料的搜集、整理与运用，完成《中国的世界文化遗产》习作；结合评价标准，修改完善习作。

第四阶段：优化作品，展示成果。学生结合习作，小组合作商量辅助讲解的方案，配上图片、照片，手绘或者手工进行美化装饰，形成展品；先班级展示，小组推优，再进行班级"最佳讲解员"角逐。

整个活动开展依托真实情境，将课上所学与现实生活中所用紧密联系起来，通过整合教材，发挥教材的最大价值，助力学生习作能力与口语表达能力的提升。

四个阶段大致需要 12 课时来完成。

四、各阶段学习目标和学习活动设计

第一阶段：自学课文，任务发布

【阶段学习目标】

1. 能借助单元导语了解单元学习任务和完成任务的基本思路，产生参与的兴趣，积累解决问题的经验。（重点）

2. 能结合课前预习和交流讨论，学习本单元的生字新词，初步读懂文章，感知内容。（重点）

3. 能借助表格梳理文本的基本信息和主要内容，感知世界文化遗产的特色，初步形成评价标准，激发了解世界多元文化的兴趣。（重点、难点）

【阶段学习活动设计】

▶ **板块一：明确任务，激发兴趣**

学生活动：

1. 出示世界各地文化遗产名胜古迹的图片，最后镜头定格在"意大利的威尼斯""荷兰的牧场""埃及的金字塔""中国的长城、兵马俑"，走入情境，激发兴趣，调动学生参与活动的积极性。

2. 观看节选自央视纪录片《世界各地》的微视频，明确单元学习任务。

3. 思考和讨论完成任务的方法，如"最佳讲解员"应符合哪些要求，选择祖国哪些世界文化遗产，如何介绍清楚所选的世界文化遗产，习作用图片、照片辅助，手绘装饰，形成作品。基本形成设计思路，让学生明白本单元重点为"搜集资料，选择合适的表达方式，将中国的一处世界文化遗产介绍清楚"。基于此，归纳出这一单元要评价的三个方面——文稿、作品、讲解。

4. 根据制作展品的思路，明确从文本中借鉴方法。

设计意图：情境任务设计来自学生的现实生活，情境新颖，关注度高，能激发学生参与活动的兴趣和积极性；同时在引导学生思考交流制作作品的过程中，发展学生的思维，丰富学生的语言表达方式，锻炼学生的能力，培养学生的文化多元意识。

▶ **板块二：依据需求，初步读懂文本**

学生活动：

1. 课前结合单元预习单进行自主预习。

单元预习单

1. 我会认：结合认字表读课文，不认识的字查字典，注拼音，摘抄在下面的横线上。

_____

2. 我会写：自学本单元写字表和词语表，圈出容易写错的字，摘抄在下面的横线上。

_____

---

3. 我会理解：浏览单元文章，填写表格。

	文章	文本体裁	所属国家	具体景物	主要内容	表达方法
	《威尼斯的小艇》					
	《牧场之国》					
《金字塔》	《金字塔夕照》					
	《不可思议的金字塔》					
针对《　　　　　》课文，我搜集了以下资料：						

4. 比较阅读，简单梳理自己的发现。

_____

_____

_____

2. 交流预习成果，并通过借助工具书、请教同学等方法自主识字。

3. 全班交流，识记新字、新词，练习容易写错的字。

设计意图：本环节的设计源自学生真实的学习需求，生字词的学习为基础性任务，可以为后面课文的分析与理解做好铺垫。通过系统梳理单元课文架构，使学生对文本形成整体感知，初步了解文章的表达方法。

▶ **板块三：读懂文章，体会表达方法**

学生活动：

1. 继续交流单元预习单，明确每篇课文描写的具体景物、特点和表达方法。

2. 重点体会课文《威尼斯的小艇》通过动态描写写出了小艇给城市注入的活力，通过静态描写表现古城威尼斯的沉寂；《牧场之国》通过成群牛羊在碧绿草原上悠闲生活的场景，写出了荷兰牧场的宁静之美。学习这两篇课文，初步感知动态描写和静态描写方法的效果，借助"交流平台"形成理性认识。

文章	文本体裁	所属国家	具体景物	主要内容	表达方法
《威尼斯的小艇》	散文	意大利	小艇	小艇的外形，船夫驾驶技术高超，小艇与人们的生活密切相关	动态描写；静态描写
《牧场之国》	散文	荷兰	牛、马、羊、小鸡、猪群	牛群吃草，骏马飞驰，羊群、猪群、小鸡等动物悠然自得	静态描写

文章		文本体裁	所属国家	具体景物	主要内容	表达方法
《金字塔》	《金字塔夕照》	散文	埃及	金字塔	金字塔夕照之美	静态描写
	《不可思议的金字塔》	非连续性文本			金字塔的基本信息	

3. 根据单元课文整体梳理，结合本单元"口语交际"，围绕"作品"和"讲解"形成初步的评价标准。

世界文化遗产展"最佳讲解员"阶段评价标准

分类	描述	评价
作品	能根据"世界文化遗产展"要求完成作品，选材典型，写出特色，图文并茂，设计新颖	☆☆☆☆☆
	能根据"世界文化遗产展"要求完成作品，选材恰当，写出特点，图文相符，排版整齐	☆☆☆☆
	能根据"世界文化遗产展"要求完成作品，选材符合，写出内容，有图片装饰，作品整洁	☆☆☆
讲解	能结合作品，讲解时条理清楚，语气、语速适当，表情丰富，动作恰当；能根据听众反应随时调节讲解内容	☆☆☆☆☆
	能结合作品，讲解时条理基本清楚，语气、语速基本适当，有动作、表情辅助讲解；根据听众反应，基本能调节讲解内容	☆☆☆☆
	能结合作品，并按照一定的顺序讲解，语气、语速不适当，表情单一，无动作辅助	☆☆☆

设计意图：本设计旨在帮助学生整体把握课文并系统感知课文内容，通过对课文主要内容的梳理，初步了解世界文化遗产的价值与特色，开阔视野，打开思路，间接激发学生了解祖国世界文化遗产的兴趣。通过初步制定评价标准，让学生明白完成任务的要求，激励学生努力达成学习目标。

▶ **板块四：作业与拓展学习设计**

学生活动：

1. 根据中国的世界文化遗产——长城，结合自己感兴趣的方面搜集资料。

2. 阅读《中国儿童地图百科全书·世界遗产》，把自己的收获和思考记录下来。

【课时安排建议】

3 课时。

第 1 课时：创设情境，激发兴趣；明确单元学习任务，初读文章，交流讨论，达成共识。

第 2 课时：交流预习，学习生字新词；朗读课文，感知大意，初步了解景观特色。

第 3 课时：回顾旧知，梳理文章内容，初步感知表达方法；制定标准，生发兴趣。

第二阶段：习得方法，任务筹备

【阶段学习目标】

1. 能通过"美文朗读"，发挥想象，理解通过语气的不同和声调的变化品味景观文章的表达方式。

2. 能以点带面，比较课文的描写方法，进一步了解世界文化遗产的习作如何选材，如何书面介绍。

3. 能结合课文的描写方法进行"美文书写"，运用资料，丰富内容，师生评析，完善习作选材。

4. 能结合"口语交际"和"美文书写"小练笔，进行"最佳讲解员"的初步练习。

【阶段学习活动设计】

▶ 板块一：研读重点词句，品味表达方式

学生活动：

1. 通过自主阅读，圈画文中关键词句，同桌之间互相交流体会其表达效果。

2. 全班交流，细品文本中的关键词句，教师实时点拨；在朗读中品味语句的优美生动，深刻体会其表达效果，并积累好词佳句。

3. 师生共定课文朗读评价标准，以小组或者个人的方式参加班级"美文朗读"，争当各地"优秀小播客"。

美文朗读评价标准

朗读小组（个人）					
朗读内容					
朗读评价	普通话标准	朗读正确、流利	朗读有感情	总评	
				（自评）	（互评）
	☆☆☆	☆☆☆	☆☆☆	（　　）颗星	（　　）颗星

备注：1. 得 1~3 颗星，等级为一般；2. 得 4~6 颗星，等级为良好；3. 得 7~9 颗星，等级为优秀

设计意图："读中悟情，读中学法"，《威尼斯的小艇》《牧场之国》《金字塔夕照》这几篇文章文质兼美。本设计旨在引导学生在理解交流的基础上以"朗读"促进体会，加深感悟，真正领会其表达效果，从而热爱世界各地的文化遗产。

▶ **板块二：研读重点词句，学习表达方式**

学生活动：

1. 比较阅读，根据文章在内容、表达方式上的差异，小组内读、悟交流，结合文章不同的描写方法，进一步了解习作《中国的世界文化遗产》如何选材，如何书写。

2. 回顾第三单元"综合性学习"，小组内交流《不可思议的金字塔》，利用表格、资料卡等形式将信息归类，了解胡夫金字塔的概貌和建造金字塔时古埃及的概况，初步了解非连续性文本的特点，掌握资料如何分类整理以及在文本中的呈现方式。

3. 根据中国的世界文化遗产典型资料，小组讨论，全班交流，教师引导，初步确定资料搜集的角度。

《中国的世界文化遗产》资料搜集的角度

类型	搜集资料的角度			
文物类的文化遗产	制作工艺	外形特点	文化价值	……
建筑类的文化遗产	历史背景	外观、结构	现状	……
遗迹类的文化遗产	地理位置	考古历程	传说故事	……

4. 拓展阅读《中国儿童地图百科全书·世界遗产》，结合其中介绍的"中国世界文化遗产"，提醒学生在确定选材的基础上有目的地搜集资料。

设计意图：本设计旨在以读促悟，引导学生在充分感悟文本的基础上，结合课内外阅读，进一步明确习作如何选材，为习作选材提供有力支架；联系旧知，引导学生阅读《不可思议的金字塔》，初步了解非连续性文本的特点，从资料中获取所需信息，进一步了解资料的整理及呈现方式，为完成习作资料的搜集与整理奠定基础。

▶ **板块三：书写美文，初试身手**

学生活动：与家人一起游览长城。长城独一无二的烽火台；长城的绵延、险峻、坚固；长城的长度、宽度、历史以及修建长城的故事……你想向家人介绍哪一方面呢？怎样才能介绍清楚呢？

1. 学生先结合搜集的资料进行初步筛选，确定描写的方面。

2. 学生讨论，课堂交流，教师结合课文就写法再次进行点拨。

例如，介绍长城时，可以抓住某一个方面的特点，借鉴《威尼斯的小艇》的写法，介绍长城的烽火台等；也可以借鉴《牧场之国》的构思方法，介绍长城的绵长、险峻、坚固等；还可以用资料汇编的方式，介绍长城的历史、长度以及修建长城的故事等。

如下表所示：

借鉴文章	主要内容	描写的景观	描写的方面（自定）	辅助表达
《威尼斯的小艇》	借"小艇"展现威尼斯水城的独特风光	长城的烽火台	……	图片、照片、手绘
《牧场之国》	描写"牛群吃草，骏马飞驰，羊群、猪群、小鸡等动物悠然自得"，写出了荷兰牧场的宁静、和谐	长城的绵延、险峻、坚固	……	图片、照片、手绘
《金字塔》	以散文形式写出金字塔的雄浑之美；以非连续性文本向世人介绍了金字塔的更多信息	长城的雄壮之美	……	图片、照片、手绘
		长城的基本信息	……	结构图、示意图、图片、照片

3. 结合所学和美文书写评价标准，修改"初试身手"习作，发现优点和不足，并结合问题确定修改方向，完善习作。

美文书写评价标准

评价维度	评价标准	评价结果
内容完整，流利通顺	1. 内容完整，语言表述流利通顺。（得3颗星） 2. 内容基本完整，语言表述基本流利通顺。（得2颗星） 3. 内容不够完整，语言表述欠通顺。（得1颗星）	经过同伴评价，我的片段描写内容（　　），语言表述（　　），我可以得（　　）颗星
书写规范，作品整洁	1. 字体正确、美观，行款整齐、书写整洁。（得3颗星） 2. 书写基本正确、美观，错别字不多于两处；行款比较整齐；书写比较整洁。（得2颗星） 3. 书写有待提高，错别字多于两处；行款不够整齐；书写不够整洁。（得1颗星）	经过评审团评价，我可以得（　　）颗星
描写方法，运用恰当	1. 描写方法运用恰当，描写效果突出。（得3颗星） 2. 描写方法运用不恰当，描写效果不够突出。（得2颗星） 3. 没有运用描写方法，表达效果不符合要求。（不得星）	经老师批改反馈，我可以得（　　）颗星
借助资料，丰富内容	1. 资料运用恰当，能丰富习作内容。（得3颗星） 2. 资料运用基本恰当，基本能丰富习作内容。（得2颗星） 3. 没有运用资料，表达效果不符合要求。（不得星）	经老师批改反馈，我可以得（　　）颗星
说明	合计得1~4颗星，等级为一般； 合计得5~8颗星，等级为良好； 合计得9~12颗星，等级为优秀。 我的美文等级是（　　）	

设计意图：本设计重在训练学生对课文中重点段落的把握。学生结合自己感兴趣的方面，选择景观的某一方面进行书写，是对描写方法的实践与运用。依据学生在习作表达中的真实需求，从教材中学，再到写作中运用，帮助学生建构方法，并积累写作经验。

▶ **板块四：梳理展示，练习讲解**

学生活动：

1. 小组合作进行实地布展，同一处景物介绍放在同一个展板上，完成"中国的世界文化遗产"展板的一部分，组内讲解、分享，评选出"优秀讲解员"。

2. 在展览的过程中参观别人的作品，聆听同学讲解，进行交流反思。

设计意图：本设计依据教材的主要内容，引导学生借助网络资源书写美文，同时紧密联系课内与课外，将原有的知识理解、运用、内化后，再进行创造，培养学生的思维，锻炼学生的表达能力；结合生活情境书写美文，将学习与生活紧密连接，用文字写出景观的独特，学以致用，陶冶学生的情感。

▶ **板块五：作业与拓展学习设计**

学生活动：

1. 根据参观交流的收获，结合对世界文化遗产的了解，选择中国的一处世界文化遗产进行习作资料的搜集。

2. 继续阅读《中国儿童地图百科全书·世界遗产》，选择自己最喜欢的文章在下节课交流。

【课时安排建议】

4 课时。

第 1 课时：通过"美文朗读"，体会关键词句的表达效果，交流感悟，进一步感受世界文化遗产的特色。

第 2 课时：通过比较阅读，进一步了解《中国的世界文化遗产》习作如何选材，如何生动描写，突出特点。

第 3 课时：结合课文和情景，选择自己感兴趣的方面，进行美文书写，并结合标准修改、完善。

第 4 课时：小组内合作进行"世界文化遗产展"展览的初步布置，并结合"最佳讲解员"的评选标准，练习讲解，初步评价，交流学习。

———————————————————————————— 第三阶段：整理资料，书面写作 ————

【阶段学习目标】

1. 通过交流《中国儿童地图百科全书·世界遗产》阅读收获，结合教材，进行《中国的世界文化遗产》习作，再次深入了解如何筛选资料、整理资料、撰写习作。（重点）

2. 能结合课文，联系课外，讨论、梳理出习作表达方面完整的评价标准。（重点）

3. 能运用课内、课外阅读中积累的语言和方法，对照习作评价标准修改自己的习作；开展习作漂流，与同学互相提出修改建议，之后再次修改并完善自己的习作。（重点、难点）

【阶段学习活动设计】

▶ **板块一：比较阅读，学习表达**

学生活动：

1. 交流阅读《中国儿童地图百科全书·世界遗产》的收获，结合其中的中国世界遗产，整体了解中国的世界文化遗产有哪些，并结合课前搜集的资料进行分享。

2. 结合课内外阅读，借助《长城》美文书写的讲评活动，依据教材中的习作指导，讨论交流，从选材、表达方式等方面师生共同制定习作评价标准。

《中国的世界文化遗产》习作评价标准

描述	评价
选材典型，资料整合合理，能运用至少两种表达方法，写出"中国的世界文化遗产"的特色	☆☆☆☆☆
选材基本典型，资料整合基本合理，能运用一种表达方法，写出"中国的世界文化遗产"的特点	☆☆☆☆
选材不够典型，资料整合不够合理，"中国的世界文化遗产"的特点描述不突出	☆☆☆

设计意图：课外阅读，交流收获，重在拓宽学生思路；课内外结合，《长城》美文书写的讲评，旨在让学生初步了解习作的书写要求，再依据教材中的习作提示，制定出习作评价标准，为学生更好地完成习作提供明确的指标。

▶ **板块二：借助方法，撰写习作**

学生活动：

1. 完善习作《中国的世界文化遗产》资料的筛选、整理与运用。

2. 结合课内学到的表达方法，借鉴课外阅读收获，认真撰写习作。

3. 确定选材，搜集资料。

4. 整理资料：依据内容，将资料进行分类；筛选资料，剔除无关信息；资料不完善的继续查找、补充。

5. 撰写习作：将整理好的资料按一定顺序用自己的话写下来，也可以引用别人的话，但引用要注明资料来源；注意使用图片、表格等辅助形式；注意详略得当，详细介绍的部分可运用多种描写方法，以优美、生动的句子介绍。写完后对照评价标准修改自己的习作。

设计意图：结合本单元学到的写作方法，用范文引导学生撰写《中国的世界文化遗产》习作；运用资料，丰富内容；借助多种表达方法，美化文章的语言，逐步提升学生写作能力。

▶ **板块三：迁移方法，整体修改习作**

学生活动：

1. 结合习作评价标准，自行修改习作。

2. 习作漂流，按照学号，流水传阅习作，每人阅读至少三篇习作，以批注或便利贴的形式发现优点，互相提出修改建议。

3. 依据同学的建议再次修改、完善自己的习作。

设计意图：学生对照习作评价标准先自行修改习作，再互相修改，层层搭设台阶、降低难度，让学生在读中悟法，在写中用法，在交流中完善和修改，真正提升表达能力。

▶ 板块四：作业与拓展学习设计

学生活动：

1. 将习作读给同学或者老师听，认真倾听他们的评价和建议，看是不是将祖国的世界文化遗产介绍清楚了。

2. 誊抄习作，初步设计美化，构思展品方案。

设计意图：2022 年版语文课程标准提出，五、六年级的学生应懂得习作是为了自我表达和与人交流，因而要有作者意识。本次作业设计旨在让学生感受习作的快乐和成就感，进一步激发学习兴趣。

【课时安排建议】

3 课时。

第 1 课时：交流课内外阅读的收获，依据小练笔与教材中的习作指导，引导学生制定习作评价标准。

第 2 课时：结合课内外所学，丰富自己的习作表达方式，完成习作。

第 3 课时：依据《中国的世界文化遗产》评价标准，先自主修改习作，再进行习作漂流，根据同学的建议二次修改习作。

第四阶段：优化作品，展示成果

【阶段学习目标】

1. 能设计、美化作品，加入遗产照片、图片、手绘或者手工装饰等，整体排版，形成展品。（重点）

2. 能根据作品讲解提纲按照一定的顺序讲述；能根据听众的反应对讲解的内容进行调整。（重点、难点）

3. 能在参观展览的过程中阅读、学习别人的作品，交流感受。（重点）

【阶段学习活动设计】

▶ 板块一：小组合作，美化、设计展品

学生活动：自由结合小组，讨论设计方案，依据特长互相帮忙美化作品。

设计意图：本设计通过小组合作的形式降低难度，给有不同爱好的学生提供实践平台。

▶ 板块二：完善标准，小组初赛，班级决赛

学生活动：

1. 根据自己的学习、创作过程，进一步理解、完善展品评价标准。

2. 根据评价标准评选出小组优秀作品及优秀讲解员。

3. 班级决赛，选出班级最优作品及最佳讲解员。

设计意图：本单元以创设的情境为依托，学习任务贯穿整个单元的始终，以任务为驱动，激发学生学习、探究、表达的欲望；自主学习与合作学习相结合，采用多样化的学习

方式，帮助学生更好地达到学习目标。同时，师生共同制定评价标准，在评价中促进学习任务的落实与完善，促进学生核心素养的培养。

▶ **板块三：作业与拓展学习设计**

学生活动：在参观班级展览的过程中学习别人的作品，聆听他人的讲解，进行交流反思。

设计意图：本设计旨在引导学生参观他人作品，学习他人之长；聆听他人讲解，了解祖国文化。参观展品和聆听讲解也是一种学习，也是本单元学习任务的总结和提升。

【课时安排建议】

2课时。

第1课时：课上补充完善评价标准，课下借助评价标准给习作加入图片、照片等，整体设计、排版、美化，进行展品评选；优秀展品的作者先参加组内"优秀讲解员"角逐。

第2课时：从小组选出的"优秀讲解员"参加班级"最佳讲解员"角逐。组织学生课下参与班级展览，并交流感受。

【持续性学习评价】

世界文化遗产展"最佳讲解员"阶段评价标准

分类	描述	评价
习作	选材典型，资料整合合理，能运用至少两种表达方法写出中国世界文化遗产的特点	☆☆☆☆☆
	选材基本典型，资料整合基本合理，能运用一种表达方法写出中国世界文化遗产的特点	☆☆☆☆
	选材不够典型，资料整合不够合理，中国世界文化遗产的特点描述不突出	☆☆☆
作品	能根据"世界文化遗产展"要求完成作品，图文并茂，设计新颖	☆☆☆☆☆
	能根据"世界文化遗产展"要求完成作品，图文相符，排版整齐	☆☆☆☆
	能根据"世界文化遗产展"要求完成作品，有图片装饰，作品整洁	☆☆☆
讲解	能结合作品，讲解时条理清楚，语气、语速适当，表情丰富，动作恰当；根据听众反应，可随时调节讲解内容	☆☆☆☆☆
	能结合作品，讲解时条理基本清楚，语气、语速基本适当；有动作、表情辅助讲解；根据听众反应，基本能调节讲解内容	☆☆☆☆
	能结合作品，能按照一定的顺序讲解，语气、语速不适当，表情单一，无动作辅助	☆☆☆

（一）本单元设计特色

1. 依托真实情境，激发兴趣，调动学生参与的积极性

本单元结合班级举行的"世界文化遗产展览，争当最佳讲解员"活动，创设真实情境，激发了学生参与的兴趣，调动了学生的积极性，学生在任务驱动下进行主动阅读、写作实践、朗读讲解等语言表达活动，在准备展品的过程中进行自主、合作、探究学习，积累语言经验和写作知识，锻炼解决问题的能力。

2. 依据单元特点，以学习任务串联"课文表达"与"写作重点"

本单元课文中的威尼斯和金字塔都是著名的世界文化遗产，习作为"搜集整理资料，介绍一个地方"。"阅读"与"写作"联系密切，从参观游览世界各地的文化遗产到介绍一处中国的世界文化遗产，学习任务的完成过程是先给学生搭建学习支架，再引导学生拓展运用。

3. 关注学习需求，整体设计，呈现进阶式学习过程

本单元的两篇精读课文重在指导学生学习表达方法和选材，初试身手；略读课文与单元习作相结合，帮助学生了解文本的多样表达方式，深化对资料的搜集、整理与运用，并能在习作中实践运用。单元学习依托多样的评价方式，以评促学，在评价中逐渐提升学生的核心素养。

（二）本单元设计中的困惑与反思

本单元聚焦"实用性阅读与表达"学习任务群，指向阅读的语文要素与习作表达如何更好地统整，是需要进一步思考的问题。单元主题的确立紧扣阅读要点和人文主题，学习情境的设计依托真实情境，学习任务的设计依据学习需求，从学生对世界各地文化遗产的学习与了解，到对中国世界文化遗产的游览、撰写和讲解，由课内所学到课外所用，知识与生活紧密相连。学生学习课文的过程也是开阔视野、锻炼思维的过程，学生对世界多元文化有了更多的了解，对中华文化有了更深入的认识，培养了学生对中华文化的认同感，提高了学生的审美情趣。

（河南省郑州大学实验小学　张艳春）

艺术想象助鉴赏，审美文字互通达
——六年级上册第七单元

一、 学习情境与学习任务

本单元是统编教材六年级上册以"艺术之美"为主题的阅读单元。《义务教育课程方案（2022年版）》将培养"向善尚美，富于想象，具有健康的审美情趣和初步的艺术鉴赏、表现能力"作为义务教育课程的目标之一。本单元内容有助于培养学生的想象力与审美能力。据此，我们将本单元的学习情境确定为策划编辑一期班级的《艺术长廊》专辑，设计的挑战性学习任务是让学生介绍一种自己喜欢的艺术形式，为班级《艺术长廊》专辑投稿。通过学情调研，我们发现学生对艺术的概念非常模糊，对艺术的种类也不太了解，因此需要将学生领进艺术大门，指导学生掌握感受艺术、欣赏艺术的方法。为完成单元学习任务，学生还要学习"如何欣赏自己喜欢的一种艺术形式"以及"从哪些角度介绍一种艺术形式"等，在观察、阅读、表达等综合语言实践活动中提升核心素养。

这一学习任务群设计可归属于"跨学科学习"学习任务群。这一学习任务群侧重于在综合运用多学科知识发现问题、分析问题、解决问题的过程中，提高学生的语言文字运用能力。

二、 学习资源与学习目标

（一）学习资源

本单元以"艺术之美"为主题共选编了三篇课文：《文言文二则》（《伯牙鼓琴》《书戴嵩画牛》）、《月光曲》和《京剧趣谈》，单元内容涉及中外音乐、中国的绘画、京剧等多种艺术种类。本单元的语文要素是：借助语言文字展开想象，体会艺术之美；写自己的拿手好戏，把重点部分写具体。本单元口语交际的题目是"交流自己对书法家、书法作品的认识"。本单元的习作题目是《我的拿手好戏》，要求把重点部分写具体。

我们可以从课文阅读切入，链接学生的生活实际和兴趣爱好，引导学生扩展阅读范围，借助综合实践活动了解更多的艺术形式。然后通过口语交际"聊聊书法"，引导学生了解如何介绍书法艺术，如可以从书法家介绍、书法作品欣赏等不同角度来介绍，从而获得介绍一种艺术形式的方法。再通过习作《我的拿手好戏》，引导学生从多角度介绍一种艺术形式或自己的拿手好戏，经过分享、点评和修改后，向《艺术长廊》投稿。最后通过团队合作，编辑出班级的《艺术长廊》专辑。

（二）学习目标

根据单元学习情境和学习任务，制定本单元的学习目标。

1. 能通过预习、交流等，自主学会本单元的生字新词。能正确、流利地朗读课文，背诵《伯牙鼓琴》，用自己的话讲《书戴嵩画牛》的故事，初步认识和感受艺术。

2. 能借助注释、课文插图、实践体验等，展开想象，借助语言文字感受艺术之美；了解更多的艺术形式和艺术知识，形成对艺术的感知。

3. 能围绕书法或自己喜欢的一种艺术形式进行深入了解，与同伴展开交流；在此基础上，学习列提纲，完成稿件撰写，介绍清楚一种艺术形式。

4. 能通过合作，策划编辑《艺术长廊》专辑，划分专辑的栏目，讨论修改文稿，在语文综合实践中获得艺术欣赏的入门教育。

三、学习活动设计

为了使学生更好地参与编辑班级《艺术长廊》专辑学习活动，我们将整个单元的学习流程划分为以下五个阶段。

第一阶段：发布任务，初识艺术。结合单元主题，发布单元学习任务——为《艺术长廊》专辑撰稿。要求学生通过单元导读课自主学习单元字词，整体感知单元学习内容，了解单元任务情境。结合课文学习，初步了解艺术的形式和特点。

第二阶段：确定自己想介绍的艺术形式。围绕认识更多的艺术形式开展课内外阅读，结合单元课文学习，初步分清艺术种类，形成对艺术的初步认知。结合兴趣爱好，确定自己准备介绍的一种艺术形式，初步确定投稿意向。

第三阶段：了解介绍艺术的方法。首先，阅读课文，通过比较阅读，了解课文是怎样介绍艺术的。结合扩展阅读，进一步了解介绍艺术的方法。其次，结合口语交际练习，通过书法家介绍、书法作品欣赏、自己学习书法过程中的感受等各种不同角度，进一步认识介绍一种艺术形式的角度和方法。接着根据自己选择介绍的一种艺术形式，通过伙伴交流，确定介绍角度，有针对性地开展深入研究，有重点地搜集、整理资料，进行扩展阅读，解决"怎样介绍清楚一种自己喜欢的艺术形式"的问题。同时，通过讨论制定专辑投稿的评价标准。

第四阶段：完成专辑投稿的撰写。自主撰写稿件，并对照评价标准，通过小组交流、多轮修改、实践反思，优化完成学习成果。

第五阶段：完成成果发布及整体任务评价。在这一板块，学生借助之前制定并不断完善的评价标准进行评价，把撰稿文章编辑成册，推选出优秀稿件进行投稿。同时召开"我的拿手好戏"艺术舞台展示，展示综合性学习成果。

整个活动设计都紧紧围绕着单元学习任务的达成和学习目标的落实。发现问题的是学生，借助单元内容解决问题的是学生，进行梳理、反思、总结、实践的也是学生。

五个阶段大致需要 10 课时来完成。

四、各阶段学习目标和学习活动设计

【阶段学习目标】

1. 能自主统览单元，了解单元中的各种学习资源，以及艺术的一些种类。（重点）

2. 能通过预习、交流等，学会写生字和必会词语。能正确、流利地朗读课文。能自主借助相关经验解决问题。

3. 能针对学习任务开展交流讨论，自主设计学习思路，交流观点，做好学习准备。（难点）

【阶段学习活动设计】

▶ **板块一：聚焦单元主题，明确学习内容**

班级《艺术长廊》专辑征稿通知

我们的班级将在近期筹备编写《艺术长廊》专辑。现面向同学们征集稿件，要求如下：

1. 稿件要介绍一种自己熟悉的艺术形式，其中所介绍的艺术知识要科学，艺术特点要明确，能激发读者进一步认识和感受这种艺术形式的兴趣。

2. 稿件语言要清晰，力求生动，能激发读者借助语言艺术展开想象，体会到这种艺术之美。

3. 撰稿切勿空泛。稿件要表达出自己通过想象感受到的艺术之美，重点部分要写具体。

期待同学们的精彩来稿！

学生活动：

1. 阅读单元主题页，交流单元主题和语文要素。

2. 畅谈自己在生活中接触的一些艺术形式，初步了解艺术形式，初步感知艺术的特点。

设计意图：在学习之前，引导学生整体感知单元主题和语文要素，谈一谈自己的初步理解。唤起学生在生活中已有的艺术感受，为进一步开展单元学习奠定基础。

▶ **板块二：发布学习任务，探索单元未知**

学生活动：

1. 学生阅读征稿通知，谈谈对征稿通知的理解。

2. 思考"自己在完成任务时可能有哪些困难""如何更好地完成任务"等问题，初步对学习路径进行设想、讨论。

设计意图：通过尽量真实、具体、明确的单元学习任务驱动学生学习，放开思维的空间，让学生自己做学习的"设计师"。

▶ **板块三：通读单元内容，单元整体感知**

整体阅读和了解单元学习资源，并进行初步梳理。

学生活动：

1. 自主通读单元内容，记录自己的思考和问题。

2. 在通读单元内容的过程中，针对本单元字词方面的问题点，借助工具书和已有经验，自主解决字词问题。

3. 借助自主阅读，梳理"单元学习资源单（一）"。

单元学习资源单（一）				
单元内容		涉及的艺术形式	初步感知的艺术特点	我的发现
《文言文二则》	《伯牙鼓琴》			
	《书戴嵩画牛》			
《月光曲》				
《京剧趣谈》				
口语交际：聊聊书法				
语文园地				
思考：你喜欢的艺术形式是什么？其中最喜欢的作品是什么？为什么喜欢？				

4. 全班交流，共同思考单元内容与发布的单元学习任务之间的关系。

5. 小组交流本阶段初步认识的艺术的形式和特点。

设计意图：借助梳理单元学习资源单，引导学生关注本单元每一课的内容，从单元整体视角初步感知整个单元内容之间的关联，为后续学习立足整体兼顾局部奠定基础。

【课时安排建议】

1 课时。

第二阶段：确定自己想介绍的艺术形式

【阶段学习目标】

1. 在了解单元学习任务的基础上梳理自己的已知内容及问题困惑，能借助课文和搜集的资料了解更多的艺术形式等相关知识，初步形成对艺术的认知。（重点）

2. 能通过讨论，初步建构"如何更好地介绍艺术之美"的评价标准，为后续完善评价标准奠定基础。

3. 能通过阅读课文和其他资料，探究出介绍一种艺术形式的角度和方法，确定自己准备介绍的一种艺术形式，明确后续学习的过程。（难点）

【阶段学习活动设计】

▶ **板块一：汇集更多资源，丰富艺术认知**

学生活动：

1. 交流查找到的与艺术相关的课外阅读资料。

2. 对交流的课内外资料进行整合梳理、归类，并对其进行初步认知。

3. 借助自主阅读，梳理"单元学习资源单（二）"。

单元学习资源单（二）			
小组成员推荐相关课外阅读内容	涉及的艺术形式	初步感知的艺术特点	我的发现
组员1			
组员2			
组员3			
组员4			

▶ **板块二：初定研究意向，进行问题梳理**

学生活动：

1. 回顾单元学习任务，初步思考自己感兴趣的一种艺术形式，并阐述理由。

2. 小组活动。借助"学习单（一）"记录下小组内每位成员想介绍的艺术形式及完成学习任务中的困惑。

学习单（一）		
	拟介绍的艺术形式	我的困惑
组员1		
组员2		
组员3		
组员4		

3. 全班试说交流。

设计意图：引导学生在实践过程中经历完整地思考"介绍什么""介绍时遇到的主要困惑是什么"的过程，并在这一过程中发现、聚焦实践中的"真困惑""真问题"，以便进行有针对性的交流。

▶ **板块三：聚焦共性问题，梳理解决思路**

学生活动：

1. 交流各小组发现的问题。

2. 在小组互相补充、汇总的基础上梳理出学生介绍一种艺术形式时遇到的主要困惑。

3. 全班试说交流，之后借助"学习单（二）"进行班级共同探究，自主寻找解决方法及资源。

学习单（二）		
	问题呈现	问题解决思路	解决问题的资源
问题1	对想介绍的艺术了解得少	继续有针对性地查找资料，大量阅读课内外有关艺术的读物，开展艺术综合实践活动	课内外相关资源
		借助资料补充，了解、积累艺术知识及欣赏经验，确定介绍角度	单元内全部资源＋课外资料补充
问题2	语言积累不足	有意识地积累语言材料和运用语言材料的经验	课文资源＋课外资源＋词句段运用＋日积月累
问题3	表达方法太少	学习表达艺术之美的方法，积累运用经验	《伯牙鼓琴》等课内外文章资源＋交流平台
问题4	不知道从哪些方面、用何种方法介绍一种艺术形式	借助课内外阅读材料，寻找撰写稿件的角度及切入点	课内外相关内容的文字介绍
……		

设计意图：引导学生从"该怎样学"中获得学习经验，使学生层层深入地形成比较清晰的学习思路。

▶ **板块四：初思评价标准，明确学习方向**

学生活动：

1. 再次回顾单元学习任务，以终为始，初步思考"如何更好地介绍艺术之美"任务的评价标准。

2. 初步商讨，思考评价标准。

单元学习任务评价标准（一）

评价指标	指标描述	自评	互评	师评
艺术种类	了解一种或两种艺术形式	☆☆☆☆☆	☆☆☆☆☆	☆☆☆☆☆
艺术想象	有艺术想象	☆☆☆☆☆	☆☆☆☆☆	☆☆☆☆☆
艺术表达	能运用一些方法介绍清楚这种艺术的某个吸引人的特点	☆☆☆☆☆	☆☆☆☆☆	☆☆☆☆☆
艺术理解	有自己的想法	☆☆☆☆☆	☆☆☆☆☆	☆☆☆☆☆

3. 思考：要想达到这样的目标，结合自己要介绍的内容，需要做哪些准备？

4. 作业设计：有意识地关注自己感兴趣的艺术形式的课外相关资料，做好阅读记录，为之后更好地完成单元学习任务做准备。

设计意图："教—学—评"一体化构建，使评价既是下一阶段学生学习的目标，又是学习阶段是否达成目标的"量尺"。

【课时安排建议】

1课时。

第三阶段：了解介绍艺术的方法

【阶段学习目标】

1. 能借助课文、口语交际或课外资料，通过比较阅读、口头表达等方式，进一步探究、了解介绍一种艺术形式的角度和方法。（重点）

2. 能利用注释、课文插图等，通过想象感受艺术之美，并在学习过程中获得元认知学习经验。

3. 能根据自己选择介绍的艺术形式确定介绍的角度，有针对性地开展探究，有重点地搜集、整理资料。

4. 能借助学习过程中习得的探究方法，完成撰稿，并进行修改和完善。能运用专辑投稿标准更好地完成任务。（难点）

【阶段学习活动设计】

▶ 板块一：了解艺术想象，初探"把一种艺术形式介绍清楚"的方法

学生活动：

1. 聚焦《文言文二则》中的《伯牙鼓琴》，从中发现一些介绍一种艺术形式的角度和方法，思考解决"音乐艺术如何介绍清楚"等问题的思路。

2. 借助下面的学习单开展自主学习，记录自己的"已知"和"想知"。

《伯牙鼓琴》学习单		
（学习前）你已经知道了什么	（学习前）你想从中学习什么	（学习后）你从课文中学会了什么

3. 交流自主学习成果。

（1）学习《伯牙鼓琴》，了解艺术家的传说，体会锺子期欣赏伯牙乐曲时描述的语言和展开的艺术想象，体会这一艺术想象的妙处，初步开展语言实践。

（2）结合学习《伯牙鼓琴》时锺子期评价伯牙乐曲的语句，以及交流查找到的课外资料"伯牙鼓琴，而六马仰秣"等，讨论发现"借助其他的人、事、物的表现来凸显艺术之美"的表达方法。

（3）发现无论是直接描述艺术之美，还是借助艺术想象表达艺术之美，都需要精准

的词句帮助体现。之后，依据撰稿时想介绍的艺术形式进行同质分组，交流课前积累的词句。

4. 探究《伯牙鼓琴》对撰写《艺术长廊》稿件有何帮助，并开展讨论。听乐曲想象，用语言表达感受到的艺术之美。

学生发现：

（1）这篇课文是有关艺术家的传说。在自己介绍某种艺术形式时，也可以介绍一些知名艺术家的传说或故事。

（2）可以借助艺术想象来表达艺术之美。

（3）介绍音乐艺术时，可以借助想象把无形的音乐转化为有形的画面，表达艺术之美。

5. 再次补充、建构评价标准。

单元学习任务评价标准（二）

评价指标	指标描述	自评	互评	师评
艺术种类	了解两种及以上艺术形式，并确定一种进行具体介绍	☆☆☆☆☆	☆☆☆☆☆	☆☆☆☆☆
艺术想象	能借助艺术想象，让读者感受到艺术之美	☆☆☆☆☆	☆☆☆☆☆	☆☆☆☆☆
艺术表达	关注介绍艺术的角度，能运用一些方法介绍清楚这种艺术的某个吸引人的特点，让读者获得审美感受	☆☆☆☆☆	☆☆☆☆☆	☆☆☆☆☆
艺术理解	有自己的理解	☆☆☆☆☆	☆☆☆☆☆	☆☆☆☆☆

6. 反思学习过程，积累学习经验。

设计意图：借助评价表格引导学生自主梳理介绍一种艺术形式的方法，体现先学后教、能学不教。

▶ **板块二：细致发现找关联，自主发现"如何更好地介绍音乐艺术"的方法**

学生活动：

1. 聚焦《月光曲》一课，借助多种形式反复朗读课文，了解《月光曲》中的故事，思考《月光曲》是如何创作出来的。

2. 借助学习单，自主梳理相关内容，体会《月光曲》中的故事是如何介绍一首乐曲的，思考其中各部分之间的关联。

3. 自主交流学习，发现关联。

开展"看画面—听《月光曲》—读文中相关语句"的配对游戏，发现这几部分之间的关联。

关联1：音乐悠长、舒缓——优美、平静、柔和的画面。

关联2：音乐气势逐渐增强——月亮越升越高穿过微云。

关联3：音乐高昂激越，节奏越来越快——海面刮起大风，卷起巨浪。

发现关联：联想和想象把音乐旋律的高低、节奏的快慢和强弱转化为画面和文字。这种转化不是随意乱想，而是依据曲调，努力关联生活中与之相同或相似的情境或画面，实现联想，从而使人产生通感，唤起读者的艺术想象。

4. 游戏实践

要求：听乐曲，描述脑海中想象的画面，然后进行组内评选，再请"最佳欣赏者"分享经验。

5. 借助对组内评选的优秀内容的反思、总结、梳理，进一步完善评价标准。

单元学习任务评价标准（三）

评价指标	指标描述	自评	互评	师评
艺术种类	了解两种及以上艺术形式，并确定一种进行具体介绍	☆☆☆☆☆	☆☆☆☆☆	☆☆☆☆☆
艺术想象	能利用文字描写调动读者自身生活经验和丰富想象，具体地感受到艺术之美	☆☆☆☆☆	☆☆☆☆☆	☆☆☆☆☆
艺术表达	关注介绍艺术的角度，能运用方法介绍清楚这种艺术的某个吸引人的特点，让读者获得审美感受	☆☆☆☆☆	☆☆☆☆☆	☆☆☆☆☆
艺术理解	有自己的理解或体会	☆☆☆☆☆	☆☆☆☆☆	☆☆☆☆☆

6. 对比《伯牙鼓琴》和《月光曲》，发现介绍音乐的角度不同、中外音乐作品的不同以及表达方法和效果的不同。思考自己稿件的整体构建。

7. 根据选择的相同或相似的艺术形式进行分组，分享交流这一艺术形式的小故事。

设计意图：借助学习资源《月光曲》及学习工具的构建，通过游戏活动，引导学生自主发现如何开展艺术想象、如何介绍艺术、如何做得更好的奥秘。

▶ **板块三：借助对比学表达，自主发现介绍绘画艺术之美的方法**

学生活动：

1. 阅读《书戴嵩画牛》，把握内容，借助想象体会艺术之美，并自主发现文本中介绍绘画艺术的方式和方法。

学生发现：《书戴嵩画牛》是有关绘画艺术的寓言故事。寥寥数语便描绘了画中牛的形态，表达了作者的艺术观点。

2. 聚焦《文言文二则》中的《书戴嵩画牛》，借助学习单开展学习活动，通过对比自主发现介绍绘画艺术之美的方法。

用课文《书戴嵩画牛》解决问题

活动	学习资源	表达艺术之美	对比两个介绍发现差异
游戏 1：我是名画介绍人	戴嵩《斗牛图》	我的介绍：	差异 1： 差异 2：
游戏 2：我是作者代言人	《书戴嵩画牛》课文	作者的介绍：	差异 3： ……
我的反思和收获：			

3. 将《书戴嵩画牛》和课外介绍或展现绘画艺术的文章进行对比阅读，发现介绍视角和方法的不同之处。

4. 交流自主学习成果。

（1）借助对比，自主发现作者是借助寓言表达对绘画艺术的观点。

（2）对比发现作者的艺术观点，思考介绍艺术之美的角度和方法。

（3）再次介绍《斗牛图》，运用学习中收获的方法，用自己的话介绍课文《书戴嵩画牛》的内容，同学之间互相评价。

（4）交流收获，把从中发现的介绍角度和方法以及积累的经验记录下来。

5. 拓展实践。

出示其他中国名画，自由选择欣赏、介绍，迁移运用积累的学习经验。

设计意图：通过对比，引导学生发现自己原有表达中的问题，借助合作、交流，使学生能认识到表达艺术之美有多个方面、不同思路、更多方法。

▶ 板块四：感受京剧艺术的独特魅力，学习艺术之美的凸显特点

学生活动：

1. 欣赏京剧视频。在视频中寻找到体现《京剧趣谈》中描写的京剧艺术之美的片段，借助想象，边欣赏边阅读，畅谈体会到的京剧艺术特点。

2. 开展实践，学唱片段，学一些简单的姿势及身段，谈一谈自己的体会。

3. 双重对比，加深对京剧艺术的理解，探究介绍京剧艺术的角度和方法。

4. 结合口语交际练习，自主发现可以从书法家介绍、书法作品欣赏、自己学习书法过程中的感受等不同角度介绍书法艺术，畅谈学习过程中积累的介绍一种艺术形式的方法。

5. 学习列提纲，在初步列提纲的过程中思考自己撰写的稿件中所涉及的艺术形式的特点，小组内互相交流所列提纲，互相提出建议，思考用适当的方式和方法完成书面稿件撰写。

6. 进一步从评审者视角完善投稿的评价标准。

设计意图：引导学生借助综合实践，亲身体验艺术之美，并在这一过程中学习如何更深入地捕捉艺术特点，尝试介绍描写艺术中某一事物或某一点的具体方式，用语言表达艺术特点。

【课时安排建议】

5 课时。

第 1 课时：学习《伯牙鼓琴》，借助想象体会音乐之美，探究完成撰写稿件任务的思路和方法，完善评价标准。

第 2 课时：继续借助文言文《伯牙鼓琴》了解艺术想象，初探更好地介绍音乐艺术的方法。

第 3 课时：学习《月光曲》，借助想象，继续感受音乐的艺术之美，探究介绍方法。

第 4 课时：继续借助《月光曲》和《伯牙鼓琴》进行对比关联，整体感受艺术之美，进一步反思元认知经验，细化评价标准。

第 5 课时：学习《京剧趣谈》，借助想象，体会不同艺术之美，并探究更好地凸显艺术特点的表达方法。完成口语交际，列好提纲。进一步完善专辑投稿的评价标准。

第四阶段：完成专辑投稿的撰写

【阶段学习目标】

1. 能运用之前探究的阶段成果，在课堂上完成整篇撰稿。（重点）

2. 能在小组轮转过程中运用之前逐步构建的评价标准对稿件进行修改完善。（难点）

【阶段学习活动设计】

► 板块一：回顾前期片段实践，进一步思考布局谋篇

学生活动：

1. 回顾之前开展的不同阶段的实践，汇总积累的实践经验，小组讨论。

小组汇总、梳理阶段学习收获			
课内		课外	
课文	介绍启发	阅读文本	介绍启发
《伯牙鼓琴》	介绍艺术家传说		
《书戴嵩画牛》	介绍有关绘画的寓言故事		
《月光曲》	介绍《月光曲》如何创作的小故事		

小组汇总、梳理阶段学习收获			
课内		课外	
课文	介绍启发	阅读文本	介绍启发
《京剧趣谈》	抓住京剧的某一点深入研究，并清楚介绍（一个道具或一个动作）		
我的思考与收获：			

2. 借助同质分组，有针对性地共享、交流相关艺术形式的资料，分享自己的撰稿思路。

3. 当堂完成单元学习任务，撰写稿件。

设计意图：引导学生在学习过程中注重随时对学习经验进行梳理、反思、汇总，并在此基础上当堂自主撰写稿件，展示真实的学习效果。

▶ **板块二：借助轮转交流，合作探究完善稿件**

学生活动：

1. 小组内互相交流，借助评价标准进行评价，提出修改建议，进行组内修改。继而推选出小组内最优稿件。大家帮助组内最优稿件的作者修改稿件。

2. 推荐小组内最优稿件的作者轮转到其他小组进行交流，继续进行评价并记录修改建议，进一步修改稿件。

3. 在班级中逐一展示经过轮转修改的各组最优稿件，大家共同借助之前构建的评价标准对稿件进行评价，进一步提出修改建议。

4. 分享轮转修改和共同讨论的经验，进一步修改自己的稿件。

设计意图：在轮转修改和共同修改的过程中，引导学生进行深度思考和研究，推进稿件优化并在其中总结学习方法。

【**课时安排建议**】

2 课时。

第 1 课时：回顾前期实践内容，进一步思考布局谋篇，并且当堂完成稿件撰写。

第 2 课时：借助多次轮转修改，合作探究，一起自主、互助完善稿件。

第五阶段：完成成果发布及整体任务评价

【**阶段学习目标**】

1. 能借助班级《艺术长廊》优秀作品评选、发布，再次对如何介绍好一种艺术形式进行深度发现与总结。（重点）

2. 能对本单元学习过程进行整体反思与回顾，梳理本单元学习收获。（难点）

3. 召开"我的拿手好戏"艺术舞台展示，进行单元学习成果编辑、布展、宣传。

【阶段学习活动设计】

▶ **板块一：借助评价标准，进行最终评选**

学生活动：

1. 展示所有同学的作品，并汇集成《艺术长廊》专辑。

2. 每人 5 票，进行阅读、投票。

3. 梳理投票结果，请前几名同学分享"表达秘籍"。

4. 畅所欲言，召开"我的拿手好戏"艺术舞台展示。

设计意图：以综合实践活动方式开展成果发布，通过分享"欣赏、表达秘籍"进一步开展元认知经验的积累。

▶ **板块二：完成并发布最终成果《艺术长廊》专辑，开展后续延学拓展**

学生活动：

1. 在班级中发布最终成果——《艺术长廊》专辑。

2. 开展校内的展板布置、宣传介绍等活动，分享单元学习成果。

设计意图：延学采用了"以讲代学"的方式。通过逆向思维的方式，引导学生运用本单元所收获的元认知经验，在讲给别人听的过程中实现进一步思考、深化。

【课时安排建议】

1 课时。

五、 反思与讨论

（一）本单元设计特色

这是一次能看到审美鉴赏与创造和语言建构可视化发展过程的学习。

1. 把握前测，精准定位学习目标

通过对学生前测情况的分析，在教师引导下，学生意识到了自己在借助语言文字展开想象体会艺术之美这一任务中出现的主要问题——该从哪些角度介绍艺术？用什么方法介绍艺术？如何介绍好一种艺术形式？当聚焦了学生真正的困惑，了解了单元学习资源，学生和教师就有了解决问题的思路。

2. 经历全程，运用元认知策略助力自主探究

在教学中，教师注重引导学生进行"学习—监控—反思—调节"。借助元认知策略，采取多轮实践、层层推进、反思积淀等方式，激发学生自主探究、发现、监控、反思，固化成果。学生在学习过程中反思出的问题，都内化为自我发展需求，落实在学习中，成为一种学习自觉。最终在学习中不断培养积极自主的学习者。

（二）本单元设计中的困惑与反思

教师也发现了一些值得继续关注和研究的问题。例如，在单元学习结束后，仍有个别学生在表达中呈现出各部分之间的逻辑关系不清晰的问题。反观课堂，在学生准备好充足的艺术知识、语料、表达方法后，教师还要给学生更充分的交流与研讨时间，以便

突破难点。

（三）改进设想

在学生学习过程中应加入更多的综合实践体验过程。例如，在《京剧趣谈》一课学习中，让学生听京剧、学唱京剧，亲身感受京剧艺术。可以请专业教师、有这方面特长的家长参与到学习过程中。

（北京市海淀区教师进修学校　柏春庆

北京市海淀区万泉小学　刘莉）

鲁迅面面观，我说大先生

——六年级上册第八单元

一、学习情境与学习任务

本单元人文主题是"认识鲁迅，走近鲁迅"。阅读方面的语文要素为"借助相关资料，理解课文主要内容"。在四、五年级的学习过程中多次涉及"理解课文主要内容"，学生已经具备运用方法整体感知主要内容的能力。由此，本单元学习重点除结合资料加深对内容的理解外，还应该落实在对鲁迅先生的认识和理解上。本单元习作要求为"通过事情写一个人，表达出自己的情感"。依据单元学习任务布置习作"以鲁迅为主题写一篇文章"，表达自己对鲁迅先生的敬佩之情。

我们依据单元人文主题创设一个真实的学习情境——班级召开"我眼中的鲁迅先生"读书交流会；设计的学习任务是写一篇以鲁迅为主题的文章，在读书会上交流。围绕学习任务，引导学生读懂单元选文，提出问题并进行拓展性阅读，搜集相关资料，写读后感，写鲁迅研究报告、小论文，也可以写有关鲁迅的小故事等，为读书交流会做好充分的准备。

这一单元教学设计可归属于"文学阅读与创意表达"学习任务群。学生在完成学习任务的过程中，通过阅读、搜集整理资料、完成习作等多种形式的语文实践活动，加深对鲁迅精神和情怀的认识。无论在育人价值上，还是在学习语言文字运用上，都能达到相对统一，能有效提升学生的核心素养。

二、学习资源与学习目标

（一）学习资源

本单元由四篇课文组成，《少年闰土》和《好的故事》是鲁迅的文章，《我的伯父鲁迅先生》和《有的人》是他人怀念鲁迅的作品。这些课文为学生提供了了解、认识鲁迅先生的不同视角。此外，学生可以搜集鲁迅先生的作品，如散文集《朝花夕拾》以及巴金、萧红等人的回忆性作品，参观线上的鲁迅纪念馆，观看相关的纪录片等。这些都是学生了解鲁迅、走近鲁迅的重要资源。

语文课程标准在第二学段和第三学段的"梳理与探究"板块中，分别对"查资料"提出了要求："能提出学习和生活中的问题，有目的地搜集资料，共同讨论，尝试运用语文并结合其他学科知识解决问题。""初步了解查找资料、运用资料的基本方法。利用图书馆、网络等渠道获取资料，解决与学习和生活相关的问题。尝试写简单的研究报告。"突出对培养学生查找、整理、使用资料能力的重视。

学生通过三至五年级的学习，初步掌握了资料搜集、整理与使用的方法，但还存在三个问题：一是查找资料往往只停留于阅读初期，缺少再阅读、再筛选、再使用的意识和能力；二是资料使用浅表化和简单化，缺乏将资料与文本、问题的对应，不善于提炼总结；三是学生主要查阅文字类资料，对图片类、影音类资料缺乏重视，对实地参观、考察等方式鲜有尝试。

六年级学生已经具备相当的自学能力，他们在预习阶段可以自主完成对生字新词的学习、对课文的熟读背诵等任务，教师在课堂上可以花少量时间用于检查。

基于对学情的调查分析，"继续学习筛选、运用资料的方法。能针对探究的问题，对资料进行整理、筛选、研究，初步形成对鲁迅先生的评价"是本单元学生学习的重点，也是难点。

（二）学习目标

根据单元学习情境和学习任务，制定本单元学习目标。

1. 能自主学习本单元课文中的生字新词。能正确、流利地熟读课文，有感情地朗读《有的人》，背诵《少年闰土》第一段和《有的人》。

2. 能整体感知课文内容，初步认识鲁迅，了解鲁迅。能根据主题学习任务提出有探究价值的问题。

3. 能围绕探究问题，有目的地查找相关资料，筛选整理资料。

4. 能根据探究问题借助资料完成习作"我眼中的鲁迅先生"，对鲁迅先生作出评价，认识鲁迅先生的利他精神和责任情怀，表达对鲁迅先生的敬意，增强自我责任感、使命感。

三、学习活动设计

在"我眼中的鲁迅先生"读书交流会这一真实的学习情境引领下，以专题学习成果作为任务驱动，设计三个阶段的学生学习活动。

第一阶段：读懂课文知鲁迅。在这一阶段，学生需要自主预习单元课文，交流选文的主要内容及对鲁迅先生的了解，初步提出问题。依托"我读鲁迅作品"和"我读介绍鲁迅的文章"两个活动，读懂课内选文，扩展阅读《故乡》《从百草园到三味书屋》等作品，阅读巴金、萧红等人回忆鲁迅的文章以及解读资料，进一步了解鲁迅，理解鲁迅作品中蕴含的利他精神和责任情怀，围绕鲁迅筛选具有探究价值的专题。

第二阶段：探究问题思鲁迅。在阅读鲁迅作品和介绍鲁迅作品的基础上，师生共同梳理"确定探究专题，讨论探究方法"，形成探究小组。同时给予学生充分的学习时间，"自主探究，查找资料"并整理资料，在此基础上"形成提纲，交流讨论"，即各小组（也可以是个人）形成专题成果的汇报提纲，师生共同进行讨论和点评，给出增删调改建议。

第三阶段：专题习作怀鲁迅。在充分交流讨论基础上，学生根据提纲撰写文章。然后，以探究小组的形式进行"习作分享并修改"。召开"我眼中的鲁迅先生"读书交流会，开展专题汇报，解读鲁迅，展示单元学习成果。

逻辑清晰，层次明确的设计思路是良好学习过程的保证。整个设计思路呈现出"发现问题—提出问题—分析问题—解决问题"的探究性学习特点，也是学习走向深度的必由之路。

三个阶段大致需要 9 课时来完成。

四、各阶段学习目标和学习活动设计

学生预习任务：

1. 自学本单元生字新词，熟读课文。

2. 熟悉课文主要内容，根据课文查阅相关资料，初步认识鲁迅，了解鲁迅。

预 习 单 1

作品中的鲁迅先生

同学们，本单元我们将走近我国现代最伟大的文学家之一——鲁迅。下面，我们一起来完成预习任务！

1.《少年闰土》《好的故事》中我不认识、不理解的字词

_____

2. 熟悉文章

3. 发现问题

我阅读《少年闰土》《好的故事》时发现的重要问题	需要查资料吗		重要程度
	是	否	
1			☆☆☆☆☆
2			☆☆☆☆☆
3			☆☆☆☆☆
4			☆☆☆☆☆

4. 解决问题

我能解决问题_____。我通过_____方式查找资料。我结合文章和资料，得到的答案（理由＋结论）是：_____

_____

通过阅读鲁迅先生的作品，我感到，鲁迅先生留给我的印象是：_____。

理由是：_____

预习单 2

记忆中的鲁迅先生

同学们，我们已经看到了"作品中的鲁迅先生"，接下来我们要去看看"他人眼中的鲁迅先生"。

1. 关于查找资料，我（改变了／学到了）

_____

_____

2. 熟悉文章

《我的伯父鲁迅先生》围绕鲁迅先生重点写了_____件事，用简练的语言概括，
分别是：_____；
在《有的人》中，我认为最能代表鲁迅先生精神的诗句是：_____

_____

3. 发现问题

我阅读《我的伯父鲁迅先生》《有的人》时发现的重要问题	需要查资料吗		重要程度
	是	否	
1			☆☆☆☆☆
2			☆☆☆☆☆
3			☆☆☆☆☆
4			☆☆☆☆☆

4. 解决问题

我能解决问题_____。我查找的最有价值的资料是：_____。
我结合文章和资料，得到的答案（理由＋结论）是：_____

_____

_____

5. 认识鲁迅

结合两篇文章和资料，可以看出，鲁迅先生是这样的人：_____

_____

第一阶段：读懂课文知鲁迅

【阶段学习目标】

1. 能正确读写生字新词。能正确朗读课文，初步理解主要内容。能初步交流对鲁迅先生的了解。

2. 能借助相关解读资料读懂《少年闰土》《好的故事》。能结合扩展阅读鲁迅的小说和散文，初步感受鲁迅作品的特点。（重、难点）

3. 能阅读介绍鲁迅的两篇课文，认识鲁迅先生对家庭、对他人、对社会的关切之情和责任担当。（重、难点）

4. 能提出并梳理确定有探究价值的问题，确定探究方向。（重、难点）

【阶段学习活动设计】

▶ **板块一：预习单元课文并检查**

学生活动：

1. 借助预习单和"基础学习评价表"，检查预习字词情况，互查课文朗读情况。

2. 全班交流四篇选文的主要内容。

3. 交流解决基本问题，初步了解鲁迅先生。

基础学习评价表

序号	评价内容	自评	互评	师评
1	能正确读写生字新词	☆☆☆☆☆	☆☆☆☆☆	☆☆☆☆☆
2	能正确、流利朗读课文	☆☆☆☆☆	☆☆☆☆☆	☆☆☆☆☆
3	能归纳主要内容	☆☆☆☆☆	☆☆☆☆☆	☆☆☆☆☆

设计意图：检查课文中生字新词预习情况，正确流利朗读课文，说出四篇选文的主要内容。初步了解鲁迅，为后续深入学习奠定基础。

▶ **板块二：我读鲁迅作品**

学生活动：

1. 阅读《少年闰土》《好的故事》两篇课文，扩展阅读鲁迅其他小说和散文若干篇。

2. 借助资料，初步理解课文思想内容，初步认识鲁迅，感悟作品中蕴含的利他精神和责任情怀。

3. 以小组为单位提出具有探究价值的问题。

设计意图：借助资料、"阅读链接"，读懂《少年闰土》《好的故事》，理解鲁迅先生的思想感情。通过扩展阅读《故乡》《从百草园到三味书屋》《阿长与山海经》，进一步提出具有探究价值的问题。

▶ **板块三：我读介绍鲁迅的文章**

学生活动：

1. 以《我的伯父鲁迅先生》为核心，展开"速写鲁迅先生的眼睛"这一活动，阐释鲁迅先生的形象。

2. 朗读《有的人》。借助相关资料，联系巴金、萧红等人回忆鲁迅的文章。了解鲁迅精神及其为后人留下的宝贵财富。

3. 通过小组讨论，提炼整合文章内容，继续筛选具有探究价值的问题。

设计意图：以"速写鲁迅先生的眼睛"为主要活动，朗读《有的人》，说出作者对鲁迅先生的评价，体会鲁迅值得后人怀念的原因。帮助学生进一步聚焦具有探究价值的问题。

▶ **板块四：作业与拓展学习设计**

学生活动：

1. 背诵《少年闰土》第一自然段。

2. 阅读《故乡》，结合作者对闰土外貌变化的描写，思考其作用（可查阅资料），有理有据地表达观点。

设计意图：本次作业是对基础学习任务的巩固与拓展，凸显学生发现问题、分析问题、解决问题的思维过程，同时，练习学生"观点"加"有理有据"的表达方式，为下一阶段学习做准备。

【课时安排建议】

3 课时。

第 1 课时：交流预习，学习生字新词，梳理文章内容。

第 2 课时：在读懂《少年闰土》《好的故事》的基础上，引入阅读材料，初步认识鲁迅作品的语言特点，理解作品中蕴含的利他精神和责任情怀，筛选有探索价值的问题。

第 3 课时：以《我的伯父鲁迅先生》为核心，阅读《有的人》及相关资料，阅读巴金、萧红等人的回忆鲁迅的文章，通过小组讨论，提炼整合文章内容，继续筛选具有探究价值的问题。

第二阶段：探究问题思鲁迅

【阶段学习目标】

1. 能结合读书交流会的任务，确定探究问题，形成专题研究小组。根据探究问题，运用学过的方法查找并整理相关资料。（重、难点）

2. 能根据探究问题自主查找资料，初步整理资料。

3. 能根据探究问题，初步交流提纲及资料。能结合探究问题，针对资料的使用进行反思调整。（重、难点）

【阶段学习活动设计】

▶ **板块一：确定探究专题，讨论探究方法**

学生活动：

1. 发布"我眼中的鲁迅先生"研读交流会活动，了解专题成果撰写任务。师生共同梳理确定有探究价值的专题，明确探究方向，形成探究小组。

2. 以"小研究员"的身份确定探究问题，根据评价表进行自评和互评。

3. 回顾、梳理、总结在资料查找、使用上的要点。例如，根据需要查找，查阅的方法、优势与不足，具体查阅技巧等。查找资料后归类的方法，如根据内容归类。出示"查检整理资料评价单"进行自评互评和教师评。

查检整理资料评价单

评价内容	自评	互评	教师评
能说出常用的查找、整理、运用资料的方法	☆☆☆☆☆	☆☆☆☆☆	☆☆☆☆☆
能拟订搜集资料的范围以及方法和途径	☆☆☆☆☆	☆☆☆☆☆	☆☆☆☆☆
列出的查检资料清单能满足探究文章需要	☆☆☆☆☆	☆☆☆☆☆	☆☆☆☆☆

4. 结合问题，进一步以思维导图的方式细化或明确探究内容，呈现资料查找的方向、范围。

设计意图：结合前期学习，以小组形式交流对鲁迅先生的认识，筛选探究问题，形成探究小组。讨论确定搜集资料的思路和方法，明确分工，分别搜集查找资料。

▶ **板块二：自主探究，查找资料（课外）**

学生活动：

1. 根据探究专题自主查找资料，初步整理资料。利用"确定探究专题评价表"进行反思，进一步确定自己的研究专题。

2. 利用1~2天课余时间，个人或分组搜集并调整所查资料，强调人人动手，个个参与，主要安排在课外进行。

3. 根据"确定探究专题评价表"，评价选题并进行调整，整理查找到的资料，各小组（也可以是个人）形成初步专题成果的汇报提纲。

确定探究专题评价表

评价内容	自评	互评	教师评
确定的探究方向切合单元学习主题	☆☆☆☆☆	☆☆☆☆☆	☆☆☆☆☆
确定的探究专题有价值，能帮助自己深入了解鲁迅和他的精神	☆☆☆☆☆	☆☆☆☆☆	☆☆☆☆☆
探究专题有独特视角，有一定创意	☆☆☆☆☆	☆☆☆☆☆	☆☆☆☆☆

设计意图：充分给予学生自主探究的时间和空间，完成资料的查找和筛选，提升其动手动脑能力。学习工具、评价工具是将学生的学习情况外显的重要手段，在不同阶段呈现不同类型的学习工具，有助于教师对学生思维发展的观察与教学调整。

▶ **板块三：讨论提纲，交流调整**

学生活动：

1. 出示"整理资料构思探究文章评价表"，小组内对形成的专题探究提纲进行评价、修改。

整理资料构思探究文章评价表

评价内容	自评	互评	教师评
搜集到的资料符合并满足探究专题的需要	☆☆☆☆☆	☆☆☆☆☆	☆☆☆☆☆
选择的文章形式与探究专题相吻合	☆☆☆☆☆	☆☆☆☆☆	☆☆☆☆☆
习作探究专题有独特视角，有一定创意	☆☆☆☆☆	☆☆☆☆☆	☆☆☆☆☆

2. 各小组派代表进行专题探究提纲汇报，全班分享各小组（个人）探究成果。

3. 在教师指导引领下，师生共同进行讨论和点评，再次给出增删修改建议。

设计意图：从提纲与资料的匹配、资料选择的角度、资料使用的程度等方面引发学生思考，针对所选资料再调整专题探究提纲。

▶ **板块四：作业与拓展学习设计**

学生活动：

1. 阅读作品及资料，继续深入认识鲁迅先生，形成人物印象。

2. 根据人物印象，形成具体的小专题，结合资料拟列提纲。

设计意图：本次作业是对课上学习的延伸与拓展，通过阅读，学生提出问题、解决问题的过程是深入认识鲁迅先生的过程，在过程中生成对鲁迅先生新的评价。利用列提纲，学生将认识（观点）、理据进行整理，呈现基本的阅读路径、思维路径，为进一步调整教学、发展思维提供有力依据。

【**课时安排建议**】

3 课时。

第 1 课时：确定探究专题，讨论探究方法。

课外：根据探究专题自主查找资料，初步整理资料。

第 2—3 课时：整理资料，形成小组汇报提纲并交流讨论。

第三阶段：专题习作怀鲁迅

【**阶段学习目标**】

1. 能借助资料，结合理解，完成专题成果的撰写。能分享习作初稿，互提修改建议。能修改自己的习作。（重、难点）

2. 能交流汇报专题学习成果，在交流分享、互评互议中表达对鲁迅先生精神品质、责任情怀的理解和敬意，提升自身的责任感、使命感，体现与最初认知的区别。（重点）

【**阶段学习活动设计**】

▶ **板块一：根据提纲撰写专题探究文章**

学生活动：

1. 写作指导：

（1）根据小专题，拟定小观点。

（2）根据小观点，整合资料群。

（3）试写小段落，理据表观点。

2. 在充分交流讨论的基础上，根据自身能力及掌握的资料，选择成果呈现形式，如读后感、研究报告、小论文、鲁迅先生二三事、鲁迅印象等。

3. 学生撰写专题成果。

设计意图：本活动以学生根据小专题自主选择材料、进行写作为主。给予学生时间和空间，展现自己在之前探究过程中的认识、发现、思考，教师重点在"观点""理据"以及二者的关系上做具体指导，呈现学生的理性思维过程。

▶ **板块二：习作分享并修改**

学生活动：

1. 以小组探究的形式，与伙伴分享交流个人专题探究成果。学生小组内分享作品，借助"探究成果评价表"，进行相互评改，提出修改意见或建议。

探究成果评价表

评价内容	自评	互评	教师评
能根据探究专题，初步运用广为人知的资料进行成果撰写，但资料的运用仅限于引用、转述	☆☆☆	☆☆☆	☆☆☆
能结合探究专题，用自己的表达方式转述不同方面或不同类型的资料进行成果撰写，但资料的运用缺乏联系	☆☆☆☆	☆☆☆☆	☆☆☆☆
能结合探究专题，初步组织多种资料，尝试较为充分地表达	☆☆☆☆☆	☆☆☆☆☆	☆☆☆☆☆

2. 根据修改建议对习作进行修改。推荐优秀文章在全班交流。

设计意图：本活动以学生自主交流、互评互改为主。评价表的使用是为了更好地指导学生修改习作。学生运用评价表在小组内互评，针对问题进行修改，做到有方向、有指导地修改，进而教会学生评价专题探究类文章的方法。

▶ **板块三：开展专题汇报，解读鲁迅**

学生活动：

1. 召开"我眼中的鲁迅先生"读书交流会，学生汇报专题学习成果。

2. 评价作品，收藏作品，形成作品集。

设计意图：召开读书交流会，给学生提供展示空间，形成作品成果。

▶ **板块四：作业与拓展学习设计**

学生活动：

1. 继续交流作品。

2. 形成作品集，设计作品集的宣传海报，进行媒体推送等。

设计意图：本次作业将学习和生活紧密联系起来，将学生的作品结集成册，进行宣传。在真实情境中锻炼学生的语文能力，同时引导学生根据实际情况，运用语文能力解决问题。

【课时安排建议】

3 课时。

第 1 课时：根据提纲撰写专题探究文章。

第 2 课时：习作分享并修改。

第 3 课时：开展专题汇报，解读鲁迅。

五、反思与讨论

（一）本单元教学设计特色

1. 多元整合，凸显整体意识。单元教学设计包含基于整体的单元整合、课内外阅读整合、不同类型文本阅读整合等。例如，学生在学习本课时，有意识地联系《少年闰土》《朝花夕拾》《呐喊》中的内容。

2. 细化要素，凸显思维路径。将学生使用资料、研读文本的思维过程外显。两张学习单是对这一特色的落实。

3. 落实活动，凸显略读特点。将课堂上思考、讨论、表达的时间让给学生，教师只在要点处进行点拨。

（二）本单元设计中的困惑与反思

下一步需要指导学生规划更为合理的学习路径，为学生充分查阅、运用资料，促进理解提供保障。为学生认识鲁迅先生提供更为广阔的学习空间。

（北京市海淀区实验小学　程润　王晓英）

郑重声明

高等教育出版社依法对本书享有专有出版权。任何未经许可的复制、销售行为均违反《中华人民共和国著作权法》，其行为人将承担相应的民事责任和行政责任；构成犯罪的，将被依法追究刑事责任。为了维护市场秩序，保护读者的合法权益，避免读者误用盗版书造成不良后果，我社将配合行政执法部门和司法机关对违法犯罪的单位和个人进行严厉打击。社会各界人士如发现上述侵权行为，希望及时举报，我社将奖励举报有功人员。

反盗版举报电话 （010）58581999　58582371

反盗版举报邮箱　dd@hep.com.cn

通信地址　北京市西城区德外大街4号
　　　　　高等教育出版社法律事务部

邮政编码　100120

读者意见反馈

为收集对教材的意见建议，进一步完善教材编写并做好服务工作，读者可将对本教材的意见建议通过如下渠道反馈至我社。

咨询电话　400-810-0598

反馈邮箱　gjdzfwb@pub.hep.cn

通信地址　北京市朝阳区惠新东街4号富盛大厦1座
　　　　　高等教育出版社总编辑办公室

邮政编码　100029